DIE TRICKS UND TIPS DER KÖCHE

Hans Peter Matkowitz · Juliana L. Raskin-Schmitz

Über 2.000 Profi-Tips mit vielen Farbfotos

HÄDECKE

2. erweiterte Auflage

© Walter Hädecke Verlag,
D-71263 Weil der Stadt, 1993

Titelbild: WMF.
Alle Arbeitsaufnahmen: Studio l'Eveque, Harry Bischof, Axel Dreher, München.
Redaktion und Layout: Monika Graff.
Satz: Kornel Mierau GmbH, Solingen
Druck: Neue Stalling, Oldenburg
Printed in Germany 1994

Wir danken der Firma Unold, Hockenheim, die uns für die Abbildungen auf Seite 21, 22, 26, 46 und 152 ihren ESGE-Zauberstab zur Verfügung gestellt hat, und WMF, Geislingen, sowie "Isar-Frucht" Peter Binnefeld, München, für die freundliche Unterstützung.

Verwendete Zeichen:

○ Markierung bei der Aufzählung verschiedener Alternativen

! Mögliche Gründe für eine mißlungene Speise

☺ Spezifische Hinweise zur Verbesserung sowie zur "Schadensbegrenzung" bei einer mißlungenen Speise

1. Aufzählung einzelner Arbeitsschritte bei komplexeren Arbeitsabläufen

→ Verweis auf ein anderes Stichwort oder einen anderen Beitrag

Zum schnellen Nachschlagen:
Die Stichworte sind innerhalb der einzelnen Kapitel alphabetisch geordnet.

INHALTSVERZEICHNIS

DIE AUTOREN

JULIANA L. RASKIN-SCHMITZ

ist begeisterte Hobbyköchin und Feinschmeckerin. Ein "Leitfaden für Nichtköche und Küchenneurotiker" ist bisher ihr "Bestseller" im Freundeskreis.
Ihr besonderes Interesse gilt der asiatischen Kultur, Kunst und Küche.
Sie lebt bei München, wo sie vor allem den Aufbau neuer Bibliotheken betreut. Im Herbst 1993 erscheint ihr neues Buch: Köstliche Apfelweinküche.

HANS PETER MATKOWITZ

ist gelernter Koch, langjähriger Dozent an der Volkshochschule Garching und Haar bei München und Küchenchef bei der Kaufhof AG.
Seine Küchentips und Kochrezepte sind regelmäßiger Bestandteil einer Sendung bei "radio Arabella".
Seine Hobbys sind der eigene Kräuter- und Gemüsegarten sowie Reisen, bevorzugt nach Frankreich, wo er neue kulinarische Anregungen sammelt.

KÜCHENTECHNIK

ALLGEMEINES

Aluminiumfolien

○ Die glänzende Seite der Folie reflektiert die Wärme, die matte Seite speichert sie. Speisen, die warm gehalten werden sollen, mit der matten Seite nach außen einwickeln.
Speisen, die kühl gehalten werden sollen, mit der glänzenden Seite nach außen verpacken.
(Spiegelsystem: der glänzende Spiegel reflektiert das sichtbare Licht, die glänzende Folie reflektiert das infrarote Licht = Wärmestrahlung)

○ Stark säurehaltige oder stark gewürzte Lebensmittel, besonders in Verbindung mit Alkohol, sollten nicht in Alufolie oder Alubehältern aufbewahrt werden.

Auflauf wird süßer

○ Die Form mit Butter oder Pflanzenfett ausstreichen und mit Zucker ausstreuen.

○ Ausfetten und mit getrocknetem, gemahlenem Restkuchen (Sandkuchen, Gugelhupf, Marmorkuchen etc.) ausstreuen.

Aufstoßen

Eine dickliche, breiige Speise zum Siedepunkt erhitzen.
Dieses Verfahren wird angewendet, wenn Gewürze zugegeben wurden oder wenn nach einem Passiervorgang die Haltbarkeit erhöht werden soll. Nicht nach der Zugabe von Eiern oder Eigelb.
Ein schnelleres "Aufstoßen" wird erreicht, wenn eine zweite Kochplatte mit etwa 1/3 höherer Temperaturstufe vorgeheizt wird. Den Topf einfach rüberschieben und das Gericht stößt sofort auf.

Crushed ice

Einen Eisblock oder Eiswürfel in ein festes Küchentuch einpacken. Mit einem Gummihammer oder der flachen Seite des Fleischklopfers daraufschlagen. Das so zerkleinerte Eis eignet sich ausgezeichnet zur Kühlung von Getränken.

Entfetten

○ Durch wiederholtes Auflegen von Küchenkrepp kann der Fettspiegel entfernt werden, da Papier Fett eher aufsaugt als dickflüssige Soßen.

○ Eine Nacht kaltstellen, und dann den erstarrten Fettspiegel abnehmen.

Essensreste angebrannt

Eine Mischung aus 1/4 Essigessenz und 3/4 Wasser im Topf aufkochen, bis sich die Reste lösen.

Fette spritzen nicht

Eine Prise Salz in die Pfanne geben, dann spritzen wasserhaltige Fette wie Margarine und Butter nicht.

Fleisch schneiden

Rohes Fleisch oder gegartes Roastbeef läßt sich gut mit einem scharfen Messer schneiden, wenn es vorher leicht angefroren wurde.

Flüssiges und Festes vermischen

Wird die flüssige Masse in kleinen Mengen in die feste Masse verarbeitet, so verbinden sich die beiden perfekt.

Flüssigkeiten umfüllen

Flüssigkeit rinnt schneller durch den Trichter, wenn zwischen Trichter und Flasche ein Streichholz geklemmt wird.

Fritierfett, haltbarer

Fritierfett wird haltbarer, wenn es nach dem Fritieren durch ein mit Küchenkrepp ausgelegtes Sieb gegossen wird. Das so gereinigte Fett hält sich, kühl und zugedeckt gelagert, monatelang.

Fritierfett, Temperatur

Die Temperatur ist dann richtig, wenn ein eingesprengter Wassertropfen zischend verdampft.

Füllungen, portionieren

Sollen z.B. Rouladen gefüllt werden, die Füllmasse vorher in gleiche Teile portionieren.

Füllungen, Farcen verarbeiten

Füllungen und Farcen reagieren sehr empfindlich auf Wärme während der Zubereitung. Deshalb die Gerätschaften und die Zutaten gut vorkühlen und dann verarbeiten.

Gemüsehandschuh

Arbeitshandschuh mit rauher Innenseite zum Abrubbeln, bzw. schonenden Entfernen zarter Gemüseaußenhäute oder Schalen.
Beispiel: Neue Kartoffeln, junge Karotten. Ferner zur Vorreinigung stark verschmutzter Gemüsesorten.
Beispiel: Knollensellerie, Rote Rüben, Meerrettichwurzel, Schwarzwurzel.

Getränke servieren

Werden offene Getränke serviert, während des Gehens nicht auf die Hände sehen. Das Gleichgewichtsorgan im Ohr ist stets bemüht eine Schräglage durch Gegenreaktion auszugleichen. Dadurch kommt es zum Aufschaukeln und schließlich zum Verschütten.

Gewürze fallen nicht ab

Fleisch oder Geflügel leicht mit Öl einpinseln, dies verhindert das Herabfallen der Gewürze.

Gläser öffnen

❍ Mit dem Handballen mehrmals auf den Glasboden schlagen, so entsteht im Glas eine kleine Druckwelle, die den Verschluß leicht anhebt.
❍ Das Glas kopfüber in kochendes Wasser tauchen oder unter fließendes, heißes Wasser halten. Der Verschluß dehnt sich hierdurch aus und wird locker.
❍ Mit einem spitzen Gegenstand ein kleines Loch in den Blechdeckel stechen. Dadurch strömt Luft in das Glas und der Verschluß lockert sich.

Kaffeewasser

Milde Kaffeesorten entwickeln ihr Aroma am besten in weichem Wasser (7 bis 10 Grad Wasserhärte), kräftige Sorten und Mokka können mit härterem Wasser aufgebrüht werden.
Generell gilt: Zu weiches Wasser - saurer Geschmack; zu kalkhaltiges Wasser - leicht bitterer Geschmack.
☺ Bei weichem Wasser eine Prise Salz zugeben.
☺ Bei kalkhaltigem Wasser das Wasser mit einem Wasserfilter entkalken.

Kartoffel- und Speisestärken anrühren

Bei kleineren Mengen löst sich die Stärke am besten in der Flüssigkeit, wenn sie löffelweise zugegeben und mit dem Mittelfinger verrührt wird. So wird auch das kleinste Klümpchen ertastet.

Kochzeit verkürzen

Werden Soßen mit siedenden Flüssigkeiten angegossen, kann die Kochzeit erheblich verkürzt werden.

Kohlgeruch

Zwischen Topf und Deckel ein mit Essigwasser getränktes Tuch legen, das mindert den Geruch.

Kondensmilchdosen verschließen

Mit einem Streifen Tesafilm verschlossen hält die Milch sich wesentlich länger.

Küchenduft vertreiben

Ein Töpfchen Wasser mit etwas Zimt und Zucker aufkochen, das überdeckt die anderen Gerüche.

Küchengarn

Garne zum Schnüren müssen kochecht, farbecht und ohne einen Kunstfaserzusatz sein. Sie lösen sich sonst auf und können gesundheitsschädlich sein. Am besten in einem Fachgeschäft Spezialgarn besorgen.

Kuchen Garprobe

Mit einem Holzstäbchen, nicht mit einer Nadel einstechen. Ist der Kuchen innen nicht durch, bleiben an dem rauhen Holzstäbchen Teigreste hängen. Bei einer glatten Nadel passiert das nicht.

Mehl anrühren

Eine Prise Salz verhindert, daß die Mischung klumpt.

Messer schärfen (Wetzstahl)

Der Stahl muß magnetisch sein, sonst ist er unbrauchbar. Die Messerklinge am Schaft an die Stahlspitze anlegen und mehrmals abwechselnd links und rechts am Wetzstahl entlang zum Griff hin so abziehen, daß die gesamte Schneide bis zur Messerspitze hin am Wetzstahl entlang geführt wird. Anschließend den Wetzstahl mit einem weichen Tuch abwischen, um die anhaftenden Metallabriebe zu entfernen.

☺ Der Wetzstahl sollte mindestens 25% länger sein als die Messerklinge.

Passiertuch

Ein spezielles Tuch aus einer Mischung von Leinen und Flachsgewebe erleichtert das Passieren von Suppen und Soßen.

Salmonellengefahr durch falsche Lagerung

! Bei rohem Geflügel, das längere Zeit im eigenen Saft gelagert wird.

! Gefrorenes Geflügel, das im Auftauwasser liegen bleibt.

! Geflügel, das offen mit anderen Lebensmitteln gelagert wird.

! Geflügel, das nur "rosa" gebraten wurde.

! Angeschlagene Eier oder Eier mit stark verschmutzter Schale.

☺ Die Schale trocken abwischen nicht abwaschen. Die Schutzschicht wird sonst zerstört.

! Tiefkühlkost und empfindliche Lebensmittel, die zu lange bei hohen Temperaturen transportiert oder gelagert wurden.

☺ Grundsätzlich bei hohen Außentemperaturen Kühltaschen für den Transport verwenden.

☺ Verfalls- und Verbrauchsdatum beachten. Ist dieses unkenntlich gemacht, die Ware nicht kaufen.

☺ Das Geflügel grundsätzlich aus der Verpackung nehmen und in verschließbare Behälter mit Gittereinsatz umpacken.

☺ Eierbehälter noch beim Händler öffnen und angeschlagene Eier umtauschen.

Schneidbretter verrutschen nicht

Ein feuchtes, größeres Tuch unterlegen. Das Brett verrutscht dann nicht und alles, was herunterfällt, landet auf dem Tuch.

Silberbestecke

Die Lagerung auf Aluminiumfolie verhindert das vorzeitige Anlaufen der Bestecke.

Spargelkonserven öffnen

Spargel wird in Dosen stets mit dem Kopf nach oben konserviert. Wird die Dose so geöffnet, verletzt man die weichen, empfindlichen Spargelköpfe. Die Dose umdrehen und den Boden aufschneiden. An der Unterseite ist das Entleeren kein Problem mehr.

PUTZEN

**Grundsätzlich reicht bei fast allen Gegenständen eine Reinigung mit leichtem Essigwasser!
Bei starken Verschmutzungen mit unverdünntem Essig arbeiten!**

Abluthaube
Die Gehäuse reinigt man am besten einmal pro Woche mit Essigwasser.

Eierkocher
Statt der angegebenen Menge Wasser die gleiche Menge leichtes Essigwasser (je Liter Wasser 1 EL Essig) in den Eierkocher einfüllen und ihn einschalten. Die Flüssigkeit aufkochen lassen und den Eierkocher ausschalten. Etwas abkühlen lassen und den noch warmen Eierkocher erst mit einem feuchten, dann mit einem trockenen Tuch ausreiben.

Entfernen von hartnäckigen Verschmutzungen (z.B. nach Arbeiten mit Mehl)
Einen Topfkratzer mit einem nassen Tuch abdecken und durch Reiben grobe Verunreinigungen entfernen. Anschließend den Topfkratzer ausspülen und gegebenenfalls den Vorgang wiederholen. Bei zu empfindlichen Flächen einen Kratzer aus Kunststoffgewebe verwenden.

Etiketten entfernen
Mit einem Haarfön die Etiketten so lange anblasen, bis sich die Aufkleber wegschieben lassen. Durch die heiße Luft wird der Kleber aufgeweicht. Vorsicht bei Plastikschüsseln und sehr dünnen Gläsern. Hier kann es zu Verformungen und anderen Veränderungen kommen.

Fonduetöpfe
Starke Ablagerungen in Fonduetöpfen, sofern diese nicht beschichtet sind, über Nacht mit einer Lösung aus 1 Liter Wasser, 3 EL Essig und 1 TL Salz einweichen. Sind diese nicht so stark, reicht einfaches Einweichen in Wasser. Glänzende Flächen mit lauwarmem, leichtem Essigwasser abreiben und dann mit einem trockenen Tuch nachpolieren.

Gefrierschrank/Gefriertruhe
Nach dem Abtauen mit Essigwasser auswischen.

Herdplatten
Ceran: Solange bei abgeschalteter Kochfläche die Restwärmeanzeige noch leuchtet, mit Küchenkrepp eine Grobreinigung vornehmen. Anschließend mit einem Lappen nachreiben, der mit einem milden Essigwasser getränkt wurde. Reinigungsmilch nur dann verwenden, wenn grobe Verschmutzungen vorliegen. Aber auch dann mehrmals mit Küchenkrepp gründlich nachreiben.
Muldenkochflächen: Meist reicht es, diese in noch warmem Zustand mit leichtem Spülmittelwasser zu reinigen. Größere Verschmutzungen (z.B. durch übergelaufene Milch) mit einem feuchten Schwamm beseitigen, der vorher leicht in Kochsalz getupft wurde. Mit einem trockenen Lappen nachreiben. So lassen sich auch leichtere Verkrustungen am Rand zwischen Herdplatte und Metallmulde beseitigen.
Gasbrenner: Das Gerät abstellen, verschmutzte, abgekühlte Düsen aus den Brennern nehmen und mit einem Topfkratzer säubern. Mit einem trockenen Tuch abreiben. Die übrigen Flächen mit Essigwasser reinigen, bei stärkeren Verschmutzungen den Essig direkt auf einen Schwamm geben.

Kaffeemaschine
siehe → Eierkocher

Küchenfußboden

Wurde Fett oder Öl verschüttet, erst mit Kochsalz bestreuen. Dieses saugt das Fett auf, und ein Ausrutschen wird verhindert. Später dann wie gewohnt säubern. Achtung: Kein Kochsalz bei PVC-Böden verwenden.

Küchenmesser

Unter fließend heißes Wasser halten und trockenreiben. Nach Arbeiten an Zitrusfrüchten Messer immer sofort abspülen, da die Säure die Schneidflächen stumpf macht. Messer mit Holzgriffen nie längere Zeit einweichen oder gar in die Spülmaschine geben. Das Wasser läßt die Griffe aufquellen und beim Trocknen wieder zusammenziehen. Die eingeschlagenen Nieten der Griffe lockern sich so.

Küchentücher zum Passieren

Um Waschmittel- und Weichspülerrückstände zu entfernen, diese vorher 1 Stunde in warmes Wasser einlegen und gut ausdrücken.

Schneidbretter

Holz: Mit Kochsalz leicht bestreuen und mit trockenem Lappen nachwischen. So wird es gleichzeitig getrocknet und desinfiziert.
Kunststoff/Polyesterharz: Bretter gleich nach Benutzung mit möglichst heißem Wasser reinigen und trockenreiben.
Stein: Mit einer groben Küchenbürste und heißem Wasser, eventuell Essigwasser, abbürsten und trockenreiben. Einreiben mit einem mit wenig Speiseöl getränkten Lappen glättet die Oberfläche und schont dadurch die Messerklingen.

Töpfe/Pfannen/Geschirre angebrannt

1. Das Geschirr über Nacht in leichtem Essigwasser einweichen, und am nächsten Tag die Speisereste entfernen.
2. Bei hartnäckigen Fällen etwas Kochsalz auf einen Putzschwamm geben und die angebrannten Stellen ausreiben. Diese Methode kann nicht bei beschichteten Töpfen angewandt werden.

Beschichtet: Sofort unter fließend heißes Wasser halten. Bei Bedarf mit einer Spülbürste ausreiben, aber nie mit einem Topfkratzer oder spitzen Gegenständen.
Edelstahl: Unter fließendes, heißes Wasser halten und mit einer Spülbürste ausreiben. Regelmäßige Behandlung mit einem heißen Essiglappen macht das Geschirr wieder glänzend.
Eisen-Gußeisen: Diese Töpfe und Pfannen nach jeder normalen Reinigung mit einem Lappen abreiben, der vorher in wenig Speiseöl getränkt wurde. Vor neuerlichem Gebrauch dann allerdings gut erhitzen.
Glas: Noch heiß aus der Spülmaschine nehmen und sofort nachreiben. Dies verhindert Ablagerungen von Kalk oder Spülmittelresten. Nie mit einem Topfkratzer reinigen, dieser verursacht Kratzspuren, und das Glas wird matt.
Kupfer:
❍ Mit einer Spezialreinigungspaste. Dann darauf achten, daß diese Geschirre vor erneutem Gebrauch mit heißem Wasser ausgespült werden.
❍ Mit einem mit Essig getränkten Tuch abreiben und mit einem trockenen Tuch nachpolieren.

Wasserkessel

Den Kessel zu 1/4 mit Essig und zu 3/4 mit Wasser füllen und zum Kochen bringen. Nach ca. 15 Minuten das Wasser abgießen. Bei stärkeren Verkalkungen diesen Vorgang mehrmals wiederholen.

Wolfscheiben

1. In heißem Wasser ca. 20 Minuten einweichen.
2. Herausnehmen, auf ein nasses Tuch legen und mit einem zweiten nassen Tuch darauf klopfen.
3. Hartnäckige Verunreinigungen der feinen Löcher mit Gemüsebürste durchklopfen.
4. Wolfscheiben aus Eisen zum Austrocknen entweder auf die leicht eingeschalte-

te Herdplatte oder in den vorgeheizten Backofen legen.
5. Nach dem Auskühlen mit etwas Speiseöl abreiben, um das Rosten zu verhindern.

FACHAUSDRÜCKE

abäschern; entschleimen
Abreiben schleimiger Fische mit Holzasche.

abbarten → entbarten

abbrennen
Eine Masse (z.B. Brandteig) so lange im Topf auf der heißen Herdplatte rühren, bis das Wasser verdampft ist und sie sich vom Kochlöffel und vom Topfrand löst.

abbröseln
Butter mit Mehl verreiben, bis sich kleine Brösel (Streusel) bilden.

abbrühen
Übergießen von frisch gerupftem Geflügel mit kochendem Wasser.

abdampfen
Abgegossenes Gargut (z.B Kartoffeln, Gemüse, usw.) wird im Topf auf der heißen Herdplatte durch Hin- und Herschwenken (-schieben) getrocknet.

abdrehen
Formen von Massen zu Knödeln oder Klößchen.

abfetten; degraissieren; entfetten
Entfernen von zu viel Fett auf Suppen, Soßen, Brühen oder Fonds.

à la ficelle
An der Schnur garen. Fleisch (z.B. Rinderfilet), wird mit einer Schnur gebunden, an einem Kochlöffel oder ähnl. befestigt, der über siedender Gemüse- bzw. Fleisch-

brühe liegt. Besonders schonender Garvorgang.

abflämmen; flämmen
❍ Abbrennen von restlichen kleinen Federn/Daunen oder Federkielresten nach dem Rupfen von Geflügel.
❍ Gebäck oder Eischnee im Ofen bei hoher Temperatur schnell Farbe geben.

ablassen
Eiweiß vom Eidotter trennen.

ablöschen; deglacieren
Bratensatz mit wenig Flüssigkeit (z.B. Wein oder Brühe) aufgießen und aufkochen lassen.

abrühren
❍ Einen Teig solange rühren, bis er die richtige Konsistenz hat.
❍ Eine flüssige Mischung bis kurz vor dem Aufkochen auf der Herdplatte rühren.

abschäumen
Entfernen von Eiweißschaum, der nach dem ersten Aufkochen von Brühen, Suppen und Soßen entsteht. Geht mit einem Schöpflöffel und bei kleineren Mengen mit einem Teesieb.

abschlagen
❍ Eine Creme oder Soße so lange mit dem Schneebesen im Wasserbad rühren, bis sich diese erwärmt hat.
❍ Gegangenen Hefeteig zusammenkneten, bis keine Luftblasen mehr vorhanden sind.

abschmelzen

Eine Speise mit flüssiger Butter oder Fett übergießen.

abschrecken; rafraichieren

◯ Kurz mit kaltem Wasser übergießen, um den Garprozeß zu stoppen.
◯ Braten mit kalter Flüssigkeit übergießen, um eine braune Kruste zu erzielen.

abschwaden

Kurzes Öffnen des Backofens, um entstandenen Dampf abziehen zu lassen.

absteifen

Austern und Muscheln in heißes Würzwasser oder Brühe legen, bis die Oberfläche fest wird.

abtreiben (österr.)

Fett oder Butter vermischt mit anderen Zutaten so lange rühren, bis eine glatte Masse entstanden ist.

abwällen →blanchieren

abziehen

◯ Bei Leber oder Hirn angewendetes Verfahren, um feine Häute zu entfernen.
◯ Abziehen von Soßen und Suppen → legieren
◯ Nüsse durch Eintauchen in kochendes Wasser von ihrer Haut befreien.

anbraten; revenieren

Fleisch in Öl oder Fett starker Hitze aussetzen, damit sich die Poren sofort schließen und der wertvolle Fleischsaft nicht mehr austreten kann. Fleisch kann nur durch Anbraten gebräunt werden.

andünsten → anschwitzen

anlaufen lassen → anschwitzen

ansautieren → anbraten

anschwitzen; andünsten; anlaufen lassen

Mehl, Gemüse, usw. in Fett leicht anrösten, ohne daß sich die Speise verfärbt. Dies setzt Aromastoffe frei und gewährleistet eine bessere Haltbarkeit.

aprikotieren

Aprikosenmarmelade eingekocht und passiert als Aufstrich für Obstböden oder Desserts verwenden.

aufgießen

Heiße Flüssigkeit (Brühe, Fond, Wasser) dem Gargut zugießen.

aufschlagen; montieren

Soßen, Pürees usw. unter Zugabe von frischer Butter und/oder Sahne mit einem Schneebesen locker und luftig schlagen.

aufspriten

Alkohol zusetzen

aufstoßen

Eine breiige Speise kurzzeitig zum Kochen bringen.
Nicht zu empfehlen nach der Zugabe von Eigelb oder ganzen Eiern, das Gericht gerinnt sonst.

aufwallen

Im Gegensatz zum "Aufstoßen" handelt es sich hier um längeres, leichtes Durchkochen. Dadurch verlieren mit Stärke gebundene Soßen den "Kleistergeschmack".

aufziehen

Püree mit Butter und Sahne verrühren und verfeinern.

ausbacken; fritieren

In schwimmendem Fett goldbraun backen.

ausbeinen → entbeinen

ausbröseln; ausstreuen

Eingefettete Kuchen- oder Auflaufformen

mit Paniermehl oder Semmelbrösel ausstreuen.

ausfetten; ausstreichen
Eine Form auf der Innenseite mit Fett oder
Öl auspinseln, um später eine Trennung
von Inhalt und Form zu erleichtern.

ausfüttern
Eine Form mit einer Lage dünnen Teiges
oder Speckmantel auslegen.
Beispiel: Pasteten oder Terrinen

auslassen
Flomen (frischen Bauchspeck) solange
erhitzen, bis das Schmalz ausgelaufen ist
und sich Grieben bilden

auslösen → entbeinen

ausrauchen
Wenn Spirituosen unverschlossen aufbewahrt werden, verdunstet der Alkohol; sie
rauchen aus.

ausstreichen → ausfetten

ausstreuen → ausbröseln

bardieren

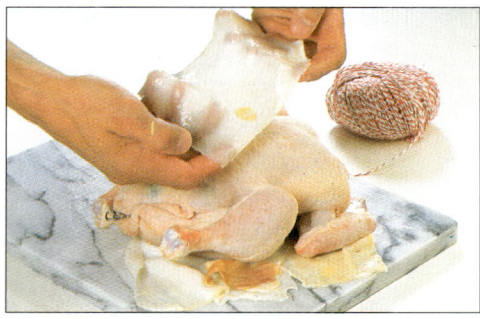

Umwickeln von Fleisch, Geflügel, Wild mit
großen Scheiben fetten Specks (grüner
Speck), um ein Austrocknen während des
Bratens zu verhindern.

Die Speckhülle wird mit Küchengarn fest-
gebunden.

beizen → marinieren

binden → legieren

binden

Durch Binden die Form erhalten.

blanchieren; abwällen;
brühen; überbrühen
Lebensmittel mit heißem Wasser übergießen, um sie haltbarer zu machen, vor-
zugaren oder zu konservieren.

blindbacken
Törtchen oder Teighüllen ohne Füllung
backen, damit sie einen festen Rand erhalten. Dabei trockene Erbsen (oder andere Hülsenfrüchte) einfüllen und nach
dem Backen wieder entfernen.

blondieren
Zwiebelscheiben und dergleichen in zerlassener Butter goldgelb anschwitzen.

Bouquet garni

Ein Würzstrauß, der aus Petersilie, Thymian, Lorbeerblatt, evtl. auch etwas Salbei, Selleriekraut und Rosmarin besteht. Sehr oft ergänzt durch Karotte, Lauch oder Selleriestückchen. Mit einem Küchengarn binden oder in ein Mullsäckchen geben und vor dem Servieren entfernen.
siehe → Suppengrün

braisieren → **schmoren**

braundünsten → **poêlieren**

bridieren

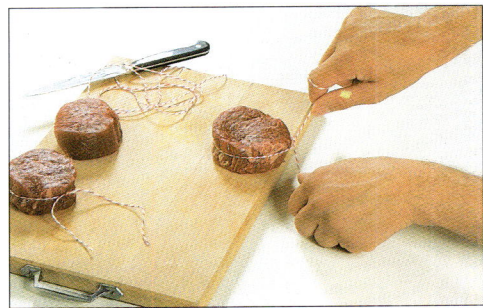

Durch Binden eine Form geben (z.B. Rinderlendenschnitte / Tournedos).

brühen → **blanchieren**

Brunoise → **schneiden**

Sehr feinwürfelig geschnittene Gemüse wie Zwiebel, Sellerie, Karotten oder Lauch, einzeln oder zusammengemischt, als Einlage oder zum Ansetzen von feinen Suppen oder Soßen ("Konfettigemüse").

cannelieren → **kannelieren**

ciselieren → **ziselieren**

clarifizieren → **klären**

colorieren
Farbe annehmen lassen

Court Bouillon

Aromatische Flüssigkeit zum Garen von Edelfischen:
○ Mit Gemüse, Kräutern, Gewürz, Wein und Wasser. Ca. 30 Minuten kochen.
○ Wie Nr. 1, anstatt Wein Essig verwenden. Ca. 30 Minuten kochen.
○ Geschälte Zitronenscheiben in einer Mischung aus einem Teil Milch und vier Teilen Salzwasser; nicht kochen, nur simmern lassen.

dämpfen

Garen in Wasserdampf im geschlossenen Gefäß bei einer Temperatur von ca. 100 Grad Celsius im Siebeinsatz oder im Topf mit wenig Wasser, Brühe, Fond oder Wein.

deglacieren → **ablöschen**

degorgieren

Wässern von Bries, Herz, Hirn usw., um Blut und Verunreinigungen herauszuschwemmen.

degraissieren → **abfetten**

dekantieren

○ Flüssigkeit vorsichtig abgießen damit der Bodensatz zurückbleibt.
○ Wein in eine Karaffe umgießen, um ihn zu lüften. Übermäßige Gerbsäure wird dabei freigesetzt.
○ Umgießen von Rotwein, damit das Depot (Bodensatz) in der Flasche bleibt.

demoulieren

Speisen oder Kuchen aus der Form nehmen bzw. stürzen.

desossieren

Fleisch, Geflügel, usw. von allen Knochen befreien, ohne die Haut zu verletzen

dessechieren
Abtropfen lassen, trockentupfen; dörren.

15

dressieren

Speisen mit Hilfsmitteln in eine gefällige Form bringen.
siehe → binden

dünsten

Garen im geschlossenen Topf bei einer Temperatur von ca. 100 Grad Celsius im eigenen Saft oder in wenig Flüssigkeit, meist unter Zugabe von etwas Fett.

durchschlagen → durchstreichen

durchschwenken

○ Vermischen von verschiedenen Zutaten
○ Gemüse, Teigwaren, usw. in Butter schwenken

durchseihen, abseihen

Trennen von festen und flüssigen Substanzen mit einem Sieb.

durchstreichen

Speisen mit einem Kochlöffel oder Teigschaber durch ein Sieb drücken, damit sie sämig werden und unerwünschte Feststoffe zurückbleiben.

egalisieren

Gemüse und Kräuter beim Schälen und Schneiden in die gleiche Form bringen. Beispiel: Spargel oder Prinzeßbohnen.

einbrennen

Soßen und Suppen mit heller oder dunkler Mehlschwitze binden.

eindicken → reduzieren

emincieren

In feine Scheiben oder Streifen schneiden.

en papillote

Fisch, Fleisch oder Gemüse wird in Pergamentpapier oder Alufolie oder Gemüseblätter gehüllt und unter Zugabe von Gewürzen und Flüssigkeit im Backofen gegart.

entbarten; abbarten

Den Muschelbart entfernen.

entbeinen; ausbeinen; auslösen

Aus Fleisch und Geflügel die Knochen entfernen.

entfetten → abfetten

entschleimen → abäschern

entschuppen oder abschuppen

Fische von Ihren Schuppen befreien, indem man gegen die Laufrichtung der Schuppen mit einem Messerrücken oder einem Schuppenmesser arbeitet.

escalopieren

In dünne Scheiben schneiden (z.B. Schnitzel).

evaporieren

Eine Flüssigkeit durch Verdampfen konzentrieren (z.B. Kondensmilch).

fassonnieren

Gestalten, in eine Form bringen. Zuschneiden von Fleisch u.a. Binden mit Küchengarn.

farcieren

Speisen mit einer Farce füllen, ausfüllen, ausspritzen, z.B. mit einem Spritzbeutel.

faschieren

Feinhacken, durch den Fleischwolf drehen.

ficelieren (auch ficellieren)

Speisen mit Küchengarn umschnüren, um sie in Form zu halten.

filetieren (auch filieren)

○ Filets aus Knochen oder von Gräten lösen.

○ Segmente von Zitrusfrüchten aus den Trennhäuten lösen.

filtrieren
Flüssigkeit durch- oder abseihen, durchgießen.

flämmen → abflämmen

flambieren
Hochprozentigen Alkohol in einer Kelle entzünden und über die Speisen gießen. Nie direkt in das Flambiergeschirr gießen!

fleurieren
Aufgehen von Teig.

foncieren
Eine Form mit dünnem Teig belegen oder auslegen.

frappieren
Mit Eis rasch abkühlen.

fritieren → ausbacken

Fumet de Poisson
Fischköpfe, Karkassen und Abschnitte von hellen Fischen (keineFettfische), Wurzelgemüse, Bouquet garni, Meersalz, Pfefferkörner, Zitronensaft, Weißwein und Wasser ca. 30 Minuten sanft kochen (Süßwasserfische können länger kochen - **Achtung:** Meerwasserfische können den Fond bitter werden lassen). Alle festen Teile entfernen und die Flüssigkeit auf die Hälfte reduzieren. Durch ein Tuch passieren und evtl. klären.
siehe → Aspik
siehe → Bouquet garni
siehe → Court bouillon
siehe → Karkasse

garnieren
Etwas mit Verzierungen versehen. Eine Speise ansprechend für das Auge herrichten, in der kalten und warmen Küche, Konditorei.

garziehen; pochieren
Speisen in einer Flüssigkeit unterhalb des Siedepunktes garen.

givrieren
Eine Speise mit geraspelten Eis bedecken.

glacieren (auch glasieren); überglänzen
Überziehen von Speisen mit Fonds, Gelee, Zucker u.a. Damit wird erreicht, daß diese nicht so schnell austrocknen und besser schmecken.

gratinieren; überbacken; überkrusten
Überbacken im Ofen oder unter dem Grill (nur Oberhitze). Dem Gericht eine goldgelbe Farbe oder Kruste geben.

grillen (auch grillieren)
Rösten auf dem Rost, am Drehspieß oder unter dem Elektro/Gasgrill braten.

haschieren
Mit dem Messer oder maschinell feinhacken.

hohlauslösen
Einen Röhrenknochen so auslösen, daß das umgebende Fleisch nicht zerschnitten wird und eine Art Tunnel entsteht.

kalt laufen lassen
Durch stetigen Zufluß von kaltem Wasser kühlen.
Beispiel: gekochte Nudeln.

Julienne → schneiden

kaltrühren
Eine Masse oder Soße durch ständiges Rühren mit Schneebesen oder Kochlöffel in einem kalten Wasserbad bewegen, bis diese vollständig ausgekühlt ist. Eine unerwünschte Hautbildung wird dadurch vermieden.

kandieren

Früchte oder Fruchtschalen in dicke, meist gefärbte Zuckerlösung tauchen und anschließend trocknen.

kannelieren; cannelieren

Gemüse oder Früchte mit einem Kanneliermesser verzieren.

karamelisieren

Früchte, Nüsse u.a. mit Karamel überziehen.

Karkasse

Knochengerüst oder Grätengerüst.

klären; clarifizieren; klarifizieren

Aus Flüssigkeiten alle Trübstoffe entfernen.

köcheln

Leichtes, gleichmäßiges Kochen bei schwacher Hitze.

kolorieren → colorieren

lardieren

Rohes Fleisch mit Speckstreifen so durchziehen, daß die Streifenenden an der Oberfläche nicht sichtbar sind.

leerbacken → blindbacken

legieren (auch liieren); binden

Speisen mit Ei, Mehl oder Stärke eindicken.

marinieren; beizen

Einlegen verschiedener Lebensmittel zur Geschmacksstärkung, Geschmacksveränderung oder Konservierung.

maskieren

Angerichtete Speisen mit einer Masse, Soße, u.a. vollständig überziehen oder abdecken.

mazerieren

Speisen mit einer aromatischen Flüssigkeit tränken und einige Zeit durchziehen lassen (z.B. Gebäck, Kuchen).

melangieren

Unterziehen und vermischen.

melieren

○ Rosinen (Guglhupf) bemehlen.
○ Unterziehen, ohne zu vermischen.
○ Fleisch- oder Fischscheiben leicht durch Mehl ziehen.

mijotieren

Bei geringer Hitze im unteren Temperaturbereich langsam dünsten oder schmoren lassen.

mittonieren

Vorsichtig einkochen, zu Brei verkochen.

montieren → aufschlagen

nappieren

Gerade mit soviel Soße überziehen, daß das Gericht knapp bedeckt ist und die Soße nicht auf den Teller rinnt.

ins Netz ziehen

Gerollte Braten oder Geflügelteile und Kleingeflügel (z.B. Tauben) mit einem Bratnetz oder einem gewässerten Schweinenetz überziehen; das verhindert das Auseinanderfallen während des Zubereitens.

panieren

Vor dem Braten werden die Speisen durch Mehl, Milch und geschlagene Eier durchgezogen und mit Paniermehl oder Semmelbrösel bestreut.

parfümieren

Durch Essenzen, Liköre oder andere stark-riechende Auszüge aus Obst oder Kräu-tern einem Gericht oder einem Gebäck ei-nen ausgeprägten Geruch oder Ge-schmack verleihen.

parieren; zuparieren

Fisch oder Fleisch von Haut, Fett oder Sehnen befreien und gefällig herrichten.

passieren

Eine Flüssigkeit durch ein Sieb oder Tuch drücken, seihen oder streichen.

pikieren

Leichtes Anstechen von Speisen.

pilieren

Im Mörser zerstoßen, zerreiben, zerquet-schen.

plattieren

Klopfen von Steaks, Schnitzeln und der-gleichen mit dem Handballen oder der fla-chen Seite eines Metzgerbeils, um das Fleisch auf eine gewünschte Stärke zu bringen.

pochieren → garziehen

poêlieren; braundünsten

Poêlieren ist eine Zwischenstufe zwi-schen braten und dünsten. Zarte Fleisch-stücke werden in einer Kasserolle auf Schinkenabschnitte und zerkleinertes Wurzelwerk gesetzt, mit Butter übergos-sen und im Ofen gegart, ohne daß das Wurzelwerk anbrennt.

pralinieren

Nüsse oder Mandeln in Zucker rösten bzw. karamelisieren.

pürieren

❍ Zu Mus oder Brei verarbeiten.
❍ Durch ein Sieb streichen
❍ zerstampfen
❍ Mit dem Pürierstab zerkleinern.

rafraîchieren → abschrecken

rapieren

❍ Fleisch aus der Haut und von den Kno-chen und Sehnen schaben.
❍ Schaben von Gemüse.

rebeln

❍ Trockene Kräuter fein zerreiben (z.B. mit dem Handballen).

❍ Abtrennen der Johannisbeeren von den Stielen mit Hilfe einer Gabel.
❍ Abzupfen der Trauben vom Weinstock.

Reduktion → reduzieren, eindicken

reduzieren; eindicken; Reduktion

Bei geöffnetem Deckel einkochen, um den Wassergehalt zu verringern und durch leichtes Köcheln den Eigenge-schmack zu verstärken. Starkes Kochen beschleunigt den Vorgang nicht.

revenieren → anbraten

rissolieren

Braun rösten oder anrösten.

sämig kochen

Flüssigkeiten soweit reduzieren, bis die Einlagen verkocht sind und eine cremige Konsistenz erreichen.

saignieren

Fleisch oder Steaks (noch blutig) braten.

saucieren; soßieren

Mit Soße übergießen.

sautieren; schwenken

Kleine Scheiben von Fisch, Fleisch, Geflügel oder Wild, auch Röstgemüse, in einer flachen Stielkasserolle durch Schwenken bei hoher Temperatur rasch anbraten.

Schlämme

Verfahren zur Grobreinigung von Pilzen, bei dem kaltes Wasser, Mehl, Zitronensaft und rohe Pilze gemischt werden.

schmoren; braisieren

Fleisch in Fett kräftig anbraten, Topf zu einem Viertel mit Flüssigkeit aufgießen und zugedeckt langsam garen.

schneiden

von Julienne (Beispiel Lauch)

Lauch der Länge nach aufschlitzen, auswaschen und in Stücke von ca. 5 cm Länge schneiden. Anschließend mit scharfem Messer in Wuchsrichtung möglichst dünne Streifen schneiden. Die Länge der Julienne ist abhängig von den zuerst geschnittenen Stücken.

von Brunoise (Beispiel Lauch)

Wie Julienne, nur diese mit den Fingern eng zusammenfassen und quer zur Wuchsrichtung kleine Würfel schneiden.

schröpfen

○ Einen ganzen Fisch seitlich von den Kiemen bis zur Schwanzflosse alle 4-5 mm einschneiden, um damit die Gräten zu durchtrennen.
○ Kreuzweises Einschneiden der Schwarte großer Schweinefleischstücke, damit das überflüssige Fett ausbraten kann.

schwenken → sautieren

sieden

Garen von Speisen in siedender - nicht kochender - Flüssigkeit.

soßieren → saucieren

soufflieren

Aufblähen oder auflaufen lassen.

spicken

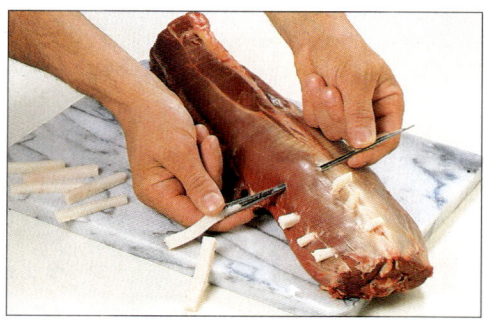

Fleischteile vor dem Braten mit Streifen von Speck versehen.

stocken
Gerinnenlassen; Massen im Wasserbad fest werden lassen.

Suppengrün
Mit Küchengarn gebündelte Stücke oder ganze Teile von Karotten, Lauch, Sellerie und Petersilie/Petersilienwurzel zum Mitkochen in Brühen oder Fonds. Das Bündeln erleichtert das unproblematische Entfernen.
siehe → Bouquet garni

Suppen pürieren

Vorbereitete Suppe mit Hilfe des Stabmixers mit leicht kreisenden Bewegungen pürieren.
☺ Durch vorsichtiges Auf- und Absenken in der Suppe wird erreicht, daß auch Gemüsestücke, Kartoffelteilchen etc. zerkleinert werden.

tablieren
Rühren und ziehen von gekochtem Zucker auf einer Marmorplatte, bis dieser weiß geworden ist (Fondant).

tomatieren
Mit Tomatenmark, Tomatenmus oder Tomatensoße versetzen, vermischen, verrühren oder binden.

tournieren
Gemüse und Kartoffeln in gleichmäßige, dekorative Formen bringen.

tranchieren
Schneiden von Braten oder Zerlegen von Geflügel mit Hilfe eines Messers.

trockenschleudern
Trocknen von Salat oder Kräutern in einer speziellen Schleuder.
Geht auch mit einem ausgekochten Küchentuch (ohne Reste von Waschmittel und Weichspüler).

überbacken → gratinieren

überbrühen → blanchieren

überglänzen → glacieren

überkrusten → gratinieren

unterheben
Mit Hilfe von Schneebesen, Kochlöffeln oder Holzspateln Massen von verschiedener Konsistenz so vermengen, daß diese locker bleiben.
Beispiel: Eischnee unter Soufflémasse.

unterziehen
Schnelleres Arbeiten als unterheben. Dies wird fast ausschließlich mit dem Schneebesen vollzogen, während beim Unterheben ein Holzspatel das bessere Gerät ist.

vanillieren
Speisen mit Vanillearoma anreichern.

versiegeln
Hermetisches Verschließen eines Gefäßes, um einen Aromaverlust zu verhindern. Zwischen Topf und Deckel kommt ein Teigring oder eine Paste aus Wasser und Mehl.

wässern
Ausspülen von Verunreinigungen in / unter fließend kaltem Wasser.

warmrühren

Eine Soße oder Creme in einem Wasserbad so lange rühren, bis sich diese erwärmt hat oder teilweise zu stocken beginnt. Beispiel: Sauce Hollandaise.

wasserhart

Geschälte und/oder geschnittene Kartoffeln wurden zu lange in Wasser gelagert, ohne daß das Wasser erneuert wurde. Diese Kartoffeln werden nicht mehr weich, sie sind "wasserhart".

würzen, unter der Haut (z.B. Geflügel)

Aus Wein, Gewürzen und/oder Gewürzsoßen eine starke Reduktion kochen. Diese auf eine Plastikspritze ziehen, unter die Haut spritzen und im abgedeckten Behälter 24 Stunden im Kühlschrank ziehen lassen.

Zauberstab

Stabähnliches, elektr. Rührgerät zum Pürieren, Vermischen oder auch Aufschlagen von Speisen (z.B. Rührreier verquirlen, Suppen pürieren etc.).

ziehen lassen

Garvorgang unter 100 Grad Celsius.

ziselieren; ciselieren

Fleischscheiben oder Fische an den Rändern leicht einschneiden, damit sie sich unter Hitzeeinwirkung nicht verziehen oder platzen.

zuparieren → parieren

zur Rose aufschlagen

Eine Creme unter Rühren auf dem Herd bis kurz vor dem Siedepunkt aufschlagen. Bleibt diese auf dem Kochlöffelrücken liegen und bildet bei leichtem Anblasen Kringel, die an eine Rose erinnern, so ist sie fertig.
Beispiel: Bayrische Creme

BUTTER, FETTE, ÖLE

ALLGEMEINES

welches Fett für welches Gericht

Neutrales Öl:
- Zum Braten von Steaks, Schnitzeln und Filets, da rasches Schließen der Fleischporen wichtig ist.
- Zur Zubereitung von Ölmarinaden oder für Salate mit hohem Eigengeschmack.
- Als Trennmittel beim Backen von Pizza.
- Zur Aufbewahrungn von Nudeln.
- Zum Ausfetten von Formen.

Aromatisches Öl wie Olivenöl:
- Für Gerichte der südlichen Küche.

Butter:
- Zum leichten Anschwitzen von Gemüsen.
- Zur geschmacklichen Verfeinerung von Speisen.
- Zum schonenden Anbraten und Andämpfen bei mittlerer Hitze.
- Als Basis für Kräuter oder Gewürze.
- Als Dichtungsmittel bei der Herstellung von Pasteten.
- Als Trennmittel in der Bäckerei und Konditorei.

Butterfett (Ghee), geklärte Butter ohne Milchrückstände:
- Für die asiatische Küche.
- Aromatisierung von Gerichten,die bei hoher Temperatur angebraten werden.

Margarine:
- Braten von Paniertem bei mittlerer Hitze.
- Garen von Braten die keine starke Kruste bilden sollen (z.B. Kalbsbraten, Kleingeflügel u.a.).

Schmalz:
- Herstellung von deftigen Gerichten.

- Geschmacksintensivierung (z.B. Gänsekeulen, Kohl u.a.).

BUTTER

binden

Zur Herstellung von feinen Soßen. Butter einfrieren, Soße zum Kochen bringen, mit einem Messer oder Gemüsehobel Späne abziehen und damit unter ständigem Rühren die Soße binden.

formen

- Bei Küchentemperatur ca. eine Stunde lagern. Butter in den angefeuchteten Model drücken oder mit feuchten Händen formen.
- Butter gefrieren und zuschnitzen.

klären

In ein schmales, hohes Gefäß geben. Auf kleinster Stufe möglichst langsam und gleichmäßig köcheln lassen. Die Molke setzt sich so am Topfboden ab, und der Schaum steigt nach oben. Nicht umrühren oder schütteln! Mit einem Sieb oder Löffel den Schaum entfernen und klares Fett langsam abgießen. Brauner Satz verbleibt im Topf. Geklärte Butter kann wesentlich höher als Butter erhitzt werden, ohne zu verbrennen.

Butterschmalz (Ghee) siehe → Butter, klären

KOKOSFETT IN PLATTEN
Ein Würfel Kokosfett wiegt genau 25 Gramm.

KRÄUTERBUTTER

aufbewahren

Pergamentpapier leicht einölen, Buttermasse mit einem Spritzbeutel ohne Tülle aufspritzen, in Papier einrollen und die Enden verdrehen, mit Datum kennzeichnen. Lagerzeit im Kühlschrank cirka acht bis vierzehn Tage, je nach Alter der verwendeten Butter.

einfrieren

Stangen: Die gerollte Butter einpacken, Art, Datum und Gewicht vermerken, auf einen festen Untergrund wie Blech oder Brett nebeneinander legen und über Nacht anfrieren. Die Unterlage gegen ein Stück starken Karton austauschen und mit Klarsichtfolie überziehen. So wird das Brechen der Butterstangen verhindert. Anschließend normal weitergefrieren.

Portionsweise: Die Butterstangen zwei Stunden anfrieren, ein Messer in warmes Wasser tauchen und die Butter in gewünschter Stärke schneiden. Einzelportionen nebeneinander auf eine feste Unterlage legen und über Nacht gefrieren. Anschließend in Beutel umfüllen.

formen

❍ Die Masse auf feuchtem Untergrund mit feuchten Händen zu langen Würsten ausrollen und portionsweise zerteilen.
❍ In einen Spritzbeutel ohne Tülle geben und die Masse auf einen feuchten Untergrund drücken. Mit einer angefeuchteten Messerklinge portionieren.

spritzen

Die Buttermasse in einen Spritzbeutel einfüllen. Die Tülle soll nicht zu klein sein, sonst wird sie durch einzelne Kräuterteilchen beim Spritzen verstopft. Auf eine feuchte Unterlage Rosetten im Gewicht von ca. 20 Gramm (Durchmesser ca. 2 cm) spritzen und über Nacht kühlen. Am Folgetag Rosetten ablösen, in Lagerbehälter oder Tüten füllen und einfrieren.

☺ Wenn die Rosetten sich nicht vom Untergrund lösen, Tablett (aus Metall) ganz kurz erwärmen und Rosetten abnehmen. Holzbretter kurz über Wasserdampf halten. Mit der Spitze eines Speisemessers vorsichtig abheben.

zu bitter

❗ Die Zusammensetzung der Kräuter ist nicht ausgewogen.
❗ Bei der Zubereitung ist zuviel Pflanzensaft in die Buttermasse geraten.
❗ Der Anteil an geriebener Zitronenschale ist zu hoch.

zu grün

❗ Der Anteil an Pflanzensaft in der Butter ist zu hoch.
☺ Die Kräuter in ein unbehandeltes Tuch geben und zusammendrehen, bis der Saft austritt. Unter fließendem, kalten Wasser abspülen und erneut pressen. Vorgang zwei- bis dreimal wiederholen, die ausgepreßten Kräuter auf Küchenkrepp streuen und ca. 1 Stunde trocknen lassen, dabei häufig auflockern. Zur Butter geben und verarbeiten.

löst sich nicht vom Papier

Butterstangen kurz unter fließend warmes Wasser halten und anschließend sofort auswickeln. Heißes Wasser läßt die Butter zu stark abschmelzen.

MEHLBUTTER

lagern

Eingepackt wie Butter im Kühlschrank, ca. ein bis zwei Wochen. Nicht in zu großen Mengen herstellen.

verwenden

○ Zum Nachbinden von zu dünnen weißen Soßen oder Suppen.
○ Zur schnellen Herstellung von Suppen oder Soßen bei Verwendung von Fonds mit hohem Eigengeschmack.

MARGARINE

siehe → *Welches Fett für welches Gericht*

ÖL

siehe → *Welches Fett für welches Gericht*

Gewürzöl

Nur in kleinen Mengen einkaufen und dunkel aufbewahren. Gewürzöl nicht zum Braten verwenden, nur zum Aromatisieren der Gerichte. Speisen mit neutralem Öl anbraten, überflüssiges Fett abgießen und mit dem Gewürzöl kurz vor Ende der Garzeit würzen.

! Leinöl und Walnußöl in sehr kleinen Mengen einkaufen und max. 10 Tage (nach Anbruch) kühl aufbewahren.

Güte

Nur Olivenöl mit der Bezeichnung:
Native, huile vierge oder *olio extra vergine* kaufen.

Lagerung

Öl vor Wärme und Licht schützen; in dunklem Glas oder Kanister aufbewahren.

Salatöl

Salatöl bleibt lange klar und flüssig, wenn eine Prise Salz zugefügt wird.

Öl / Buttermischung

Bei der Zubereitung von Speisen in südlichen Ländern sehr verbreitet. Wird verwendet, damit Braten und Geflügel nicht trocken werden bzw. keine festen Krusten bekommen, und zum Dämpfen von Gemüsen.

SCHMALZ

Gänseschmalz

Gewinnung während des Bratens von Gänsen

Die gewürzte Gans mit Wasser in das Backrohr schieben. Wenn das Wasser verdunstet ist und Bratfett austritt, geschälte, geviertelte Zwiebeln mitschmoren. Sind die Zwiebeln mittelbraun, das Fett durch ein Sieb abgießen. So zubereitetes Schmalz hat einen sehr hohen Eigengeschmack.

härten

Gänsefett mit Schweinefett (Grünem Speck) mischen (Verhältnis 3:1) und wie gewohnt verfahren.

verfeinern

○ Majoran und Knoblauch während des Auskochens zugeben.
○ Bratfett vom Gänsebraten filtern und mitverwenden.

Schweineschmalz

verfeinern

Gewürfelten Schweinespeck (grünen Speck) und Flomen im Verhältnis 1:1 im Backrohr bei 160 Grad unter Zugabe von wenig Wasser auslassen, dabei häufig umrühren.

weiß

Die Speckwürfel nicht zu heiß auslassen und je nach Menge ein bis drei Eßlöffel kalte Milch zugeben.

MILCHPRODUKTE, KÄSE

MILCHMIXGETRÄNK

Milchmixgetränke lassen sich im Handumdrehen mit Hilfe eines sogenannten "Zauberstabes" herstellen. Milch mit zerkleinerten Früchten wie z.B. Erdbeeren, Himbeeren, Bananen etc. in ein hohes Gefäß geben und mit Hilfe des Gerätes vermischen.

☺ Erst aus vorbereiteten und etwas zerkleinerten Früchten, vermischt mit gleicher Menge Milch, sowie weiteren Zutaten wie Aroma, Zucker, abgeriebener Zitronenschale etc. eine Art Grundsubstanz herstellen bzw. pürieren. Anschließend mit gewünschter Menge Milch auffüllen und erneut mit Hilfe des Gerätes mischen. So wird eine bessere Verteilung der Zutaten erreicht.

SÜSSE SAHNE

ergiebiger
Ein geschlagenes Eiweiß an einen Becher Sahne (200 g) geben, sie wird ergiebiger, ohne den Geschmack zu verändern.

sauer geworden
Mit dem Schneebesen kurz verrühren und für Salatdressing oder Soßen weiterverarbeiten. Um ein Gerinnen in der Soße zu verhindern, vorher mit wenig Stärkemehl verrühren.

SCHLAGSAHNE

geronnen
! Das elektrische Rührgerät lief zu hochtourig.
! An den Geräten waren Spuren von Fett oder Spülmittel.
! Die Geräte waren zu warm (z.B. wenn sie gerade aus der Spülmaschine gekommen sind).

glänzt
Fügen Sie während des Schlagens durch ein feines Sieb Puderzucker bei.

färben

Der fertig geschlagenen Sahne folgende Zusätze vorsichtig unterheben:
Rot: Durchgesiebtes Fruchtmark aus Johannisbeeren oder Erdbeeren. Dieses vorher mit einem Schneebesen glattrühren, eventuell mit wenig Wein strecken. Oder rote Blattgelatine verwenden.
Blau: Wie rot, nur Fruchtmark aus Brombeeren oder Heidelbeeren.
Grün: Wie rot, nur Zugabe von Pfefferminzlikör, verrührt mit Stachelbeer- oder Kiwimarmelade.

Gelb: Wie rot, nur Eierlikör mit wenig Safran vermengt.

Beige: Eidotter mit Zucker schaumig rühren, etwas geschmolzene Kuvertüre beimischen.

Marmoriert: Farbzusatz ringförmig auf die Sahne gießen. Zwei- bis dreimal mit dem Schneebesen vorsichtig durchfahren und anschließend in Spritzbeutel geben.

KÄSE, Allgemeines

angetrocknet

Mit Öl bepinseln und in Pergamentpapier einwickeln.

aufbewahren

Am Stück: Im verschlossenen Behälter im Kühlschrank. Größere Stücke in ein feuchtes Tuch einschlagen, das täglich erneuert werden muß.

☺ Geringe Mengen Schimmel lassen sich leicht mit dem Kartoffelschäler abschaben/schälen.

Gerieben: In einem verschließbaren Behälter im Kühlschrank. Gelegentlich kontrollieren, da angebrochene oder zu alte Packungen zu Schimmelbefall neigen.

Geschnitten: Im verschlossenen Behälter im Kühlschrank. Vorhandene Trennpapiere zwischen den Scheiben belassen, um Verkleben zu verhindern.

☺ Einige Stücke Würfelzucker in den Käsebehälter geben. Der Zucker zieht die Feuchtigkeit an und der Käse schimmelt nicht so schnell.

Hartkäse: Bei ca. 10 bis 15 Grad Celsius möglich, daher Kühlschrank nicht unbedingt notwendig. Einschlagen in ein trockenes Tuch verhindert Staubbefall.

Weichkäse: In einem geschlossenen Behälter kühl lagern. Tägliche Kontrolle und Umlegen des Käses verhindert Druckstellen.

Edelpilzkäse: Lagerung, in feuchtes Tuch eingeschlagen, auch außerhalb des Kühlschrankes für zwei bis drei Tage möglich, wenn die Temperatur nicht über Plus 18 Grad steigt.

Parmesan: Am Stück in einen Keramiktopf auf eine dicke Schicht Salz legen und mit einem Baumwolltuch abbinden. Der Käse hält sich im Kühlschrank monatelang, das Salz bindet die Feuchtigkeit und sollte erneuert werden, wenn es hart geworden ist.

klebt an der Reibe

Die Reibe vor der Benutzung mit etwas Öl einpinseln, dann klebt der Käse nicht an.

schimmelt

Bei leichtem Schimmelbefall (dünner, weißer Überzug) Außenseite mit Messer abschaben. Anschließend baldmöglichst zum Kochen verbrauchen.

schmelzen

Der Käse sollte einen Mindestfettgehalt von 40% haben. Käse mit weniger Fett lassen sich in geriebenem Zustand leichter verflüssigen.

schwitzt

! Die Lagertemperatur war zu hoch.

☺ Kurz mit heißem Wasser abwaschen, gut trockenreiben und verbrauchen.

CAMEMBERT

Angemachter Camembert löst sich nicht vom Schüsselrand

In die fertige Käsemasse einen Schluck dunkles Bier geben und weiterrühren.

nachreifen

Den Käse an einem kühlen Ort, aber nicht im Kühlschrank lagern. Camembert reift innerhalb von drei Wochen, nach weiteren zehn Tagen ist er ausgereift.

CHESTERKÄSE

reiben

Den Käse vorher einige Tage im Kühlschrank trocknen lassen.

GEWÜRZE, KRÄUTER

ALLGEMEINES

anbraten

Gewürze nie direkt mit heißem Fett in Verbindung bringen. Sie brennen an, werden bitter und unbrauchbar.
Ausnahme siehe → Curry

aufbewahren

Am besten lassen sich Gewürze in dunklen Apothekengläsern aufbewahren. So verlieren sie durch Lichteinwirkung nicht an Aroma.

Mengen

Gewürze in kleinen Mengen kaufen, damit das Aroma nicht durch lange Lagerzeit verlorengeht. Vorsicht bei Sonderangeboten und Großpackungen. Die Ware ist oft schon alt und gestreckt, z.B. mit gemahlenem Reis.

mitkochen

Gewürze, die ungemahlen mitgekocht werden, in ein Mullsäckchen oder Papierfilter geben. Sie lassen sich dann leichter entfernen (z.B. Nelken).

CURRY

anbraten

Curry ist ein Mischgewürz aus bis zu 20 Zutaten. Damit er sein Aroma voll entfalten kann, muß er bei milder Hitze angebraten werden.

bitter

! Der Curry wurde in zu heißes Fett gegeben.
! Der Curry war zu alt.
! Die Mischung war nicht ausgewogen.

lagern

In dunklen, gut verschlossenen Gläsern.

muffig

! Der Anteil an gemahlenem Reis war zu hoch.
! Die Mischung hat Feuchtigkeit gezogen.

zu scharf

Dem Gericht Joghurt zufügen, das mildert die Schärfe, ohne den Geschmack zu verfälschen.

☺ Currygerichte ruhig mit scharfem Curry zubereiten, man benötigt dann wenig oder kein Salz und Curry ist ein sehr gesundes Gewürz. Joghurt auf den Tisch stellen, dann kann jeder nach Bedarf abmildern.

CURRYBLÄTTER

Werden für die Currymischung benötigt. Sie können nicht durch Lorbeerblätter ersetzt werden.

INGWER

alt / frisch

Alte Ingwerknollen sehen runzlig aus und sind schlaff.
Frischer Ingwer hat eine pralle und saftige Knolle und eine glatte Oberfläche.

aufbewahren/einlegen

Frischer Ingwer wird geschält und in trockenen Sherry eingelegt, dann hält er mehrere Monate.

☺ Den Sherry ebenfalls zum Würzen nehmen, nach einiger Zeit entwickelt er ein sehr feines Aroma.

KNOBLAUCH

aufbewahren / einlegen

In Öl: Frische Knoblauchzehen schälen und in neutralem Öl im Kühlschrank aufbewahren.

☺ Sind die Zehen verbraucht, das Öl zum Würzen nehmen. Es hat dann genügend Knoblaucharoma aufgenommen.

Sauer: Abgeschält in einer Essig-Kräuter-Marinade, gut verschlossen in kleinen Gläsern lagern.

Als Knoblauchsalz: Mit einem Messer gut zerkleinern, nicht quetschen, und mit Kochsalz verreiben. Verhältnis Knoblauch/Salz ca. 4:1. In kleinen Gläsern, gut verschlossen, aufbewahren.

milder

Knoblauch wird milder, wenn der grüne Keim entfernt wird. Der Geruch bleibt aber trotzdem.

MEERRETTICH

weiß

Geriebener Meerrettich bleibt weiß, wenn er sofort mit Zitronensaft beträufelt wird.

grün (Wasabi)

Wird als Pulver zum Selbstanrühren oder als Paste angeboten. Wird hauptsächlich in der asiatischen Küche verwendet, schmeckt aber zu kaltem Fisch auch sehr gut.
Vorsicht! Frischer Wasabi ist extrem scharf.

MIREPOIX

Feingewürfeltes Röstgemüse aus Karotten, Sellerieknolle, Petersilienwurzel, Zwiebel, Lorbeer und Thymian, auch magerem Räucherspeck. In Butter geröstet als Grundlage oder Würzzutat für Soßen.

MOHN

Mohn nur in kleinen Mengen kaufen, er wird durch den hohen Fettgehalt leicht ranzig.

PIKANT

Mischung aus Zwiebeln, Gewürzgurke, Kapern, Sardellenfilets und Petersilie zur Herstellung von (pikantem) Fleischhaschee, saurer Lunge und dergleichen, die entweder fein gehackt oder durch den Fleischwolf gedreht werden.

PILZE, GETROCKNET

als Gewürz

Die getrockneten Pilze in eine Pfeffermühle geben und direkt in das Gericht mahlen. So kann sich das Aroma voll entfalten.

PUDERZUCKER

herstellen

Einfachen Zucker in der Kaffeemühle oder Mixer zerkleinern.

ZITRONENZUCKER

herstellen

Die Schale einer ungespritzten Zitrone fein abreiben und mit derselben Menge Zucker vermischen. Die Mischung in ein dunkles Glas füllen, sie hält sich lange und würzt sehr intensiv.

KÜCHENKRÄUTER

Frische Kräuter
aufbewahren

Frisch geschnittene Kräuter ganz in eine Schüssel mit Wasser legen und mit einem Teller unter die Wasseroberfläche drücken. Haltbarkeit max. zwei Tage. Grüne Kräuter wie z.B. Dill, Petersile und Schnittlauch mit einigen Tropfen Öl beträufeln und luftdicht verschließen. Sie halten sich ca. 48 Stunden frisch.

Gekaufte Kräuter waschen, Wasser abschütteln und in feuchtes Küchenkrepp wickeln oder in ein verschließbares Gefäß geben. Im Kühlschrank aufbewahren und möglichst schnell verwenden.

Als Kräutersalz: Die Kräuter auf einem Gitter oder Küchenkrepp vollständig unter häufigem Wenden trocknen. Zwischen den Handballen zerreiben (rebeln) und im Verhältnis Kräuter/Salz 2:1 vermischen. In kleinen Gläsern gut verschlossen aufbewahren.

ranzig

! Die Kräuter wurden zu lange in Öl gelagert.

! Die eingelegten Gewürze/Kräuter wurden zu hell und zu warm gelagert.

! Die Kräuter wurden zerquetscht statt geschnitten.

trocknen

Im Ganzen: Bündel mit einer Schnur an den Stielenden zusammenbinden, und mit den Blättern nach unten aufhängen. Nicht in der Sonne trocknen.

☺ Das Bündel mit einer Papiertüte überziehen. Die Kräuter stauben nicht ein und das Aroma bleibt besser erhalten.

Kleine Mengen lassen sich gut in der Mikrowelle oder dem Backofen trocknen.

zerkleinern

Frisch: Nach der Reinigung von groben Stielen befreien und mit einem scharfen Messer zerkleinern. Nicht quetschen, die Kräuter werden sonst leicht bitter.

☺ Dill und Schnittlauch lassen sich besser mit der Schere schneiden.

! Petersilie nicht zu fein schneiden, sonst schmeckt sie leicht "grasig".

☺ Petersilie bleibt grün, wenn die gehackte Petersilie **leicht** mit Salz überstreut wird.

! Schnittlauch erst unmittelbar vor dem Gebrauch schneiden, sonst wird er bitter.

☺ Basilikum mit der Schere schneiden, dann wird es nicht dunkel.

Gefroren: Mit einem Nudelholz kurz über die geöffnete Folie rollen.

GETROCKNETE KRÄUTER

Streudosen

Diese nach Gebrauch nicht unverschlossen in der Nähe von Herd, Spüle oder Abluft stehen lassen, da sie dann Feuchtigkeit anziehen (dies gilt auch für alle anderen Gewürze).

Würzkraft

Getrocknete Gewürze sind meist wesentlich intensiver im Geschmack als frische. Zu lange gelagerte Gewürze "rauchen aus".

zerkleinern

Getrocknete Kräuter (z.B. Herbes de Provence) zwischen den trockenen Handballen zerreiben, dann kann sich ihr Aroma voll entwickeln.

KRÄUTERMISCHUNGEN

Bei frischen Kräutermischungen immer zwei Drittel Schnittlauch zugeben. Dann entfaltet sich das Aroma der anderen Kräuter besser.

SALATE

ALLGEMEINES

lagern

Frisch: Verpackung entfernen. Bei einer Temperatur von vier bis sechs Grad plus getrennt von anderen Lebensmitteln lagern. Nicht drücken oder zuviel aufeinander lagern.

Freilandsalate haben eine längere Lagerzeit als Treibhaussalate.

Staudensalate (z.B. Chicorée) in verschließbaren Behältern mit Gittereinsatz aufbewahren.

Angemacht: Angemachte Salate lassen sich länger lagern, ohne sauer zu werden, wenn die verwendeten Zwiebeln vor der Zugabe blanchiert werden. Abgedeckt im Kühlschrank aufbewahren.

waschen

Salate mehrmals in reichlich Wasser durchschwenken.

Bei besonders hoher Verschmutzung Blätter einzeln unter fließendem Wasser reinigen.

Salate möglichst kurz im Wasser liegen lassen (Vitaminverlust).

Zugabe von wenig Kochsalz oder Essig zieht das Ungeziefer heraus.

☺ Zugabe von 1 Messerspitze Biosmon (Mineralsalzgemisch) zum Wasser, erhält Salate und Gemüse frisch und fest und verhindert ein Auslaugen (Vitaminverlust).

Feldsalat:
mindestens 3 bis 4 mal in kaltem bis lauwarmem Wasser

Kopfsalat, Lollo-Rosso, Frisée:
in kaltem Wasser

Radicchio, Chicorée, Endivien:
in handwarmem Wasser

Gehobeltes Kraut:
in gut warmem bis heißem Wasser (ca 40-60 Grad Celsius)

Salatsoßen

Salatsoßen und Marinaden mit einem Schneebesen vermengen, die Zutaten werden perfekt vermischt und die Soße wird sämiger.

CHICORÉESALAT

braun

! Der Salat wurde zu lange und/oder bei zu hoher Temperatur gelagert.

! Der Salat wurde nach dem Waschen und Schneiden gelagert, ohne mit Zitronensaft beträufelt zu werden.

lagern

Verkaufsverpackung entfernen, nebeneinander in einem verschließbaren Behälter mit Gittereinsatz im Kühlschrank lagern. Nicht drücken oder stapeln.

schmeckt bitter

! Dem Waschwasser wurde eine halbe Zitrone zugesetzt, ohne daß die Schale und Kerne entfernt wurden.

! Der geschnittene Salat wurde längere Zeit im Wasser gelagert.

schneiden

Evtl. vorhandene braune Blattspitzen abschneiden. Den Kolben der Länge nach halbieren, den Sterz keilförmig mit einem spitzen Messer ausschneiden. Von der Spitze schräg nach unten je nach Verwendungsart zwischen 1 und 10mm breite Streifen schneiden.

waschen, reinigen

Den geschnittenen Chicorée in reichlich lauwarmem Wasser unter Zusatz von Zitronensaft (je Liter Waschwasser den Saft von ca. einer Zitrone) waschen. Anschließend auf ein Sieb zum Abtropfen geben.

ENDIVIENSALAT

schmeckt bitter

! Der Salat wurde in kaltem Wasser gewaschen.
! Der Salat wurde längere Zeit im Wasser gelagert.
! Bei ausgewachsenen Köpfen wurden zu dicke Blattrippen verarbeitet.

weiterverwenden

Abseihen und unter Kartoffelsalat mischen.

zu hart

! Der Salat wurde zu grob geschnitten.
! Zu alte und zu große Pflanzen wurden verwendet.

GURKENSALAT

Gurken schälen

Entgegen landläufiger Meinungen ist die Schälrichtung belanglos. Der Einfachheit halber von der Spitze zum Stielansatz hin schälen. Jeweils oben und unten ca. 1 cm abschneiden. Junge, unbehandelte Gurken (besonders im Frühjahr) nur gut waschen und ungeschält verarbeiten.

Gurkenscheiben sind glasig

! Die Gurke war gefroren oder wurde längere Zeit bei Temperaturen unter vier Grad plus gelagert.

schmeckt bitter

! Es wurde mit einem Schäler oder Hobel aus Eisen und nicht aus Chrom-Nickel-Stahl gearbeitet.
! Die Gurke war gefroren.

verfeinern

Der Salatsoße etwas mittelscharfen Senf und frisch gehackten Dill zufügen.

weiterverwenden

Für Kartoffel-Gurkensalat: Mit lauwarm angemachtem Kartoffelsalat mischen.

zu wässrig

Durch leichtes Salzen, vorsichtiges Mischen und Lagern auf einem Sieb entwässern. Gesalzenen Gurkensalat ausdrücken macht ihn nur unansehnlich.

KARTOFFELSALAT

bekömmlicher

Einen Teelöffel Meerrettich an die Marinade geben, das fördert die Bekömmlichkeit und schmeckt nicht vor.

haltbarer

Geschnittene Zwiebeln in wenig Essig aufkochen und heiß dem Salat zugeben. Dadurch gärt der Salat bei längerer Vorbereitungszeit nicht so leicht.

schmeckt ranzig

! Die Kartoffeln waren nicht richtig gar.
! Öl wurde zu heiß untergemischt.
! Kalte Kartoffeln wurden mit heißem Öl vermengt.
! Der Salat enthält zuviel Öl oder zuviel Fett von ausgelassenem Speck.
! Der Salat wurde zu lange gelagert.

verfeinern

○ Mit etwas heißer Fleischbrühe angießen.
○ Remoulade zur Soße verwenden.
○ Frühkartoffeln mit Schale und einigen Kümmelsamen kochen.

zu bitter

! Ausgetriebene Zwiebeln wurden verwendet.

zu matschig

! Zur Herstellung wurden frisch gekochte und geschnittene Kartoffeln verwendet.
☺ Nach dem Kochen Kartoffeln handwarm abkühlen lassen, schälen und erst dann schneiden.

! Es wurde die falsche Sorte verwendet.
! Kartoffeln vom Vortag sind meistens ungeeignet, da sie leicht zu fest werden.
! Zugabe von zuviel Flüssigkeit (Fleischbrühe und/oder Essig).

KARTOFFELSALAT MIT SPECK

Speck gummiartig

! Der Speck wurde bei zu geringer Temperatur und/oder eine zu große Menge gleichzeitig ausgelassen.
☺ Wenig Öl gründlich heiß werden lassen, kleinere Mengen an Speck (evtl. Menge teilen und zweimal auslassen) zugeben und bei hoher Temperatur rasch ausbraten.

zu fettig

! Der ausgelassene Speck wurde mit dem Pfanneninhalt dem Salat zugesetzt.
☺ Den Speck in der Pfanne auslassen, alles durchsieben und nur den Speck untermischen.

KRAUTSALAT

abbrühen

○ Geschnittenes Kraut kurz (2 Minuten) in kochendes Blanchierwasser, dann sofort auf ein Sieb geben.
○ Kraut direkt auf ein Sieb geben und mit heißem Wasser übergießen. Durch diese Methode wird das Kraut für Gewürze besser aufgeschlossen.

gärt

! Der Salat wurde mit rohen Zwiebeln angemacht und zu lange gelagert.
☺ Zwiebeln vor der Verarbeitung kurz blanchieren.

lagern

Wegen des strengen Geruchs in verschließbarem Behälter im Kühlschrank. Salat täglich kontrollieren.

schmeckt tranig/ranzig

! Der Salat wurde zu lange und/oder zu warm gelagert.
! Der Speck wurde mit dem Ausbratfett zugefügt.
! Heißer Speck wurde unter zu kalten Salat gemischt.
! Speck wurde nur leicht und nicht kross ausgebraten.

schneiden

Halbieren, Strunk entfernen, vierteln und quer zur Wuchsrichtung der Blätter mit dem Messer in möglichst dünne Streifen schneiden, oder einen Krauthobe verwenden.
☺ Um Schnittverletzungen zu vermeiden, den Krautkopf am Strunkende mit dem Messer begradigen, dadurch bekommt man eine Auflagefläche. Ein feuchtes Tuch unter das Schneidbrett legen dies verhindert das Wegrutschen.

unansehnlich in der Farbe

! Das Kraut war zu alt oder zu lange gelagert.
! Statt ganzen Kümmelkörnern wurde gemahlener Kümmel verwendet.
☺ Frischen Schnittlauch, gehackte Petersilie oder feingewürfelte rote oder grüne Paprikaschoten untermischen. Paprika vorher blanchieren.

würzen

Nach dem Abbrühen das warme Kraut ohne Öl würzen und abgedeckt auskühlen lassen. Dann das ausgekühlte Kraut nachwürzen, das Öl erst zum Schluß zufügen. Öl bildet auf der Zunge einen Film, der die Geschmacksnerven überlagert. Dadurch entsteht der Eindruck, daß das Kraut "fade" schmeckt..

zu bitter

! Der Anteil an untergearbeitetem Strunk oder dicken Blattrippen war zu hoch.
! Zwiebeln wurden roh und nicht blanchiert zugegeben.
! Der Salat wurde zu lange gelagert.

zu hart

! Das Kraut war zu dick geschnitten.
! Das Kraut wurde zu kurz oder gar nicht abgebrüht.
! Zu knappes Durchziehen läßt das Kraut nicht weich werden.

zu matschig

! Das Kraut wurde zu lange blanchiert oder abgebrüht.
! Das Kraut lag zu lange abgedeckt in heißem Wasser.

zu sauer

! Zuviel Essig.
! Zu starkes Salzen.
! Zu lange Lagerzeit.
☺ Salat auf ein Sieb geben und Brühe ablaufen lassen. Anschließend mit lauwarmem Wasser erneut anmachen und ziehen lassen. Erst dann nachwürzen.

KRAUTSALAT, ROT

verfärbt

! Geschnittenes Rotkraut wurde unverarbeitet zu lange gelagert.
☺ Gleich nach dem Schneiden mit Essig und/oder Rotwein gut mischen und marinieren.

verfeinern

○ In die Marinade Rotwein, Zucker und/oder Preiselbeeren geben.
○ Den Salat hauchdünn hobeln oder schneiden.
○ Das geschnittene Kraut ohne Strunk mit einem Viertelliter heißen Rotwein übergießen und gut verschlossen über Nacht marinieren lassen. Den Wein abgießen und den Salat anrichten.

PAPRIKASALAT

Schoten putzen

Die Schote waagrecht auf ein Brett legen und den Deckel abschneiden. Im Deckel befindlichen Fruchtansatz mit dem Daumen herausdrücken. Stege im Innern der Schote herausschneiden und die Körner durch Stülpen und Klopfen entfernen.

schneiden

In Streifen: Geputzte Paprika der Länge nach vierteln oder achteln. Mit der Hautseite nach oben auf ein Brett legen und quer zur Wuchsrichtung in Streifen schneiden. Mehrere Paprikastücke aufeinanderlegen, das geht schneller.

In Würfel: Putzen und der Länge nach vierteln. In Wuchsrichtung von oben nach unten dünne Streifen schneiden. Diese mit den Fingern zusammenfassen und quer dazu Würfel schneiden. Die Größe der Würfel durch die Breite der Streifen regulieren.

bitter

! Die verwendeten Schoten waren zu groß.
! Die Paprika waren überlagert.
! Die Paprika wurden nicht abgezogen.

weiterverwenden

Als Garnitur: Blanchierten Paprika abseihen, mit angebratenem Speck, Zwiebeln und Tomaten vermischen (für die Kalte Küche).
Rindfleischsalat: Noch warmes Rindfleisch in Streifen schneiden, mit dem Salat mischen, und im Kühlschrank abgedeckt ziehen lassen.
Serbische Bohnensuppe: Abseihen, kleinschneiden, unter die Suppe mischen und erneut aufkochen. Nach Bedarf mit wenig Zucker nachwürzen.
Gulaschsuppe: Wie bei der Serbischen Bohnensuppe verfahren.
Chili con carne: Chili fertig zubereiten, Paprika abseihen, zufügen und in den Bohnen erwärmen.

RADIESCHEN

frischhalten

Mit dem Laub kalt abspülen, nicht trocknen, in verschließbarem Behälter mit Siebeinsatz im Kühlschrank max. 48 Stunden lagern.

"blühen auf"

Kalt abspülen und Radieschen mit scharfem, spitzen Messer von oben nach unten, schräg und blättrig einschneiden und mit dem Laub 3-4 Stunden in kaltes Wasser legen. Über das Blattwerk wird Wasser aufgenommen, dieses treibt die eingeschnittene Knolle auseinander, die "Rose blüht auf".

Vorsicht: Nicht über Nacht im Kühlschrank aufbewahren, da sonst das Laub zu faulen beginnt.

RADIESCHENSALAT

lagern

In verschlossenen Behältern im Kühlschrank nicht länger als einen Tag lagern.

schneiden

Auf dem feinen Gemüsehobel schneiden.

verfärbt

Durch zu langes Lagern färben die Schalen aus.

zu salzig

Über Nacht im Kühlschrank ziehen lassen und gewaschene, halbierte Tomaten zufügen. Vor dem Anrichten Tomaten entfernen und Salat neu abschmecken.

RETTICHSALAT

zu hart

! Der Rettich war bereits zu groß.
! Der Rettich war holzig.
☺ Die holzigen Teile großzügig ausschneiden. Den Rettich in Stifte hobeln, leicht salzen und abgedeckt 2 Stunden ziehen lassen. Dann auf ein Sieb geben, abtropfen lassen und wie gewohnt verarbeiten.

ROHKOSTSALAT AUS ÄPFELN UND KAROTTEN

Apfelstreifen verfärbt

Sofort nach dem Schneiden mit Zitronensaft und wenig Zucker marinieren.

lagern

In verschlossenen Behältern im Kühlschrank nicht länger als einen Tag lagern.

weiterverwenden

Als Garnitur: Mit Sahne verkocht als Garnitur zu gebratenem Kalbs- oder Schweinefilet.
Für Soßen: Als Beigabe zu Rinder- oder Sauerbraten, zu Wildsoßen.

TOMATENSALAT

schneiden

Mit einem feinzackigen Messer (Tomatenmesser); der Fruchtansatz bei Tomaten muß immer entfernt werden.

zu sauer

! Dünn verkochten Zucker vorsichtig zufügen.

zu wässrig

Salatsoße getrennt anmachen. Geschnittene Tomaten in eine Schüssel geben und das Dressing löffelweise unterheben.

KALTE KÜCHE

ASPIK

Blasen

Blasenbildung beim Gießen wird vermieden, wenn der flüssige Aspik durch ein Teesieb direkt auf die Platte gegossen wird.

lösen

Alle Formen für Aspik mit kaltem Wasser ausspülen und dann leicht einölen.

GELATINE

Ersatz

Agar-Agar, ein aus Rotalgen gewonnener Pflanzenstoff von hoher Gelierkraft oder Biobin, aus der Frucht des Johannisbrotbaums.

klumpt

! Die Gelatine wurde nicht richtig angerührt, bzw. verrührt.
! Die Flüssigkeit hat nicht gekocht.
☺ Gelatinepulver sofort unter ständigem Rühren mit dem Schneebesen in die kochende Flüssigkeit einrieseln lassen.

BRATHUHN

glänzt nicht

Das warme Brathuhn mehrmals mit brauner Geflügelglace abpinseln, die mit gelöster Gelatine versetzt wurde.

Haut zu weich

Mit klarer, heißer Gelatine mehrmals abpinseln und abkühlen lassen.

schneiden

für gemischte Braten- oder Geflügelplatten: Sterz entfernen, Huhn halbieren. Rückgrat an beiden Seiten abtrennen. Flügel und Schenkel am Gelenk durchtrennen und die Enden der Schenkel vom Gelenkknorpel befreien, das Brustmittelstück halbieren.
für Canapés: Brust beidseitig entlang des Brustbeines mit spitzem, scharfer Messer einschneiden. Flügel und Schenkel entfernen. Beide Brusthälfter vorsichtig mit dem Daumen ablösen. Brusthäften schräg zum Brustverlauf in Scheiben von ca. einem Zentimeter Dicke schneiden.

weiterverwenden

als Suppeneinlage: siehe → Geflügel
zu Geflügelrisotto: siehe → Geflügel
zu Geflügelsalat: siehe → Geflügel

Brathuhn gegart
zerteilen

1. Brathuhn am Brustbein entlang halbieren.
☺ Anstelle einer Geflügelschere ein großes, scharfes Messer benutzen. Der Schnitt wird glatter und verletzt die Geflügelbrust nicht.

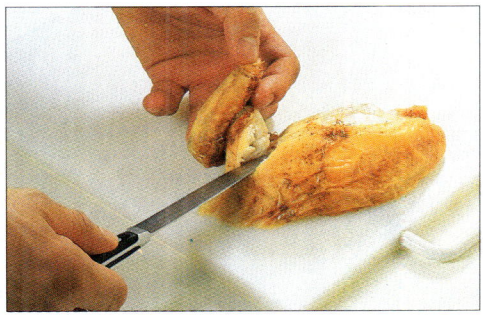

2. Den Flügel direkt an der Brustseite abtrennen

3. In gleicher Weise wird die Keule entfernt.

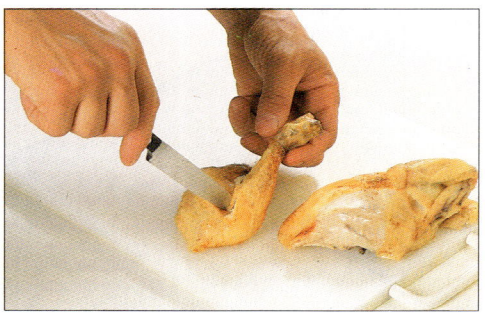

4. Hühnerkeule mit einem spitzen Messer am Gelenk einstechen und den Knorpel durchtrennen.

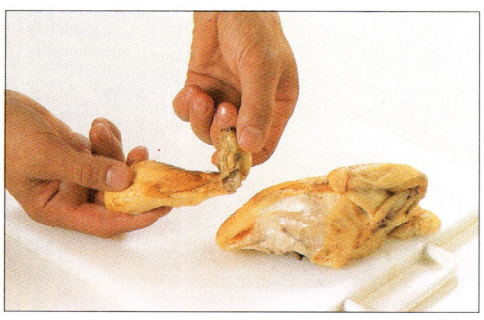

5. Knorpel am Ende der Hühnerkeule mit einer leichten Drehbewegung abtrennen. Dort werden später die Papilotten (Geflügelmanschetten) aufgesteckt.

6. Je nach Größe der Brust diese ein- oder zweimal quer und leicht nach unten durchschneiden, um die Schnittstelle zu verdecken.

EIER, GEFÜLLTE

herstellen

Knapp hart kochen und in eine Schüssel mit kaltem Wasser legen. Kaltes Wasser ständig zulaufen lassen und die Eier unter der Wasseroberfläche schälen. Geschälte Eier bis zur vollständigen Abkühlung in kaltem Wasser liegen lassen. Mit einem Messer halbieren, den Dotter mit einem Kaffeelöffel entfernen und das Ei mit kaltem Wasser säubern. Trockentupfen und mit einem Kaffeelöffel füllen.

☺ Die Zutaten für die Füllung unbedingt kleiner als gewohnt schneiden. Die Füllung wird wesentlich schöner.

schaukeln

Die Unterseite vor dem Füllen mit einem scharfen Messer begradigen. Darauf achten, daß dabei kein Loch entsteht. Mit Küchenkrepp trockentupfen und kurz vor dem Anrichten in heiße Gelatine tauchen oder damit abpinseln.

schneiden

Das ganze Ei leicht mit Daumen und Zeigefinger zusammendrücken und mit einer feuchten Messerklinge schneiden.

EIHÄLFTEN

lagern

Zwei bis drei Tage in leicht gesalzenem, kalten Wasser, in einem abgedeckten Behälter im Kühlschrank.

FISCHPLATTE

geeignete Sorten (Auswahl)

Aal
Forellenfilets, geräuchert
Forellen, blau gekocht
Lachs, frisch im Ganzen pochiert
Lachs, geräuchert
Matjes
Schillerlocken

FORELLEN

anrichten

Forellen im Rohzustand zwischen Kiemen und Schwanz mit Hilfe einer Schnur im gebogenen Zustand fixieren und kochen (siehe → Fisch formen). Aus dem Sud nehmen und die Schnur entfernen. Mit der Unterseite auf ein Gitter zum Abtropfen stellen. Fischmaul mit kleinen Petersiliensträußchen füllen.

GEFLÜGELBRUST

gebraten auslösen **für Canapés**

1. Mit scharfem, spitzem Messer beidseitig am Brustbein nach unten einschneiden.

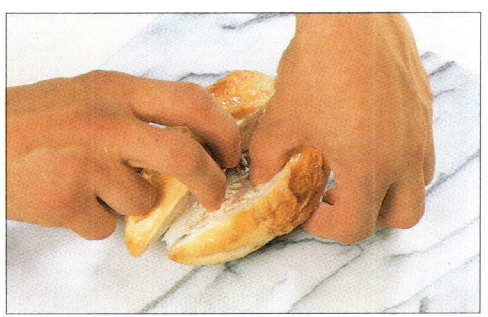

2. Mit dem Daumennagel vorsichtig nach unten weiterarbeiten und so das Fleisch vom Knochen lösen.

gebraten und ausgelöst schneiden
für Canapés

Quer zur Faser von der Spitze an scheibchenweise in Abständen von ca. 5mm.

☺ Die Brust vorher seitlich begradiger, um möglichst Scheiben gleicher Größe zu erhalten.

HUMMER

anrichten

Möglichst großzügig auf nicht zu kleinen Platten. Vorher eventuell einen Gelatine-Spiegel angießen.

auf der Platte fixieren

siehe → Allgemeines
Ansonsten bei größeren Garnituren mit Holzzahnstochern und Gelatine arbeiten.

zerteilen

1. Scheren am Gelenk mit einer Drehbewegung abtrennen.

2. Hummer flach auf die Arbeitsfläche legen. Mit einem großen, scharfen Messer am Rücken vom Schwanzende zum Kopf (oder umgekehrt) in der Mitte teilen.

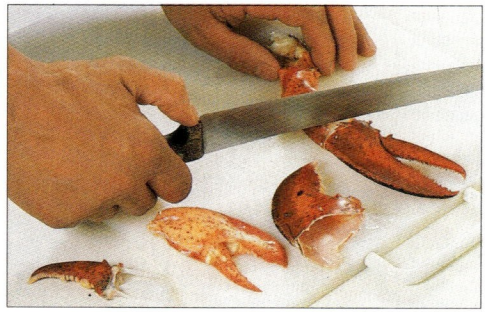

3. Mit einem Küchenbeil oder Messerrücken die Scheren am Gelenk aufklopfen und das Fleisch entnehmen.

☺ Eine Fonduegabel leistet hier gute Dienste.

4. Mit einer Gabel zunächst am Schwanzende den Darm (sieht aus wie ein dickerer, bräunlicher Schnürsenkel) zwischen zwei Zinken nehmen und aufwickeln. Als nächstes durch leichtes Anheben das Hummerfleisch entnehmen.

KÄSEPLATTE

geeignete Sorten (Auswahl)

Camembert
Cheddar-Chester, aufgeschnitten
Cheddar-Chester, grün, aufgeschnitten
Edamer, aufgeschnitten
Emmentaler, aufgeschnitten
Gouda, aufgeschnitten
Mandel-Kirschwasserkäse in der Rolle
Pfefferkäse, klein, rund, schwarz
Tortenbrie
Walnußkäse
Ziegenkäse in der Rolle

Mengen

Die angegebene Mengen rechnen sich pro Person, sind aber nur Cirka-Angaben. Im Schnitt rechnet man zwischen 60 und 100 Gramm Käse pro Person. Je größer die Anzahl der Käsesorten, desto geringer die Grammzahl pro Person.

Als Käseplatte mit Brot:
200 bis 250g

Als Käsespießchen:
80 bis 120g

Als vorletzter Gang bei größeren Menüs:
50 bis 70g

Zum Wein:
100 bis 150g

Reste verwerten

Für Eiersalat: In kleine Würfel schneiden, mit Remouladensoße mischen und mit Schinken, Eischeiben und Spargelstücken in eine Schüssel geben.

Für Käsesalat: Käse klein schneiden und mit Zutaten nach Geschmack mischen, würzen, mit Mayonnaise leicht binden.

Für Käsespätzle (1): Feingewürfelte Zwiebeln in Butter anschwitzen, geriebenen Käse zugeben, schmelzen und mit gut gewürzten Spätzle mischen.

Für Käsespätzle (2): Gewürzte Spätzle schichtweise mit abgeschmolzenen Zwiebeln und Würfelkäse in eine feuerfeste Form schichten und im Backofen garen. Oder in eine Porzellan- oder Glasform geben und abgedeckt in der Mikrowelle zubereiten.

Für Kartoffelsalat: In kleine Würfel schneiden und unter den Salat mischen.

Für Schweizer Wurstsalat: In dünne Streifen schneiden und mit einfachem Wurstsalat mischen.

KALTE PLATTEN

anrichten

erhöht: Alufolie in Form einer Salatgurke zusammendrehen und der Platte als Unterbau anpassen. Wurst- und Käsescheiben etc. darüberlegen.

Soll eine Salatgurke verwendet werden, Gurke einseitig knapp mit scharfem Messer begradigen. Schnittfläche trockentupfen und mit heißer Gelatine durch Abpinseln isolieren, um das Austreten von Gurkensaft zu verhindern.

Einfacher Turm: Orangen durch Begradigen eine Standfläche verschaffen und mit Gelatine isolieren.

Zweifacher Turm: Orange beidseitig begradigen. In die Oberseite zwei bis drei Zahnstocher zur Hälfte einstechen. Tomate einseitig begradigen und auf die herausstehenden Spitzen stecken.

Dreifacher Turm: Mit einem kleinen, beidseitig begradigten Weißkrautkopf beginnen. Auf der Oberseite zwei bis drei Holz- oder Schaschlikspieße einstechen, darauf Orangen setzen und auf diese Tomaten, die mit Zahnstochern befestigt werden.

Weitere Unterbauten: Äpfel, Melonen, Zitronen, Zucchini, umgedrehte Teller, Kaffeetassen u.s.w.

☺ Bei Geschirren eine feuchte Serviette unterlegen, damit sie nicht verrutschen.

auf der Platte fixieren

Das Dekorationsgut auf der Unterseite vorsichtig mit Küchenkrepp trockentupfen. Den vorgesehenen Standort auf der Platte ebenfalls gründlich trocknen. Die trockene Unterseite mit heißer, dickflüssiger Gelatine einpinseln und kurze Zeit auf der Platte festhalten. Bei größeren Fischen tournierte (siehe → Fachausdrücke) Zitronen oder Salatgurken als Unterbau verwenden. Verbindungen gegebenenfalls mit Gelatine und/oder Zahnstochern festigen.

garnierte Platten werden nicht trocken

○ Pergamentpapier bogenweise in kaltes Wasser tauchen und Restfeuchte durch Schütteln entfernen. Die fertigen Platten vorsichtig damit abdecken. Anschließend Bahnen von Klarsichtfolie darüberlegen und unterhalb des Plattenrandes vorsichtig straffen.

Schinkenscheiben-Unterbau (beginnend in der linken unteren Ecke)

Aufrichten eines Radieschenturmes

Aufstellen von rohem Schinken

Roastbeef-Aufbau

Roastbeef-Aufbau (2)

Kalte Platte, Gesamtansicht

○ Gewaschene, abgetropfte Salatblätter als Unterbau bzw. flächendeckende Garnitur verwenden.

Spiegel gießen

Gelatine nach Rezept kochen, die angegebene Flüssigkeit aber um cirka zehn Prozent reduzieren. Die Platte vorkühlen und Gelatine aufgießen. Die Platte muß völlig gerade stehen, eventuell mit Bierdeckeln ausgleichen. Im Kühlschrank oder einem kühlen Raum mindestens zwölf Stunden ruhen lassen.

☺ Die Gelatine bildet keine Blasen, wenn sie vorsichtig durch ein Teesieb direkt auf die Platte gegossen wird. Dann sollte die Platte aber handwarm und nicht gekühlt sein.

Lauch

blanchieren

Blätter für Kalte Küche: Möglichst große Stücke verwenden. In die Hand nehmen und ins kochende Blanchierwasser ein-

schieben. Wenn der Lauch wellt, sofort in Eiswasser abschrecken.

schneiden

Die blanchierten Lauchblätter werden a s Unterlage für Tomatenrosen zugeschnitten.
siehe → Tomatenrose

Rehrücken

garnieren

Karkasse des ausgelösten Rehrückens auf ein Gitter setzen, Papier unterlegen und dort garnieren. Gerade bei Arbeiten mit Gelatine wird so eine unnötige Ve schmutzung der Platte vermieden.

Karkasse ausspritzen

1. Nach Auslösen der Seitenstücke Lebe mus in Spritzbeutel einfüllen und Karkasse ausspritzen.
2. Mit Teigschaber glattziehen und formen.
3. Die Lendenstücke schräg in ca. einen Zentimeter dicke Scheiben schneiden.
4. Die Scheiben mit dem Lebermus auf beiden Seiten schuppenartig auf der Karkasse fixieren und auch mit ihm anrichten, sonst werden sie zu trocken.

! Für die Spritzmasse nur Butter verwenden - Halbfettmargarine ist ungeeignet. Die Butter festigt die Spritzmasse. Zur Stabilisation etwas flüssige Gelatine (aus Gelatinepulver) untermischen.

schneiden und garnieren

1. Den gebratenen Rehrücken der Länge nach vor sich auf ein Brett legen.

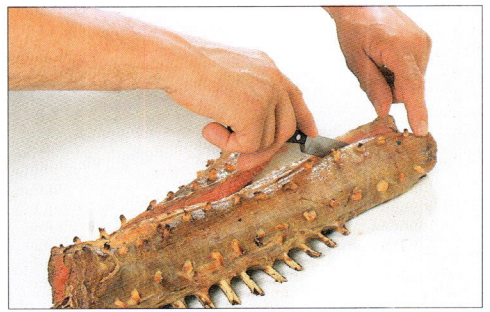

2. Von oben nach unten zu beiden Seiten die Filets herausschneiden und neben die verbleibende Karkasse legen. Nicht verwechseln!

3. Das linke Filet alle zwei Zentimeter schräg nach unten aufschneiden, dabei aber die Fleischstränge beieinander lassen. Mit der rechten Seite in gleicher Weise verfahren.

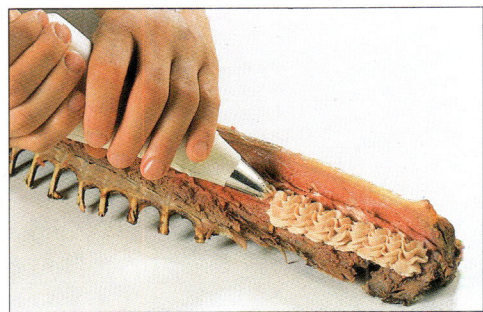

4. Die Karkasse mit Lebermus ausspritzen und glattziehen.

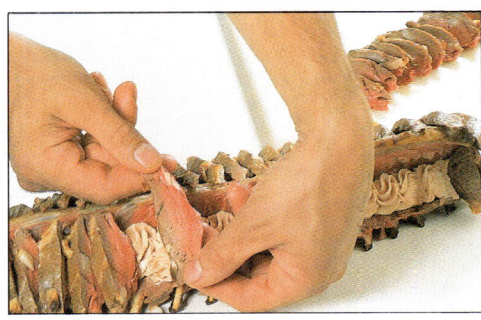

5. Die einzelnen Filetscheiben in heiße Gelatine tauchen und schuppenartig jeweils seitlich wieder ansetzen.

6. Den Rehrücken ausgarnieren.

Reste verwerten

Als Pastetenfüllung.

Für Suppe: Aus Wildfond eine Suppe bereiten, das Fleisch kleinschneiden, mit Rotwein und Champignonfond verkocht als Einlage zugeben.

Zu Wildragout: Geschnitten mit Madeirasoße, Champignons oder Pfifferlingen, Zwiebeln etc. zu Ragout verkocht.

ROASTBEEF

Reste verwerten

Als Brotbelag: In dünne Scheiben geschnitten für Brotbelag verwenden.
Als Einlage: Gewürfelt in Rotwein nachgaren und für Gulaschsuppe verwenden.
Für Eintopf: Gemüseeintopf kochen und grob gewürfeltes Roastbeef ca. 25 Minuten mitkochen lassen.
Für Rindfleischsalat: In dünne Streifen schneiden und mit Essiggurke, Zwiebel, Gewürzen etc. vermischen.
Für Zwiebelfleisch: In Scheiben schneiden, würzen, mehlieren und in Fett beidseitig anbraten. Mit Zwiebeln vermischen, glasig werden lassen und mit Jus oder anderen, braunen Soßen aufgießen und abschmecken.

SPRITZMASSEN

Allgemeines

lagern

○ Vorgefertigte Masse nicht über Nacht in den Kühlschrank geben, oder gar bereits im Spritzbeutel eingefüllt dort lagern.
○ Lagern bei Küchentemperatur (18 bis 22 Grad) für zwölf Stunden möglich.
○ Kalte Massen lassen sich schlecht spritzen.

zu blaß

Mit geriebener Gelbwurz (Kurkuma) oder Safran vermischen.

zu fest zum Spritzen

Masse gründlich mit der Hand durchkneten. Die Körpertemperatur der Hände verleiht der Masse die richtige Konsistenz.

Eimassen
leichter herstellen

Dotter von frisch gekochten, noch leicht warmen Eiern verwenden, durch ein Sieb drücken und mit der Butter vermischen.

Lebermus
feiner

Die Butter gründlich schaumig rühren. Die Leberwurst durch ein feines Sieb drücken und nach und nach unter die Butter arbeiten.

SÜLZEN

Feine Sülzen werden aus entfetteter Brühe hergestellt, sonst wird der Aspik trübe. Die Brühe über Nacht in den Kühlschrank stellen und den Fettspiegel abheben. Dann nochmals durch ein Mulltuch abgießen.

TOMATENROSE

herstellen

1. Streifen von ca. 1 cm Breite abschneiden.

2. Die Tomatenschale mit Daumen und Messerspitze zusammendrehen.

SUPPEN

ALLGEMEINES

Brühen

einfrieren

Passieren, kochend in Portionsbehälter einfüllen und gänzlich auskühlen lassen. Vermerken, ob die Brühe entfettet wurde oder nicht.

entfetten

○ Durch Abschöpfen mit einer Kelle.
○ Absaugen durch mehrfaches Auflegen von unbedrucktem Küchenkrepp.
○ Über Nacht in den Kühlschrank stellen und am nächsten Tag den Fettspiegel entfernen.

fertig

Das Suppenfleisch läßt sich leicht anstechen.

klären

Am Anfang: Zusammen mit den Knochen und/oder Fleischteilen im kalten Wasser je nach Menge 2-3 rohe, ganze und eingeritzte Tomaten mit beifügen. Die enthaltene Säure bindet entstehende Schwebteilchen.
Während des Kochens: Durch gußartige Zugabe von kaltem Wasser (ca. 20% der Gesamtmenge). Danach langsam erneut zum Sieden bringen.
In kaltem Zustand: Einen Teig aus mittelgrob durchgedrehtem Rinderhack, Eiweiß, Crasheis, zerdrückten Tomaten und kleingewürfelten Gemüsen (Sellerie, Karotten) herstellen. Diesen in die kalte, passierte Brühe geben und auf kleiner Flamme aufköcheln lassen. Anschließend durch ein Passiertuch pressen.
Gemüsebrühen: Mit frischen Spargel-schalen. Für zwei Liter Brühe eine Handvoll Schalen verwenden.

Knochenmark

○ Knochenmark läßt sich leicht mit dem Daumen herausdrücken, wenn der Markknochen vorher ca. eine Minute in kochendes Wasser gelegt wird.
○ Soll das Knochenmark schnittfest sein, läßt man es im Kühlschrank erkalten.
○ Den Knochen unter fließendes, kaltes Wasser legen. Das Mark wird fest und gleichzeitig von Verunreinigungen befreit.

kühlen besser aus

Nach dem Kochen ein Metallgitter oder einen Kochlöffel unter den Topf legen, damit die Luft zwischen Topfboden und Abstellfläche zirkulieren kann. Nicht auf einer Marmorplatte abstellen!

lagern

Bei längerer Lagerdauer im Kühlschrank das zugesetzte Gemüse entfernen. Fettspiegel belassen, da dieser im erstarrten Zustand einen natürlichen Verschluß bildet. In kochendem Zustand in Vorratsbehälter einfüllen (abtöten von Bakterien) und auskühlen lassen. Bei großen Mengen Kochlöffel o.ä. unter den Topf legen, damit die Brühe gleichmäßig abkühlen kann. Den Behälter erst abdecken, wenn die Brühe vollständig ausgekühlt ist.

sauer

Brühen werden nicht sauer, wenn nach dem Kochen das obenschwimmende Gemüse entfernt wird, damit die Suppe "atmen" kann. Oder die festen Teile durch ein Haarsieb gießen. Durch Unterlegen eines Kochlöffels für Luftzirkulation sorgen.

Nach dem Auskühlen in den Kühlschrank stellen.

schönere Farbe
Tomaten und an den Schnittflächen geschwärzte Zwiebeln mitkochen.

trübe
siehe → Brühen, klären

versalzen
! Durch zu starkes Einkochen und/oder wiederholtes Aufkochen.
! Übermäßige Zugabe von Sellerie, Lauchgewächsen sowie Kochsalz.
☺ Vorsichtig kaltes Wasser zugießen und erneut erwärmen.
☺ In einen Mullbeutel ein bis zwei Eßlöffel Reis geben und etwa fünfzehn Minuten mitsieden.

zu hell
! Die Kochzeit war zu kurz.
! Zu wenig Suppengemüse und Zwiebeln.

zu scharf
Ungewürzte Brühe oder Wasser zugießen und erneut erwärmen.

SUPPEN

angießen
Mit köchelnder, passierter Fleischbrühe. Angießen mit köchelnder Flüssigkeit verkürzt die Kochzeit.
Gebundene, angeschwitzte Suppen: Mit köchelnder, passierter Fleischbrühe angießen, sofort mit dem Schneebesen glattrühren und mit einem Kochlöffel den Topfrand ausfahren. Dort brennt die Suppe leicht an, da die Drähte des Schneebesens diese Stellen nicht erreichen können.

aufwärmen
Gebundene Suppen: Kalt mit ungewürzter, kalter Fleischbrühe verdünnen und

dann aufkochen. Erneutes Abschmecken erforderlich.
Klare Suppen: Vorsichtig aufkochen. Sind die Einlagen bereits zu weich, Brühe abgießen und aufkochen. Anschließend die Einlagen zugeben, aber nicht mehr kochen lassen.

einfrieren
Kochend in Vorratsbehälter einfüllen. Mindestens drei bis vier Zentimeter unter dem Behälterrand Platz lassen, da es später an der Oberfläche zu Aufwerfungen kommen kann. Auskühlen lassen, verschließen und Art der Einlage vermerken.

lagern
In vollständig ausgekühltem Zustand in gut verschlossenen Behältern im Kühlschrank. Maximale Lagerzeit fünf Tage.

pürieren

Eine Gemüse-Kartoffelsuppe wird mit Hilfe eines Stabmixers püriert.

verlängern
Klare Suppen: Mit ungewürzter Fleischbrühe und frischen Einlagen.
Gebundene Suppen: Der kalten Suppe ungewürzte Fleischbrühe zugeben, aufkochen und mit Mehlbutter nachbinden. Frische Einlagen zufügen, mit Sahne, Weißwein etc. verlängern und erneut abschmecken.

würzen, nachwürzen
Klare Suppen: Nach Beendigung der Garzeit. Anschließend nochmals leicht aufkö-

cheln, damit sich die Gewürze besser verteilen.

Gebundene, legierte Suppen: Legieren, würzen, leicht aufköcheln, dann erst Wein bzw. Zitronensaft zugeben.

überkochen

☺ Den Topfrand mit Öl einpinseln, die überschäumende Suppe bricht sich an dieser Stelle.
Dann mit einem Schneebesen in der Topfmitte rühren, und mit einem Schuß kaltem Wasser ablöschen.

versalzen

Klare Suppen: Mit ungewürzter Brühe angießen und vorsichtig neu würzen.

Gebundene Suppen: Zwei bis drei geschälte und halbierte Kartoffeln mitkochen. Die Stärke nimmt das Salz in sich auf. Dabei kann es zum Nachdicken der Suppe kommen.

zu dick

Strecken mit ungewürzter Fleischbrühe, mit Milch oder süßer Sahne und erneut abschmecken.

zu dünn

Klare Suppen: Stark reduzierte Fleischbrühe zugeben. Oder die Suppe neu ansetzen und die zu dünne Suppe als Aufguß verwenden.

Gebundene Suppen: Nachbinden durch schrittweise Zugabe von Mehlbutter (Verhältnis 1:1). Verlängert die Kochzeit um ca. 15 bis 20 Minuten, erneutes Abschmecken notwendig.

A AALSUPPE, HAMBURGER ART

zu salzig

! Der Schinkenknochen und/oder Aal waren zu lange gelagert.
! Der Schinkenknochen und/oder Aal waren zu stark geräuchert.
☺ Statt des Schinkenknochens frisch geräucherten Speck verwenden.

! Suppenreste wurden im Kühlschrank gelagert und mit gewürzter Fleischbrühe gestreckt.
☺ Die Suppe mit neutraler Brühe ang eßen.

B BLUMENKOHLSUPPE

verfeinern

Im Blanchierwasser einige Markknochen 45 Minuten auskochen. Dann Blumenkohlröschen, Butter, Salz, wenig geriebene Muskatnuß und Zitrone zugeben. Leichte Schwitze mit Brühe aufgießen und auskochen. Pürierten Blumenkohl und Sahne zusetzen.

B BROTSUPPE

zu dick

Mit leicht gewürzter Fleischbrühe, oder - je nach Grundrezept - mit hellem Bier oder Weißwein strecken.

zu sauer

! Zu hoher Anteil an Broten aus Sauerteig.
☺ Wenig Zucker oder je nach Rezept auch verquirltes Ei zugeben.

C CHAMPIGNONSUPPE

geronnen

! Wurde nach dem Legieren erneut aufgekocht.
! Nachträgliche Zugabe von zu vielen oder zu kalten Pilzen.
☺ Pilzeinlage mit wenig Weißwein separat kurz aufkochen und dann der heißen Suppe zugeben. Niemals nach dem Legieren erneut aufkochen.

grau

! Bereits dunkle Champignons oder Egerlinge wurden verwendet.
☺ Süße Sahne zugeben. Als Aufguß 2/3 Milch und 1/3 Pilzfond verwenden.

verfeinern

❍ Frische Pilze zuerst blanchieren, zurück-
bleibenden Fond als Aufguß für die Mehlschwitze verwenden.

❍ Die Pilzeinlage zerkleinern und mit wenig
Weißwein und einer Prise Zucker separat
einkochen, dann der heißen Suppe zusetzen.

❍ Die Suppe mit frischen Pilzen zubereiten,
abkühlen lassen und im Mixer pürieren.
Erneut aufkochen und mit Sahne und Gewürzen abschmecken.

EINLAUFSUPPEN

luftiger

Eigelb und Gewürze mit etwas Mehl zu
einer Masse verrühren. Eiweiß schlagen
und unter die Masse heben.

trübe

! Es wurde nur geschlagenes Ei in eine
nicht kochende Suppe gerührt.

☺ Ei mit wenig Mehl verrühren, sofort in die
kochende Suppe geben, aufkochen lassen und erst dann mit dem Schneebesen
nur zwei- bis dreimal umrühren.

GEMÜSESUPPE

schmeckt säuerlich

! *Klare Gemüsesuppe:* Die verwendeten
Gemüse wurden vorgegart und zu lange
gelagert.

! *Klare Gemüsesuppe:* Die Suppe wurde
zu oft aufgewärmt.

! *Gebundene Gemüsesuppe:* Die verwendeten Gemüse wurden vorgegart und zu
lange gelagert.

! *Gebundene Gemüsesuppe:* Zum Abschmecken wurde zu viel Wein und/oder
Zitronensaft genommen.

GRAUPENSUPPE

schmeckt fade

! Die Graupen wurden nur in Wasser gekocht.

☺ Graupen mit Fleisch- oder Gemüsebrühe
vom Vortag aufgießen.

☺ Eine Speckschwarte mitkochen.

GRIESSSUPPE, GERÖSTET

geronnen

! Die Suppe wurde nach dem Legieren aufgekocht.

! Zu reichliche Zugabe von Zitronensaft
und/oder Weißwein.

! Der Anteil an Sahne, Wein oder Zitrone
war zu hoch.

! Die Suppe wurde zu lange und zu heiß
(richtig: nicht wärmer als max. 80 Grad)
warmgestellt.

schmeckt bitter

! Der Grieß wurde zu lange in Fett geröstet
und ist braun geworden.

GRÜNKERNSUPPE

farblos

! Die Aufgußbrühe war trübe.

! Die Aufgußbrühe war zu dünn.

☺ Je Liter Suppe 2-3 EL Brei von grünen
Erbsen mitkochen (frische oder Tiefkühlware, Dosenerbsen sind ungeeignet) und
anschließend alles passieren.

schmeckt fade

! Zum Aufgießen wurde Wasser oder eine
ungewürzte Brühe verwendet.

☺ Am Vortag eine kräftige Fleisch- oder Gemüsebrühe kochen, anwärmen und die
Suppe damit aufgießen.

☺ Etwas Erbsenbrei mitkochen, die Erbsen
steigern den Eigengeschmack von Grün-
kern.

GULASCHSUPPE

schmeckt bitter

! Die Zwiebeln sind beim Anbraten zu dunkel geworden.

! Paprikapulver wurde direkt in heißes Fett gegeben.
! Anbrennen am Topfboden.
! Zu starkes Einkochen.
! Verwendung von überreifen Paprika-schoten.

schmeckt süßlich

! Zu hoher Anteil an Zwiebeln.
☺ Herben Rotwein oder Essig zugeben.

verfeinern

○ Durch Aufgießen mit leicht abgeschmeck-ter Fleischbrühe.
○ Die Suppe länger reduzieren lassen.
○ Die Suppe am Vortag kochen und aufwär-men.

zu dünn

Nachbinden mit in Rotwein verrührter Kar-toffelstärke. Diese der köchelnden Suppe schrittweise zusetzen und erneut ab-schmecken.

zu hell

! Die Suppe wurde zu häufig angegossen.
! Die Suppe wurde nicht genügend redu-ziert.
! Der Kartoffelanteil ist zu hoch.

zu scharf

! Zugabe von scharfem Paprikapulver.
! Zugabe von zuviel scharfen Würzsoßen.
☺ Strecken mit ungewürzter Fleischbrühe.
☺ Zugabe von verkochtem Zucker oder Zuckercouleur.

KRABBENSUPPE, BÜSUMER ART

farblos

! Es wurden Tiefkühlkrabben verwendet.
! Die Krabben kamen gefroren in die Sup-pe.
☺ Frische Krabben oder Krabben in der Lake verwenden.
☺ Tiefkühlkrabben gefroren in eine Schüs-sel geben und kurze Zeit in einer Mi-

schung aus herbem Weißwein, Zitronen-saft und Weinbrand marinieren.

schmeckt fade

siehe → farblos

schmeckt zu fischig

! Bei Krabben in der Lake wurde der Sud mit in die Suppe gegeben.
! Die Suppe wurde zu häufig erwärmt und nachgekocht.
☺ Die Lake nicht mitverwenden.
☺ Bei mäßiger Hitze aufwärmen.

LAUCHSUPPE

geronnen

! Die Suppe wurde nach dem Legieren nochmals aufgekocht.
! Die fertig gekochte Suppe wurde zu lange und/oder zu heiß warmgestellt.
☺ Erst kurz vor dem Anrichten legieren.

schmeckt bitter

! Der rohe Lauch wurde direkt ins heiße Fett gegeben.
☺ Lauch mit wenig Wasser und Weißwein blanchieren, die Mehlschwitze mit dem Blanchierwasser aufgießen, den Lauch nach dem Legieren zugeben.

MINESTRONE

schmeckt süßlich

! Der Anteil an Kraut, Karotten und Zwie-beln war zu hoch.
! Die Suppe wurde mehrfach aufgewärmt.
☺ Herben Weißwein und/oder weißen Essig zugeben.

trübe

! Nudeln oder Reis wurden im Rohzustand in der Suppe gegart.
! Vorgegarte Nudeln oder Reis wurden nicht richtig mit kaltem Wasser klarge-spült.

! Die Suppe wurde zu lange gegart, und das Gemüse ist zu Mus verkocht.

verfeinern

Den Gemüseansatz mit heißer Fleischbrühe aufgießen. Die Suppe kann dadurch etwas eindunkeln.

NUDELSUPPE

farblos

○ Brühe verwenden, die vorgekocht und erneut erhitzt wurde.
○ Die Nudeleinlage separat in Würfelbrühe kochen, mit frischem Schnittlauch mischen und erwärmt zusetzen.

schmeckt fade

! Die gekochten Nudeln wurden direkt in den Teller gegeben und mit Suppe aufgegossen.
☺ Nudeln nur knapp garen, separat mit gewürzter Fleischbrühe mischen und vorwärmen. Erst dann in den vorgewärmten Teller geben und mit der Brühe aufgießen.

trübe

! Die Nudeleinlage wurde in der Suppe gegart.
! Vorgegarte Nudeln wurden nicht richtig mit kaltem Wasser klargespült.

zu dick

! Die Suppe wurde zu lange warmgestellt. Die Nudeln quellen dann nach und können dadurch die doppelte Menge der ursprünglichen Einlage erreichen.
☺ Gekochte Nudeln würzen, in wenig Brühe geben und getrennt erwärmen (z.B. Mikrowelle).

OCHSENSCHWANZSUPPE

schmeckt fade

! Der zerkleinerte Ochsenschwanz wurde nicht kräftig genug angebraten.

! Die Suppe wurde nicht genügend reduziert.
! Es wurde mit Wasser aufgegossen.
! Zum Aufgießen wurde eine ungewürzte Brühe verwendet.
☺ Eine kräftige Fleischbrühe schon am Vortag kochen, anwärmen und die Suppe damit aufgießen.
☺ Stark reduzierte, ungebundene Soßen vom Schwein oder Kalb beimischen.

weiterverwenden

○ Passiert als Aufguß für *Rinder- oder Sauerbraten*.
○ Reduzieren und *Gulaschsuppe* damit angießen.

zu hell

siehe → schmeckt fade

zu wenig Einlage

○ Kleingewürfeltes, gekochtes Rindfleisch mit etwas Rotwein, Weinbrand und Pilzfond aufkochen und zur Suppe geben.
○ Kleingeschnittene Champignons zufügen.

REISSUPPE

geronnen

! Die Suppe wurde nach dem Legieren erneut aufgekocht.
! Die Suppe wurde bei zu hoher Temperatur zu lange warmgestellt.

zu dick

! Die Suppe wurde zu lange warmgestellt, dadurch quillt der Reis stark nach.
☺ Strecken mit abgeschmeckter Fleischbrühe sowie süßer Sahne.

SELLERIESUPPE

geronnen

! Die Suppe wurde nach der Fertigstellung erneut aufgekocht.
! Die Suppe wurde zu lange und zu heiß warmgestellt.

! Durch zu hohe Zugabe an Weißwein und/oder Zitronensaft.
! Die Suppe wurde in der falschen Reihenfolge verfeinert.
Richtig: Sahne oder Crème fraîche vor Weißwein und/oder Zitrone zugeben.

farblos

Die Suppe mit feinstgeschnittenen Würfeln von Karotten und Lauch zubereiten.

schmeckt bitter

! Die verwendete Aufgußbrühe war schon zu alt.
! Die Suppe wurde zu oft aufgekocht.

schmeckt fade

❍ Gesäuberte Sellerieschalen zusammen mit Fleisch oder Markknochen gründlich auskochen und diesen Sud als Aufguß verwenden.
❍ Die Gemüseeinlage in Weißwein mit wenig Zucker blanchieren und erst nach Fertigstellung zugeben.

SERBISCHE BOHNENSUPPE

verfeinern

❍ Mit fertiger, heißer Fleischbrühe aufgießen.
❍ Speckschwarten mitkochen.
❍ Mit Rotwein abschmecken.

SPARGELBRÜHE MIT EINLAGE

schmeckt bitter

! Passiert oft bei Blaukopfspargel.
! Beim Auskochen der Schalen wurde zu wenig Wasser und/oder Wasser ohne Zusatz von Zucker verwendet.
! Der Anteil an Bruchspargel war zu hoch.
! Bereits ausgekochte Schalen und Spargelstücke sind im Sud zum Auskühlen verblieben und wurden mit dem Sud erneut zur Weiterverarbeitung erhitzt.
! Halbierte Zitronen wurden mit Schale mitgekocht.

schmeckt fade

❍ Das Kochwasser der Schalen und Spargelstücke mit Zucker, Zitrone und Salz würzen.
❍ Fleisch und/oder Markknochen blanchieren und dem Kochwasser zugeben

trübe

siehe → Spargelbrühe schmeckt bitter

SPARGELCREMESUPPE

geronnen

siehe → Selleriesuppe, geronnen

schmeckt bitter

! Zum Aufguß wurde falsch zubereitete Spargelbrühe verwendet.
siehe → Spargelbrühe, schmeckt bitter

schmeckt fade

Zum Aufguß wurde falsch zubereitete Spargelbrühe verwendet.
siehe → Spargelbrühe, schmeckt fade

TOMATENSUPPE, GEBUNDEN

farblos

! Die Suppe wurde mit Wasser statt mit Fleischbrühe aufgegossen.
! Bei der Zubereitung wurde zu wenig Tomatenpüree zugesetzt.
! Die Kochzeit war zu gering.
! Die Suppe wurde im geschlossenen Topf gegart.

schmeckt fade

! Die Suppe wurde mit Wasser statt mit Fleischbrühe aufgegossen.
! Der Anteil an frischen Tomaten war zu gering.
! Der Ansatz wurde zu wenig reduziert (vor dem Aufgießen erforderlich).

schmeckt säuerlich

! Das verwendete Tomatenmark hatte einen zu hohen Säuregehalt.

! Das verwendete Tomatenmark war zu alt.
! Die Aufgußbrühe war zu alt.
☺ Wenig Zucker und Sherry zufügen.

weiterverwenden

Als Tomatensoße: Einen neuen Ansatz zubereiten, mit der restlichen Suppe aufgießen und neu abschmecken.

TOMATENSUPPE, KLARE

schmeckt fade

! Der Anteil an Tomaten in der Suppe war zu hoch. (Frische Tomaten binden Salz und andere Gewürze.)
! Als Einlage wurden ungewürzter Reis oder Nudeln verwendet.
☺ Mit einer fertigen, heißen Brühe aufgießen und erneut aufkochen. Erst nach der vollständigen Fertigstellung abschmecken.

weiterverwenden

Minestrone mit der restlichen Tomatensuppe aufgießen.

ZWIEBELSUPPE

zu bitter

! Die Zwiebeln wurden nicht mit einem scharfen Messer, sondern maschinell zerkleinert. In der Maschine werden die Zwiebeln zerquetscht und nicht zerschnitten, das macht sie bitter.
! Knoblauch wurde direkt und zu lange ins heiße Fett gegeben.
! Der Anteil an Estragon war zu hoch.

zu salzig

! Die Suppe wurde zu häufig aufgewärmt.
! Die Aufgußbrühe war zu stark konzentriert.
! Während des Anbratens der Zwiebeln wurde Salz zugegeben.

zu süß

! Der Anteil an Zwiebeln war zu hoch.

! Die Suppe wurde zu häufig aufgewärmt.
! Zu viel frischer Estragon oder Kerbel in Verbindung mit Zwiebeln.

weiterverwenden

❍ Zwiebelsoße ansetzen und mit der restlichen Zwiebelsuppe aufgießen oder strecken.
❍ Als Aufguß für Rinderschmorbraten oder Rinderrouladen.

SUPPENEINLAGEN

CROUTONS

lagern

Offen, auf fettaufsaugenden Unterlagen. In verschlossenen Behältern werden sie weich.

quellen zu stark

! Croutons waren frisch zubereitet.
☺ Die Croutons erst unmittelbar vor dem Anrichten in den Teller geben oder auf die Suppe streuen.

schmecken bitter

! Die Croutons sind beim Rösten zu dunkel geworden.
! Mit den Croutons sind Brösel in die Pfanne und dann in die Suppe gelangt.

schmecken ranzig

! Zu lange offen und zu warm gelagert.

zu fett

Bei empfindlichem Magen oder Diätvorschriften nicht verwenden.
☺ Geschnittenes Brot trocken auf ein Backblech geben und schnell unter häufigem Wenden im Backrohr rösten oder fertigen, noch warmen Toast würfeln.

EIERSTICH
siehe → Eier/Eierspeisen

GEMÜSESTERNE

lagern

In leicht gesalzenem kalten Wasser, abgedeckt im Kühlschrank (max.24 Stunden).

erwärmen

In frischer Fleischbrühe. In älteren oder mehrfach erwärmten Brühen werden die Gemüsesterne leicht braun.

farblos oder verfärbt

! Durch zu langes Lagern in Wasser.
☺ Zugabe von wenig Salz und/oder trockenem Weißwein konserviert die Farben.
! Gemeinsames Lagern von Sternen aus verschiedenen Gemüsesorten (z.B. rote Rüben und Sellerie) in einer Flüssigkeit verursacht starke Farbveränderungen.

schmecken fade

Sterne in leicht abgeschmeckter, frischer Fleischbrühe unter Zugabe eines Bouquet Garni knapp blanchieren.

zu weich

! Zu lange Blanchierzeit.
! Zu langes Warmhalten in zu heißer Flüssigkeit.

GRIESSNOCKERL

auftauen

Eine gewürzte Fleischbrühe zum Kochen bringen, die gefrorenen Nockerl einlegen und nur kurz aufwallen lassen. Dann bei ca. 90 Grad Celsius je nach Größe zwischen 15 und 25 Minuten ziehen lassen.

einfrieren

In noch warmem Zustand nebeneinander auf ein engmaschiges Gitter oder Blech legen, drei Stunden anfrieren. Dann vorsichtig abnehmen, in Gefrierbeutel packen und die Stückzahl vermerken.

erwärmen

Gut abgeschmeckte Fleischbrühe aufkochen, Grießnockerl einlegen, kurz aufwallen lassen, vom Feuer nehmen und ca. 20 Minuten ziehen lassen.
In der Mikrowelle: Mit Flüssigkeit (Wasser oder Fleischbrühe) beträufeln und abgedeckt erwärmen.

formen

Masse mit einem feuchten Kaffeelöffel in der leicht gewölbten Handfläche formen. Mit zwei Kaffeelöffeln gegeneinander ausstechen. Darauf achten, daß die Oberflächen stets glatt sind.

gefrorene Nockerl lösen sich nicht vom Gitter oder Blech

Gitter oder Blech kurz auf die heiße Herdplatte stellen, die Nockerl auf ein Tuch legen und möglichst schnell in Gefrierbeutel verpacken.

hart

Die Grießnockerl sind nicht aufgegangen. Einen Schuß kaltes Wasser zugeben und zum Sieden bringen, dann quellen sie nach.

kochen ab

! Die Flüssigkeit hat zu stark und zu lange gekocht.
! Die Masse wurde falsch zubereitet.
! Zu viele Nockerl kamen gleichzeitig in einen zu kleinen Topf.

lagern

Die fertigen Nockerl aus der Brühe entnehmen und nebeneinander mit Abstand in verschlossenen Behältern mit Gittereinsatz im Kühlschrank lagern, max 48 Stunden.

Masse bei der Zubereitung geronnen

! Die verwendeten Zutaten hatten stark unterschiedliche Temperaturen. Zum Beispiel Butter aus dem Kühlschrank und Eier mit Raumtemperatur.

! Die Butter wurde vor der Zugabe der Eier nicht gründlich genug schaumig gerührt.

schmecken fade

! Die Suppe oder Brühe wurde nicht genug gewürzt.

! Der Masse wurde zu wenig oder kein Salz bzw. geriebene Muskatnuß zugesetzt.

weiterverwenden

Zu Grießsuppe: Mit Brühe und feingeschnittenen Gemüsen (Karotten, Sellerie, Lauch) verkochen, erneut abschmecken und mit Sahne und Schnittlauch verfeinern.

zu weich

Werden Grießnockerl beim Kochen nicht fest, mit einem guten Schuß eiskaltem Wasser ablöschen, erneut aufwallen lassen und die Brühe nachwürzen.

LEBERKNÖDEL

auftauen

○ Über Nacht im Kühlschrank auftauen.

○ Gefroren direkt in die abgeschmeckte Brühe geben.

einfrieren

In der Brühe auskühlen lassen, herausnehmen und im Kühlschrank offen zwei bis drei Stunden abtrocknen lassen. Nebeneinander auf einem engmaschigen Gitter oder Blech sechs Stunden gefrieren, dann in Gefrierbeutel füllen.

fleckig

! Die in der Brühe gelagerten Knödel waren nicht vollständig mit Flüssigkeit bedeckt.

☺ Einen Teller auflegen, der die Knödel unter die Oberfläche der Flüssigkeit drückt.

grau

! Zu hoher Anteil an Schweinsleber.

lagern

○ In abgeschmeckter Brühe zugedeckt im Kühlschrank.

○ Trocken nebeneinander in verschlossenem Behälter mit Gittereinsatz.

schmecken leicht bitter

! Der Anteil an Rindermilz in der Masse war zu hoch.

! Verwendete Zwiebeln wurden maschinell gehackt.

! Zu viel Petersilienstiele in der Masse.

schmecken zu wenig nach Leber

! Der Anteil an Brot war zu hoch.

☺ Mehr Rinderleber und weniger Rindermilz in der Masse verarbeiten und das Brot sehr klein würfeln.

zerfallen

! Die Außenseite der Knödel war nicht richtig glattgestrichen.

! Die Brühe hat beim Einlegen nicht gekocht.

! Zu viele Knödel kamen gleichzeitig in einen zu kleinen Topf.

! Falsche Zubereitung der Masse.

☺ Die Eier erst dann zugeben, wenn die Milch, die angeschwitzten Zwiebeln und die Petersilie in der Masse gänzlich ausgekühlt sind. Bei Bedarf mit Paniermehl nachbinden und vor dem Abdrehen die Masse ruhen lassen.

zu fest

! Mit zuviel Paniermehl nachgebunden.

! Es wurde ausschließlich Paniermehl statt Brötchen verwendet.

! Es wurde Mehl verwendet.

MARKKLÖSSCHEN

einfrieren

siehe → Leberknödel, einfrieren

erwärmen

Gefroren: Aus dem Gefrierschrank direkt in die siedende Brühe geben, aufwallen lassen und sofort vom Feuer nehmen.
Frisch: Bei ca. 90 Grad Celsius in abge-

schmeckter Brühe lediglich heiß ziehen (keinesfalls kochen) lassen.
In der Mikrowelle: In wenig Brühe geben, und abgedeckt in der Mikrowelle erhitzen.

kochen ab

! Die Flüssigkeit hat zu stark und zu lange gekocht.
! Die Masse wurde falsch zubereitet.
! Zu viele Markklößchen kamen gleichzeitig in einen zu kleinen Topf.

lagern

○ In der erkalteten Brühe in verschließbarem Behälter im Kühlschrank.
○ Nach dem Garvorgang aus der Brühe nehmen und nebeneinander in verschließbarem Behälter mit Gittereinsatz im Kühlschrank aufbewahren.

schmecken fade

! Die Klößchen wurden in Wasser statt in abgeschmeckter Brühe gegart.
! Der Anteil an Mark in der Masse war zu gering.

zerfallen

! Die Masse war zu locker.
! Das ausgelassene Rindermark war bei der Zugabe von Ei noch zu heiß.
! Die Klößchen wurden in nicht kochende Brühe eingelegt.

zu fest

! Der Anteil an Paniermehl oder an Fertigpanade in der Masse war zu hoch.
! Die Masse wurde mit Mehl verarbeitet.

NUDELN
siehe → Teigwaren

PFANNKUCHEN

herstellen

Den Teig ähnlich den Crêpes in einer mittelgroßen Pfanne möglichst dünn ausbacken. Nach vollständigem Erkalten dünn schneiden.

lagern

Schneiden, auf Küchenkrepp ausbreiten und antrocknen lassen. Durchtrocknen lassen und in einem verschlossenen Behälter bei Raumtemperatur lagern.
Vorsicht: Bei längerer Lagerung im Kühlschrank werden die Pfannkuchen zu weich.

schmecken fade

! Der Eigengeschmack war zu gering.
☺ Bereits bei der Herstellung kräftiger würzen und wenig geriebene Muskatnuß zufügen.

zu fett

! Die Pfannkuchen wurden zum Auskühlen nicht auf Küchenkrepp gelagert.

RISI-BISI

erwärmen

In wenig, gut gewürzter, heißer Fleischbrühe.

lagern

Gekochten Reis und Erbsen getrennt in geschlossenen Behältern im Kühlschrank.

schmeckt fade

Den kalten Reis mit Salz und wenig geriebener Muskatnuß leicht vorwürzen und eine Stunde ziehen lassen. Die Erbsen zufügen und mit heißer Fleischbrühe übergießen.

weiterverwenden

Auf ein Sieb gießen und gut abtropfen lassen.
Risotto: Zwiebel/Butteransatz vermischt mit Zutaten nach Geschmack herstellen, Risi-Bisi beimengen und abschmecken.
Minestrone: Als Einlage in italienischer Gemüsesuppe.
Kalt: Zu Reissalat mit Zutaten nach Geschmack.
Passierte Reissuppe: Mit Fleischbrühe verkocht, passiert oder püriert und erneut mit Sahne und Weißwein abgeschmeckt.

zubereiten

Reis knapp garen, mit den Erbsen mischen und würzen. In den Teller geben und mit der heißen Suppe übergießen.

SCHINKENSCHÖBERL

erwärmen

In den Teller oder die Tasse geben und mit heißer Suppe übergießen.

herstellen

Die Masse auf ein Blech aufstreichen und im Rohr ausbacken. Heiß vom Blech entfernen, auskühlen lassen und schneiden.

lagern

Die Schöberl auf Küchenkrepp oder ein Küchentuch legen und antrocknen lassen. Schöberl gut durchtrocknen lassen, trocken in einem geschlossenen Behälter bei Raumtemperatur lagern.
Vorsicht: Im Kühlschrank nur kurz lagern, sie werden leicht weich.

lösen sich nicht vom Blech

❍ Blech mit Pflanzenfett statt mit Butter ausstreichen, da dieses einen höheren Schmelzpunkt hat.
❍ Backpapier verwenden.

zu hart

! Die Masse wurde zu heiß und/oder zu schnell ausgebacken.
! Zu lange offen bei Raumtemperatur gelagert.

SPECKKNÖDEL
siehe → Klöße/Knödel

Eintöpfe

ALLGEMEINES

❍ Gleichmäßig zerkleinerte Zutaten haben eine gleiche Gardauer.
❍ Werden Nudeln oder Reis verwendet, die-se erst dann zufügen, wenn das Fleisch fast gar ist.
❍ Zerkleinerte Kräuter erst kurz vor dem Servieren zufügen.
❍ Gefrorenes Gemüse immer unaufgetaut verwenden.
❍ Bei Konservengemüse die Brühe abgießen und mitkochen, das Gemüse aber erst kurz vor der Fertigstellung des Eintopfs zugeben und erhitzen.

Gemüsezugabe, Reihenfolge

Eintopf verkocht nicht, wenn die Gemüse in der richtigen Reihenfolge zugegeben werden.

Beispiele:
Längere Kochzeit: Grüne Bohnen, Knollensellerie, Petersilienwurzel.
Mittlere Kochzeit: Karotten, Kartoffeln, Kohlrabi.
Kurze Kochzeit: Blumenkohl, Lauch.

HIMMEL UND ERDE (ÄPFEL UND KARTOFFELN)

verfeinern

❍ Äpfel und Kartoffeln getrennt garen.
❍ Den Apfelbrei aus geschälten und entkernten Äpfeln herstellen und unter die zerstampften Kartoffeln mengen.
❍ Statt Äpfel Birnen verwenden.

KARTOFFELEINTOPF

zu musig

! Es wurde eine zu mehlig kochende Sorte verwendet.
☺ Bei Eintöpfen mit Kartoffeln immer eine fest kochende Sorte verwenden.

PICHELSTEINER

verfeinern

50 g Rindermark in feine Streifen schneiden und mitkochen.

FISCH

ALLGEMEINES

abschuppen

Mit einem Messerrücken oder einem Spezialgerät mehrmals entgegen der Laufrichtung der Schuppen fahren.

☺ Um das lästige Umherspritzen der Schuppen zu vermeiden, den Fisch im kalten Wasser unter der Wasseroberfläche abschuppen.

aufbewahren

○ Im Kühlschrank in gut verschließbaren Behältern, die über einen Siebeinsatz verfügen. Dies verhindert die vorzeitige Bildung von Bakterien.

○ In einer Thermobox oder Kühltasche, die zu 1/4 mit Brucheis oder Kühlelementen gefüllt ist. Ein Tuch zwischen Eis und Fisch legen.

○ Kurzfristig in einem mit Essigwasser getränkten Tuch. 2 Eßlöffel Essigessenz auf 1/2 l Wasser.

○ Gegarten Fisch gut verschlossen im Kühlschrank, um das Austrocknen zu verhindern. Auch gegarter Fisch ist nur begrenzt haltbar.

auftauen

Gefrorenen Fisch auf einen Siebeinsatz legen und in einem verschließbaren Behälter, am besten über Nacht, im Kühlschrank auftauen lassen.

ausnehmen

Zum Füllen mit Massen (z.B. Pariser Butter oder Kräuterfarce):

1. Auf der Bauchseite vom Schwanzansatz bis ca. 3 Zentimeter vor dem Kopf aufschlitzen und unter fließend kaltem Wasser auswaschen. Wichtig ist, daß hierbei

die Gallenblase nicht verletzt wird, da diese sonst Bitterstoffe freisetzt.

2. Die Innereien mit Hilfe von Daumen und Zeigefinger bzw. einer großen Häkelnadel enfernen und die Bauchhöhle mit fließendem kalten Wasser ausspülen.

blau kochen

Wasser mit Essig, Salz und/oder Zitrone und Weißwein zum Kochen bringen und den Fisch einlegen. Ca. 5 bis 10 Minuten garziehen lassen. Wichtig ist, z.B. bei Forellen, daß der Schleim vor der Zubereitung nicht entfernt wird, da sich sonst der Fisch nicht verfärbt.

braten

Fisch wird am besten in neutralem Öl gebraten. Butter nur nach Abgießen des Bratfettes zur Geschmacksverbesserung nehmen. Erst die Hitze herunterschalten, dann die Butter zugeben, sie wird sonst schwarz.

einfrieren

1. Ganze Fische vorher ausnehmen. Fischfilets einzeln in Gefrierbeutel einpacken und gefrieren. Aluminiumfolie ist nicht geeignet, da sie den Geschmack verändert.

2. Köpfe und Schwänze für Fischfonds gefrieren.

3. Alle Teile mit Gewicht, Art und Teilbezeichnung sowie Einfrierdatum versehen.
☺ Fischfilets verpackt auf einem Brett oder ähnl. gefrieren, dies verhindert unansehnliche Verformungen. Sind die Teile durchgefrostet, Auflagefläche entfernen.

entgräten

Filets über eine Brettkante legen, dann stehen die Gräten hoch und lassen sich leichter entfernen.
Bei kleineren oder festsitzenden Gräten, diese möglichst tief mit einer Pinzette fassen und herausziehen.
Plattfische lassen sich leichter entgräten, wenn der Kopf links und der Bauchschlitz vorn am Tellerrand liegt.

Fischfond

Fischfond immer wieder abschäumen, sonst wird er bitter. Fischfond von Meeresfischen nicht länger als 30 Minuten kochen.

Forelle, gebraten, entgräten

1. Zunächst Kopf und Schwanz durch Einstechen mit einer Gabel zum Abtrennen vorbereiten.

2. Dann mit einem Fisch- oder Tafelmesser oder auch mit einer Gabel und einem Löffel entlang des Rückgrates leicht einritzen und oberhalb der Bogengräten das Filet zur Seite klappen.

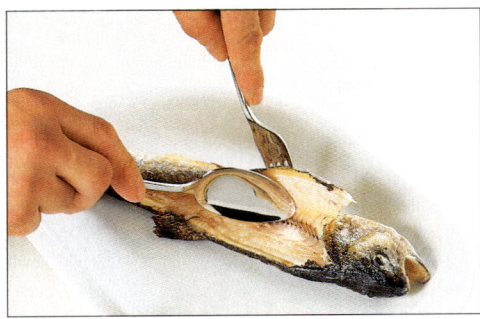

3. Dann den Fisch wenden und auf der Gegenseite in gleicher Weise verfahren.

filetieren

1. Hinter dem Fischkopf nach unten bis zur Mittelgräte einschneiden.
2. Am Kopf festhalten und in Richtung

Schwanzende mit waagrecht gehaltenem Messer Filets herausschneiden.

3. Den Fischschwanz mit einem Tuch festhalten, die Haut ein wenig aufschaben und abziehen.
4. Vorhandene Gräten und Flossenteile wegschneiden.
Plattfische wie Seezunge, Butte etc. ergeben pro Seite je zwei Filets.

☺ Gräten und andere Abschnitte zu Fonds verarbeiten und gefrieren.

formen

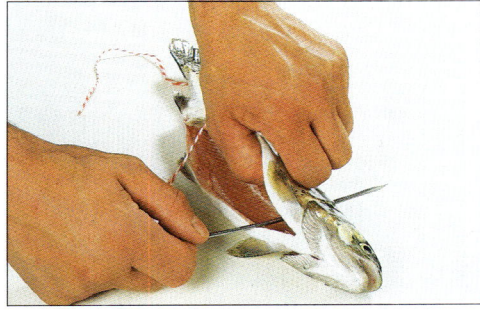

blau gekocht:
1. Eine Dressiernadel mit einem Faden versehen, diese am Schwanzansatz sowie hinter den Kiemen durchstechen und mit

Hilfe des Fadens den Fisch zusammenziehen und verknoten.
2. Nach Beendigung der Garzeit stehend (nicht auf der Seite liegend) auf einem Gitter auskühlen lassen.
3. Anschließend den Faden vorsichtig entfernen.

frisch

Frischer Fisch hat klare Augen, leuchtend scharlachrote Kiemen und glänzende Schuppen. Wird das Fleisch mit dem Finger eingedrückt, muß die Druckstelle sofort wieder verschwinden. Die ausgenommene Bauchhöhle darf nicht fischig riechen.

garen, stehend

Den Fisch mit auseinandergezogenen Bauchlappen auf eine umgedrehte Tasse setzen, direkt servieren.
Bei kleineren Fischen wie z.B. Forellen, Timbalformen oder große Spritztüllen verwenden. Ein Korpus aus mehreren Lagen geformter Alufolie kann exakt der Fischgröße angepaßt werden.

☺ Damit der Fisch mehr Halt hat, in die Bauchhöhle eine Mohrrübe oder Kartoffel geben.

Garprobe

Ganze Fische sind gar, wenn die Flossen leicht herauszuziehen sind und die Augen hervortreten.

riecht

Den Fisch mit kaltem schwarzen Tee abtupfen, das vertreibt den Geruch kurzzeitig. Den Fisch dann aber sofort verbrauchen.

Die drei "S"

säubern

Nur kurz im Wasser liegen lassen. Bei kleineren Fischen kräftig mit dem Wasserstrahl durch die Maulöffnung spülen. Anschließend sofort innen und außen trockentupfen. Abreiben der Haut vermeiden, da sonst der für das Blaukochen wichtige Schleim verloren geht. Fischfilets nur abtupfen.

säuern

○ Kurz vor dem Braten mit Zitronen- oder Limettensaft, zusammen mit anderen Gewürzen oder Gewürzsoßen.
○ Eine Stunde vorher den Fisch mit Zitronenscheiben und den Gewürzen in einen geschlossenen Behälter geben und durchziehen lassen.

salzen

Unmittelbar vor der Zubereitung salzen. Längeres Vorsalzen kann zum Austrocknen führen. Bei der Kombination mit Gewürzsoßen Salzanteil reduzieren.

transportieren

Kurzfristig in gut verschließbaren Behältern mit Siebeinsatz, unter den Brucheis kommt. Wird Fisch in geschlossenen Behältern längere Zeit direkt auf Eis gelagert, verändert sich seine Qualität.

trocken

! Zu hohe Temperatur beim Warmstellen.
! Zu schnell und zu heiß gebraten.

! Der Fisch wurde gekocht oder zu lange offenstehend warmgehalten.

vorbereiten

Frische Fische schuppen , ausnehmen, säubern und gegebenenfalls filetieren. Vorbereitete Fische oder Filets nicht zu lange in der warmen Küche liegen lassen.
☺ Nie auf ein Holzbrett legen, das Holz zieht die Flüssigkeit heraus.

warmstellen

Bei einer Temperatur von ca. 60 bis 80 Grad C offen im Bratrohr. *Mehlierte* und *gebratene* Fische oder Filets haben eine geringere Warmhaltezeit, da das gebräunte Mehl an der Außenseite Feuchtigkeit zieht und diese daher zu sehr nachdämpfen. Unterlagen wie Bleche vorher leicht einölen, um ein Ankleben zu verhindern.
Kochfisch in flache Behälter umlegen und mit stark aromatisierter, möglichst ungesalzener Brühe (Fischfond) begießen und abdecken. Warmhaltetemperatur ca. 80 Grad Celsius.

FISCHE GEBACKEN

klebt beim Braten in der Pfanne

! Meist zu kaltes Fett.
☺ Grundsätzlich erst die leere Pfanne gut vorwärmen, dann erst Öl oder Pflanzenfett zugeben.
Butter ist für dieses Verfahren ungeeignet, da sie sofort schwarz wird. Butter erst nach dem Abgießen des Bratfettes zugeben, dann verfeinert sie den Geschmack.
! Fische, oder Teile davon, sind zu frühzeitig mehliert worden. Sie kleben leicht an, da das Mehl Feuchtigkeit anzieht und klebt.
! Unsaubere oder verkratzte Pfannen.
! Zu viele Fische zur gleichen Zeit in einer Pfanne gebraten. Die Temperatur des Bratfettes sinkt rapide und der Fisch kocht, statt zu braten.

Panade (Semmelbrösel) löst sich beim Braten

! Reihenfolge oder Zutaten beim Panieren nicht beachtet (Mehl, geschlagenes Ei, Semmelbrösel).
! Panade nicht fest genug angeklopft.
! In zu viel Fett gegart.
! Fett war nicht heiß genug.

schmeckt fade

Läßt sich vermeiden, wenn der Fisch 1 Stunde vor dem Garen gewürzt und zugedeckt im Kühlschrank ziehen kann. Erst kurz vor dem Zubereiten salzen, da Salz über einen längeren Zeitraum dem Fisch Wasser entzieht und dieser dadurch austrocknet.

zerfällt

! Zu langsam, bei zu geringer Temperatur gebraten.
! Beim Braten zu oft gewendet.
! Zu lange abgedeckt warmgestellt. (Der Dampf kann dann nicht abziehen. Es entsteht zuviel Flüssigkeit, in der der Fisch zerfällt.)
! Bei gekochtem Fisch zu lange Kochzeit.
! Bei gekochtem Fisch zu lange Warmhaltezeit.
! Warmhaltung von gekochtem Fisch bei zu hoher Temperatur.
! Wenn der Fisch zusammen mit der Garnitur (z.B. Tomaten, Champignons, Zwiebeln etc.) warm gehalten wird, zerfällt der Fisch durch den zu hohen Flüssigkeitsanteil.
☺ Garnitur und Fisch immer getrennt warmstellen.

zu dunkel

! Das Fett war zu heiß.
! Es wurde mit Butter gebraten und zu stark erhitzt.
! Die Semmelbrösel (Paniermehl) enthielten einen zu hohen Anteil von dunklem Brot oder Brotrinden.
! Zu hohe Temperatur beim Warmstellen im Bratrohr.

zu naß/feucht

! Vor dem Panieren nicht abgetropft.
! Zu reichlich Würzsoßen oder Zitronensaft verwendet.

zu trocken

! Zu langes Braten bei zu geringer Temperatur.
! Zu frühes Vorwürzen mit Salz.
! Zu dick aufgetragene Fertigpanaden.
! Nachpanieren von restlichem Fisch am nächsten Tag.

FISCHFILET IN BIERTEIG GEBACKEN

schmeckt fade

! Back- oder Fritiergut zu wenig, zu schwach oder zu kurzfristig vorgewürzt.
! Backteig ungenügend abgeschmeckt.

Teigmantel ist nicht aufgegangen

! Teig zu wenig verrührt.
! Teig zu kurzzeitig aufgeschlagen.
! Zu viel Mehl verwendet.
! Zu alte Eier verwendet.
! Restteig vom Vortag verwendet.
☺ Unterziehen von fest geschlagenem Eiweiß oder Zugabe einer Messerspitze Backpulver bringt ein zufriedenstellendes Ergebnis.

Teigmantel löst sich beim Ausbacken

! Zu kaltes oder falsches Fett.
! Zu dünnflüssigen Teig verwendet.

Teigmantel zu grobporig oder gar zerrissen

! Zu hoher Anteil an ganzen Eiern, Eidottern, geschlagenem Eiweiß oder Backpulver.

warm stellen

Im Bratrohr nicht länger als max. 30 Minuten auf einem Gitterrost bei ca. 60-80 Grad Celsius.
Vorsicht: Nie in geschlossenen Behältern warm stellen, da sonst Kondenswasser den knusprigen Teigmantel aufweicht.

FISCH(FILET) "MÜLLERIN ART"

schmeckt fade

! Zu wenig gewürzt.
! Gewürze zu wenig eingezogen.
☺ Wird der Fisch bei erhöhter Temperatur schnell angebraten, verbessert das den Eigengeschmack.

trocken

! Zu lange bei zu hoher Temperatur gegart.
! Zu lange warmgestellt.

warmstellen

Max. 45 Minuten bei 80 Grad Celsius, mit Pergamentpapier abgedeckt im Bratrohr auf einem Backblech.

weiterverwenden

In Fischaufläufen, wobei der zerkleinerte Fisch vor der Weiterverarbeitung ca. 30 Minuten in einer Mischung aus geschlagenem Ei und Sahne mariniert werden muß, um das Austrocknen zu verhindern.
In Fischsuppen als Einlage. Zerkleinerte Fischteile vorher in Weiß-, Port-, oder Madeirawein marinieren.
In Fischsalaten, Fischteile aber erst zum Schluß zugeben und den Salat anschließend im Kühlschrank durchziehen lassen.
Achtung: Der Fisch muß durchgegart und vollständig frei von Gräten sein.

zu fett

Bei der Zubereitung eine beschichtete Pfanne mit wenig Fett verwenden. Nach dem Braten den Fisch kurz mit Küchenkrepp abtupfen.
☺ Statt Butter oder Margarine, wenig Öl mit etwas höherer Brattemperatur benutzen.

Soße zu fett

Fettspiegel bei fertiger, nicht mehr kochender Soße mit einem Eßlöffel abschöpfen oder durch wiederholtes Auflegen und Entfernen von unbedrucktem Küchenkrepp absaugen.

Soße zu hell

Zur Glace eingekochten Kalbs- oder braunen Fischfond beimengen.

Soße zu sauer

! Zuviel Zitronensaft.
☺ Die fertige Soße mit einer Prise Zucker nachschmecken, dann kurz erneut aufkochen und mit dem Schneebesen durchrühren, um den Zucker aufzulösen.

Soße zu wenig

Soße aus gebräunter Butter mit gebundenem, braunem Fischfond strecken und erneut abschmecken.

FISCHGULASCH

Fisch zerfallen

! Zu lange gekocht.
! Erst den Fisch und dann die weiteren Zutaten verarbeitet. Die umgekehrte Reihenfolge ist richtig.

zubereiten

1. Zwiebeln, Tomaten, Champignons, Oliven etc. zu einer kräftig abgeschmeckten Soße verarbeiten.
2. Dann die Würfel von rohem Fisch zugeben, und auf kleiner Flamme kurzzeitig köcheln lassen.

FISCHPASTETEN

weniger Fett

Schillerlocken statt geräuchertem Heilbutt verwenden, das ist weniger fett und schmeckt auch gut.

FISCHRÖLLCHEN

füllen

Filets mit Gewürzen (ohne Salz) durchziehen lassen. Vorgegarte Füllungen (z.B. aus Blattspinat oder Spinat-Champignon- und Fischfarcen) erst vollkommen ausgekühlt verarbeiten (Erhöhung der Stabilität).

rollen

Immer mit der Hautseite nach außen aufrollen, dann bleiben sie gut in Form.

Rollen gehen auf

Keine Zwischenräume freilassen und die Rollen dicht an dicht legen.

gefüllte Rollen bleiben bei der Entnahme hängen

Form oder Gefäß vorher gut ausbuttern und mit Semmelbrösel (Paniermehl) ausstreuen.

FISCHSTEAKS

farblos

! Beim Braten falsches Fett (Butter/Margarine) verwendet.
! Fett hatte zu geringe Temperatur.
☺ Leichtes Mehlieren und Verwendung von richtig temperiertem Öl (Schlierenbildung in der Pfanne) verbessert die Farbe.

schmecken tranig

Passiert bei Thunfisch und Hai.
! Vorher Innereien oder Bauchlappen nicht sorgfältig entfernt.
! Mit Schuppenkleid zubereitet.
! In zu viel Fett gebraten und den Fisch darin warmgestellt.

trocken

! Zu scharfes Braten.
! Warmstellen bei zu hoher Temperatur.
! Zu frühzeitiges Salzen.
! Offenes Lagern in der Küche oder im Kühlschrank.
! Unsachgemäßes Auftauen (im heißen Wasser).
! Vorgegarte Steaks in ausgekühltem Zustand nachgebraten.
! In der Mikrowelle unabgedeckt erhitzt.

AAL

entgräten

Wie Aal enthäuten, nur rechts und links am Rückgrat entlang nach unten tief einschneiden und Filets heraustrennen.

enthäuten

○ Kopf und Schwanz abtrennen.
○ Die Haut am Rücken mittig der Länge nach einritzen und zur Seite abziehen.
☺ Vorher mit grobem Salz einreiben, dann läßt sich der Aal besser festhalten.

FORELLE BLAU

farblos

! Vor der Zubereitung Fischschleim entfernt.
! Dem Kochwasser wurde zu wenig Säure zugesetzt (Essig und/oder Weißwein, Zitrone).

schmeckt fade

! Zu wenig gewürztes Kochwasser.
☺ Mitkochen von Fischabschnitten und Suppengemüsen verbessert den Geschmack erheblich.

warmstellen

Garvorgang verkürzen, den Tiegel sofort von der Feuerstelle ziehen und auf eine zweite Herdplatte, die auf Warmhaltestufe (Elektroherd Stufe 2-3) vorgeheizt wurde, stellen.
Vorsicht: Nicht abdecken, sonst gart der Fisch im Wasserdampf nach.

zerfällt

! Lag zu lange im heißen Kochwasser.
! Wurde zu lange warmgestellt.

FORELLE GEBACKEN

nicht durch,
ungleichmäßige Bräunung

Panierte Forellen unter 250 g im tiefen

Fett garen. Während des Bratens in der Pfanne häufig wenden. Dabei darauf achten, daß stets ein Zwischenraum bleibt. Größere Fische über 250 g möglichst einzeln in der Friteuse garen. Temperatur 160 bis 170 Grad Celsius.

FORELLE GEBRATEN

nicht durch

Größere Fische (ab ca. 350 g) während des Garvorganges häufig wenden und mit eigenem Bratenfett begießen. Bei mehreren oder sehr großen Fischen Bratrohr auf 220 Grad Celsius vorheizen und auf dem leicht geölten Blech garen. Dabei darauf achten, daß zwischen den Forellen jeweils 2-3 cm Abstand bleibt.

FORELLE GEFÜLLT

bitter geworden

! Es wurden zu viele, verschiedene, frische Kräuter verwendet.
! Weniger Kräuter verwenden und unbedingt die Stiele entfernen, sie enthalten Bitterstoffe.
! Es wurden gefrorene Zwiebeln zugefügt.
! Die Zwiebeln sind maschinell zerkleinert worden. Dadurch werden sie zerquetscht (und werden bitter).
☺ Zwiebeln immer mit einem scharfen Messer zerkleinern und vorher kurz andünsten.

HECHTKLÖßCHEN

abgekocht

! Die Klößchen lösen sich auf, wenn zu viele auf einmal in das Kochwasser eingelegt werden. Das Wasser kocht nicht mehr und die Klößchen kochen ab.
! Das passiert auch, wenn die eingelegten Klöße weiterhin stark aufgekocht werden.

Rohmasse geronnen

! Zu warm verarbeitet.
☺ Zutaten und Geräte müssen gut gekühlt sein. Schüssel in eine größere mit Eis gefüllte Schale stellen.

trocken

! Falsches (z.B. trocken in einer Schüssel) oder zu langes Warmhalten und dadurch hervorgerufenes Einkochen des Fischfonds.
siehe → warmstellen

warmstellen

Abgedeckt im tiefen Fischfond bei einer Temperatur von ca. 80 Grad Celsius im Ofen. Durch wiederholtes Rütteln am Geschirr Gefahr von Fleckenbildung vermeiden. Zeitabstand zwischen Fertigstellung und Verzehr möglichst gering halten.

zerfallen

! Fehlerhafte Zubereitung der Masse.
! Falsche Mengen der Zutaten.
! Der Fischfond hat beim Einlegen der Klößchen nicht gekocht.

HERINGSSTIPP "HAUSFRAUEN ART"

Apfeleinlage zu hart und/oder zu sauer

! Die Apfelsorte war zu sauer.
! Die Äpfel waren zu unreif.
☺ Apfelschnitze in Weißwein mit wenig Zucker knapp blanchieren und ausgekühlt dem Gericht zufügen.

ist schlecht geworden

! Dem Gericht wurden rohe Zwiebeln zugefügt.
! Die Mayonnaise war zu alt.
! Das Lagergeschirr war unsauber.
! Durch unsachgemäße, offene oder zu warme Lagerung.
☺ Soll der Heringsstipp vorgefertigt werden, die Zwiebeln in wenig Essig blanchieren und ausgekühlt untermischen. Dann aber den ursprünglich vorgesehenen Essiganteil reduzieren.

zu sauer

Einen Teelöffel Zucker mit drei Eßlöffeln Wasser zu einem dünnflüssigen Sirup verkochen. Das fertige Gericht mit wenig verkochtem Zucker vorsichtig abschmecken. Kristallzucker ist ungeeignet, er löst sich in der Mayonnaise nur schlecht auf.

Labskaus

schmeckt bitter

! Die Zwiebeln wurden roh zugefügt.
☺ Zwiebeln kurz andünsten.

schmeckt zu stark nach Fisch

Heringe vor dem Verarbeiten ca. 5 bis 10 Minuten in kalten, schwarzen Tee, Milch, Buttermilch oder Naturjoghurt tauchen.

zu fest

Mit Brühe von gekochtem Pökelfleisch strecken.

zu rot

! Der Anteil an Roten Beten war zu hoch.
☺ Rote Bete kurz vorher unter kaltem Wasser abspülen.

zu scharf

! Das Pökelfleisch oder die Heringe waren zu stark gewürzt.
! Der große Salzgehalt von Fisch und Fleisch zusammen mit der Säure der Essiggurke.
☺ Grundzutaten vor dem Kochen immer probieren. Sind diese zu scharf, die benötigten Kartoffeln ohne Salz kochen und deren Anteil entsprechend erhöhen.

Lachssteaks

zerfallen

! Zu langsames Braten.
! Wurden abgedeckt im gleichen Gargeschirr warmgestellt.
☺ Lachs getrennt von der Soße warmstel-

len, und die Soße erst kurz vor dem Servieren übergießen.

Seezunge, Steinbutt

abziehen

1. Nach dem Ausnehmen mit der dunklen Seite nach oben auf den Tisch legen.

2. Am Schwanzende festhalten und mit dem Messer etwa 3 bis 4 cm oberhalb des Schwanzendes quer zur Flosse einschneiden.

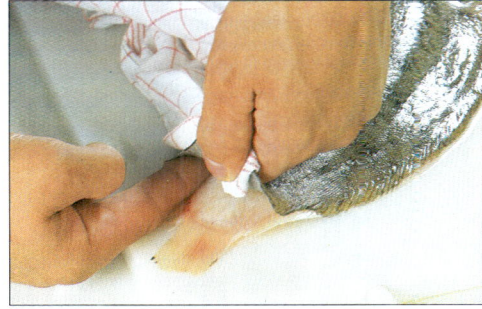

3. Mit dem Messer die Haut leicht abheben und mit einem Handtuch fassen. So nach oben gleichmäßig abziehen.

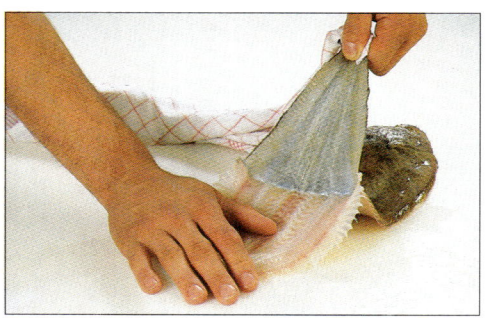

Bei Verarbeitung als Filets beide Seiten abziehen, sonst nur die dunkle Seite. Soll pochiert werden, die Haut erst danach entfernen.

RÄUCHERFISCH

alt/frisch

Alt: Bei zu lang gelagertem Räucherfisch ist die Haut trocken und beschlagen.
Frisch: Die Haut muß hell und fettglänzend sein.

angelaufen

Den Fisch mit etwas Essig abreiben.

aufbewahren

Am besten trocken im Kühlschrank. Bei längerer Lagerung entsteht durch die vom Pökelsalz angezogene Feuchtigkeit ein weißer Belag. Vorsichtig mit Küchenkrepp abwischen.
☺ Den Fisch mit neutralem Pflanzenöl leicht einölen, er behält sein frisches Aussehen und verfärbt sich nicht.

SARDELLENFILETS

zu scharf

Vor der Verarbeitung gründlich wässern.
☺ Kurz in kalten, schwarzen Tee, Milch, Buttermilch oder Naturjoghurt tauchen.

SCHOLLE

herzhafter

Frühstücksspeck auslassen, und die Scholle in dem Fett braten.

THUNFISCH

gegrillt verfeinern

Auf beiden Seiten mit Zwiebelsaft einreiben, das verfeinert den Geschmack.

TROCKENFISCH

Sorten

Es werden zwei Sorten angeboten:
Klippfisch (Dorsch), gesalzen und getrocknet,
Stockfisch, nicht gesalzen, getrocknet.

vorbereiten

Der zerkleinerte Klippfisch muß mindestens 24 Stunden in mehrmals gewechseltem kalten Wasser eingeweicht werden. Wer ihn noch milder möchte, legt ihn einen weiteren Tag ein.
Der Fisch hat sein Volumen dann etwa verdoppelt. Den abgetropften Fisch in reichlich frischem Wasser aufsetzen, kurz aufkochen lassen und dann ca. 5 Minuten ziehen lassen. Den Fisch abtropfen lassen, zerkleinern, eventuelle Grätenreste entfernen und den Fisch nach Rezept weiterverarbeiten.

SCHALENTIERE, KRUSTENTIERE

ALLGEMEINES

auftauen

Schalentiere werden immer in kaltem Wasser aufgetaut.

einfrieren

Hummer und Langusten möglichst liegend mit viel Freiraum im Gefriergerät. Abstehende Teile brechen sonst leicht ab. Gerät frühzeitg auf "Superfrost" schalten, erst nach mindestens sechs Stunden auf Normalbetrieb zurückgehen. In Gefrierbeutel umpacken und mit Gewicht, Art und Kaufdatum versehen.

frisch (nicht lebend)

In rohem Zustand den Schwanz vom Körper abbrechen. Läuft Wasser aus, ist das Tier frisch. Bei aufgetauter Ware kommt keine Flüssigkeit.

AUSTERN
öffnen

○ Mit einem Austernbrecher, einem starken Messer mit kurzer, stumpfer Klinge.
○ Mit einem starken Schraubenzieher. Den Öffner am Scharnier zwischen beiden Schalen ansetzen und die Auster aufbrechen.

BACHKREBSE

garen

Die gesäuberten lebenden Krebse portionsweise in reichlich sprudelnd kochendes Wasser, evtl. unter Zusatz von Salz, wenig ganzem Kümmel, Weißwein, Zitrone und Dill geben. Nach 3-4 Minuten herausheben.

grau geworden

! Die Bachkrebse verblieben nach dem Fertiggaren im Sud.
☺ Sofort nach Beendigung der Garzeit kurz in Eiswasser abschrecken und trockentupfen.

trocken

! Zu langes Garen läßt die Krebse trocken werden.

verarbeiten

! Ausgelöstes Krebsfleisch sofort weiterverarbeiten, es wird dunkel. Nicht aufbewahren!

HUMMER

gefroren, zubereiten

Tiefkühlhummer 20 Minuten kochen, dann ist er gar.

ist nicht rot geworden

Vorsicht! Meistens ein Zeichen, daß das Tier zum Zeitpunkt des Abkochens bereits tot oder keinesfalls mehr frisch war. **Vorsicht: Bei Verzehr besteht Vergiftungsgefahr!**

schmeckt wässrig

Sud mit Meersalz, Suppengrün, Weißwein und ganzen Kümmelkörnern kräftig abschmecken. Nach Beendigung des Garvorganges den Hummer im Sud auskühlen lassen, am Tier verbleibende Eiweißstippen mit trockenem Tuch entfernen.

HUMMERKRABBEN

einkaufen

Hummerkrabben sind meistens schon gekocht erhältlich.
Ungekochte Hummerkrabben (mit und ohne Schale zu kaufen) haben eine graugelbliche Färbung.

JACOBSMUSCHELN

öffnen

Die Muschel mit einem Tuch, flache Schalenhälfte nach oben, festhalten. Mit einem kurzen Messer (Austernbrecher) am Schalenrand entlangfahren, bis eine Öffnung gefunden ist. Dort die Klinge hineinschieben und den inneren Muskel durchtrennen.

Muschelfleisch auslösen

Mit der Messerklinge das Fleisch aus der tiefen Schalenhälfte lösen, den weißen Muskel (die Nuß) und den Corail (den orangeroten Rogen). Den grauen Rand evtl. für ein Fumet (siehe → Fumet de poisson) verwenden. Nuß und Corail zusammen oder gesondert weiterverwenden.

☺ Garen im Weißwein-Gemüse-Sud, verlängerte Garzeit: ca. 30 Minuten.

MUSCHELN

blanchieren

Klassisch: In leicht gesalzenem Wasser mit gespickter Zwiebel und etwas Suppengemüse mindestens zehn Minuten sprudelnd kochen, dann ziehen lassen.

Im Cognac-Dampf: Butter schmelzen, aus Rotwein, Cognac und Zitrone ca. einen Liter Flüssigkeit herstellen und die Butter damit ablöschen. Einen umgedrehten Teller in den Topf geben, Muscheln zufügen und abgedeckt 15 bis 20 Minuten dämpfen lassen.
In Rotwein: Öl-Gemüseansatz und Gewürze mit Rotwein aufgießen und zum Kochen bringen. Blanchiergut zugeben und den Topf abdecken.
Vorsicht: Muscheln, die sich nach dem Kochen nicht geöffnet haben, wegwerfen!

frisch

Bei geöffneten Schalen sind die Tiere zumeist abgestorben. Diese nicht mehr verwenden. Frische Ware ist geschlossen.

schmecken fade

! Das Kochwasser war zu wenig gewürzt. siehe → blanchieren

weiterverwenden

Zu Salat: Muschelfleisch auslösen und als Beigabe zu Salaten verwenden.
Für Pizza: Das ausgelöste Fleisch in etwas Weißwein marinieren und dann als Belag verwenden.
Für Suppe: Das Fleisch mit Zwiebeln, Knoblauch und anderen Gemüsen und Gewürzen in Öl angehen lassen und mit Brühe aufgießen.
Für italienische Nudelgerichte: Das Fleisch auslösen und wie im Rezept angegeben verwenden.

SCAMPI

einkaufen

Frische Scampi haben helles, durchsichtiges Fleisch.
Gekochte Scampi haben weiß-rosafarbenes Fleisch und dürfen keine dunklen Flecke haben.

☺ Weitere Namen: Prawn und Kaisergranat.

FLEISCH

ALLGEMEINES

anstechen

Während des Garens das Fleisch niemals mit dem Messer oder der Gabel anstechen, der Fleischsaft läuft aus und das Fleisch wird trocken.

auftauen

Das Fleisch in einen geschlossenen Behälter mit Siebeinsatz oder in eine Schüssel mit umgedrehtem Dessertteller geben und darin über Nacht im Kühlschrank abgedeckt auftauen lassen.

einfrieren

Fleisch nicht waschen, aber trockentupfen.
Steaks erst auf einer ebenen Unterlage gefrieren und diese nach 24 Stunden entfernen.
Rouladen werden gerollt eingefroren.
Fleischteile mit hohem Fettanteil (Schweinehalsgrat, Ochsenbrust etc.) haben eine max. Lagerdauer von 12 Wochen.

gart schneller

Das Fleisch einige Stunden vor dem Braten mit Weinbrand beträufeln. Abgedeckt im Kühlschrank einige Zeit ziehen lassen.

gepökelt

Zu stark gepökeltes Fleisch wird vor dem Braten in eine Mischung aus Wasser und Milch gelegt. Das Fleisch wird weich und milder und nicht salzig und trocken.

Gewürze fallen nicht ab

Fleischstück von allen Seiten dünn mit mittelscharfem Senf einreiben. Die Gewürze darüberstreuen und ebenfalls vereiben.

lagern

Die Verpackung entfernen, das Fleisch in einen geschlossenen Behälter mit Siebeinsatz legen oder einen umgedrehten Dessertteller in eine Schüssel geben und das Fleisch abgedeckt darin lagern. Den Behälter täglich säubern, das verlängert die Lagerzeit.

panieren

Die Panade erst kurz vor dem Braten oder Fritieren auf das Fleisch geben. Die Masse wird sonst feucht, bräunt schlecht und löst sich und wird schwarz.

salzen

❍ Fleisch niemals längere Zeit in gesalzenem Zustand offen liegen lassen, dann trocknet es aus.
❍ Kleingeschnittene Fleischstücke (z.B. für Ragouts) erst nach der Hälfte der Garzeit salzen.
❍ Kurzgebratenes erst kurz vor der Zubereitung salzen.

schneiden

Roh: Immer gegen die Faser schneiden, dies gilt besonders für Gulasch. Das Fleisch wird sonst zäh.
Bratenfleisch wird mit der Faser zerteilt, der fertige Braten aber gegen die Faser aufgeschnitten.
Gegart: Gebratenes, Gedämpftes und Gekochtes nach der Fertigstellung ca. 10 Minuten ruhen lassen, dann gegen die Faser aufschneiden.
Fleisch mit Kruste: Mit einer Fleischgabel mit dünnen langen Zinken einstechen und an den Zinken nach unten schneiden. Je dünner und länger die beiden Zinken der Gabel sind, umso weniger Bratensaft tritt aus.

Bratenstücke im Teigmantel:
Fleischstücke, die im Teigmantel zuberei-tet werden, erst mit einem Sägemesser anschneiden, dann mit einem Messer mit glatter Klinge aufschneiden.

spicken

Speck ca. eine Stunde bei Minus 18 Grad frieren, dann läßt er sich besser verarbei-ten.

Taschen schneiden

Steaks und Schnitzel:
1. Steak an die Tischkante legen, die Haut-seite zeigt zur Tischmitte.

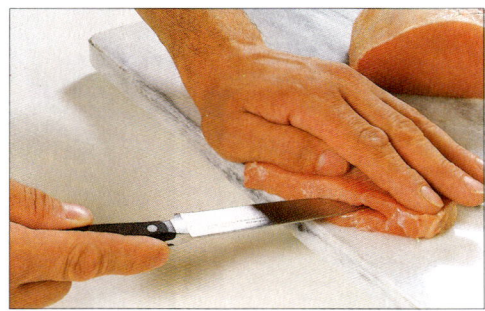

2. Eine Hand flach auf das Steak legen, mit einem kleinen, spitzen Messer zu 3/4 in das Fleisch einstechen und waagrecht in der Mitte des Steaks eine Tasche schnei-den.
3. An der Außenseite sollte ein Steg von ca. 1 cm Breite bleiben.
   Große Bratenstücke (z.B.für Kräuterfül-lungen): Mit einem langen, dünnen und spitzen Messer bis zur gewünschten Tiefe einstechen, dann seitlich mit der Klinge oder einem dickeren Kochlöffelstiel aus-weiten.
   Mit geöltem Küchengarn in Schlingsti-chen vernähen.

vorbereiten

Rohes Fleisch niemals auf einem Holz-brett lagern. Das Holz zieht den Saft her-aus, und das Fleisch wird trocken.

Braten

angießen

Häufiges und knappes Angießen ist ent-scheidend für die spätere Farbe und den Geschmack der Soße. Brühen oder Fonds immer erwärmt angießen, sonst schockt das Fleisch und trocknet aus, da der Gar-vorgang unterbrochen wird.

auftauen

Fertige, tiefgefrorene Braten stets in ge-schlossenen Behältern über Nacht und im Kühlschrank auftauen.

einfrieren

Braten und Soße in völlig ausgekühltem Zustand getrennt einfrieren. Dies verhin-dert beim späteren Erwärmen das An-brennen. Soße in Beutel füllen, anfrieren, flachdrücken und weiterfrosten.
Einzelportionen mit der Soße einfrieren und erwärmen.

erwärmen

Auf dem Herd: Bratensoße aufkochen, Fleisch einlegen, erneut aufkochen und bei ca. 90 Grad Celsius ziehen lassen, aber nicht mehr kochen. Die Soße ver-stärkt dadurch den Eigengeschmack. Bei Bedarf mit ungesalzener Brühe oder Fond strecken.
In der Mikrowelle unzerteilt: Den Braten mit Flüssigkeit beträufeln, abgedeckt bei geringerer Energie erhitzen. Die Soße ge-trennt erwärmen.
In der Mikrowelle, portionsweise: Braten und Soße in getrennten Gefäßen, bei ge-ringerer Energie und längerer Laufzeit vorwärmen und in abgedeckten Tellern erhitzen.

Fleischqualität

Gutes Fleisch ist trocken und hat eine dunkle gleichmäßige Farbe (durch Ab-hängen), es löst sich beim Schneiden von der Klinge.
Wässriges Fleisch ist von minderer Qua-lität und bleibt an der Klinge kleben.

Garzeit

Die Gardauer eines Bratens richtet sich nach dem Fleischgewicht und nicht nach der Höhe des Bratens.

Kruste hart

Kurzzeitig (ca. 10 Min.) den Braten wenden und mit der Kruste nach unten in der Soße anweichen.

marmoriert

Einen Braten mit einer Fettschicht und marmoriertem Fleisch verwenden. Er benötigt weniger Fett beim Anbraten und wird aromatischer und saftiger.

trocken

! Der fertige Braten wurde ohne Zugabe von Flüssigkeit zu lange warmgestellt.
! Der fertige Braten wurde zu heiß warmgestellt.
! Der Braten wurde unsachgemäß erwärmt.
! Das Fleisch wurde zu lange im Kühlschrank gelagert.

warmstellen

◯ Die Garzeit verkürzen, den Backofen auf 80 Grad Celsius vorheizen oder auf diese Temperatur absenken.
Ein Blech mit Flüssigkeit (Wasser, verdünnte Brühe oder Soße) zu 2/3 füllen.
Den abgedeckten Braten auf ein Gitter legen und über das Blech schieben.
◯ Einen umgedrehten Dessertteller in einen flachen Topf geben, ca. 1 cm Flüssigkeit einfüllen.
Den Braten auf den Teller legen und abgedeckt warmhalten.
◯ Bei Krustenbraten das Blech leicht einfetten und direkt, unabgedeckt auflegen.

HACKBRATEN

beim Braten gerissen

! Die Oberfläche wurde nicht glatt gestrichen.
! Die Hackmasse war zu grob.

! Der Anteil an Eiern war zu hoch.
! Die Masse wurde nicht genügend durchgeknetet. Im Innern bilden sich dann Luftblasen, die sich bei Erwärmung ausdehnen.

formen

Der Hackbraten erhält eine gleichmäßige Form, wenn er in einer mit Butter ausgestrichenen und mit Semmelbrösel ausgestreuten Form zubereitet wird.

Hackmasse zu locker

Mit Semmelbrösel nachbinden und die Masse erneut durcharbeiten. Fünfzehn Minuten ruhen lassen, dann abermals durchkneten.

lagern

Den Braten nicht vollständig auskühlen lassen, in Alufolie packen und im Kühlschrank aufbewahren. In der Aluhülle entsteht Feuchtigkeit und der Braten trocknet nicht aus. Da er im Kühlschrank auskühlt, setzt sich der Braten langsamer und wird nicht hart. Zu langes oder offenes Lagern bei Kühlschranktemperatur läßt den Hackbraten austrocknen und hart werden.

schneiden

Nach Beendigung der Garzeit ca. 10 Minuten offen ruhen lassen. Mit einem leicht gezackten Sägemesser schneiden. Bei Messern mit glatter Klinge direkt an der Fleischgabel nach unten schneiden.

warmstellen

Fertigen Hackbraten ca. 10 Minuten offen ruhen lassen, auf ein Gitter setzen und mit Alufolie abdecken. Die Fettpfanne mit gewürzter Brühe oder dünner Soße füllen und unter das Gitter schieben. Bei ca. 80 Grad Celsius im Bratrohr warmstellen.

zu dunkel

! Die Oberhitze war zu hoch eingestellt.
! Bei Umluftherden war die Brattemperatur zu hoch.

! Die Masse bestand zum großen Teil oder ausschließlich aus Rinder- oder Lammhack.

ROLLBRATEN

Netz läßt sich nicht abziehen

! Der Braten ist verkrustet, beim Abziehen bleiben Fleischstückchen im Netz hängen.

☺ In der zweiten Hälfte der Garzeit den Braten häufiger wenden. Bei Bedarf Flüssigkeit zugeben, damit das Netz anweichen kann.

SCHMORBRATEN

verfeinern

Durch Zugabe von Rotwein, Cognac, trockenem Sherry und wenig verkochtem Karamel.

☺ Die mitgedünsteten Gemüse im Mixer pürieren und an die Soße geben (Samtsoße).

zubereiten

Schmorbraten benötigt einen perfekt schließenden Deckel, damit nicht zuviel Aroma entweicht. Erst den Topf mit Alufolie abdecken, dann den Deckel aufsetzen. Schmorbraten muß immer von Flüssigkeit umgeben, darf aber nie von ihr bedeckt sein.

BRATWURST

krosser

○ In Milch oder Sahne einlegen.
○ Mit Paprikapulver bestreuen.
○ In Öl anbraten.
○ Etwas Zucker in das Bratfett streuen.

platzt nicht

○ Vor dem Braten an mehreren Stellen mit einem Kartoffelstecher einstechen. Bei Verwendung einer Eßgabel reißt die Haut auf.

○ Vor dem Braten kurz in kalte Milch tauchen.

weiterverwenden

○ Bratwurst in Tiefkühlblätterteig rollen und auf einem abgespülten Backblech fünfzehn Minuten in den vorgeheizten Ofen schieben. Mit Sauerkraut servieren.
○ Kleingeschnitten zu Bauernomelett.

EISBEIN

schmeckt fade

Ein bis zwei Suppengrünbündel und eine gespickte Zwiebel mitkochen.

☺ Damit die Schwarte und das Fett nicht zu weich werden, dem Kochwasser einen Schuß Essig (pro Liter einen EL) zufügen.

weiterverwenden

Das Fleisch würfeln und für Bauernomelett, Sülzen oder Eintöpfe verwenden.

FLEISCHSPIESSE

anordnen

Zwischen das Fleisch Zwiebelscheiben stecken, sonst kocht es.

FRIKADELLE

auftauen

In verschließbarem Behälter über Nacht im Kühlschrank auftauen.

braten in großen Mengen

Das Bratrohr mit dem Blech auf 150 Grad Celsius vorheizen. Blech gut mit Öl einpinseln und die Frikadellen auflegen. Sie dürfen sich nicht berühren. Die Temperatur auf 200 Grad erhöhen. Sind die Frikadellen auf einer Seite angebraten, wenden und fertiggaren.

einfrieren

Die Frikadelle muß durchgebraten sein. Lauwarm einfrieren, dies erhält nicht nur das Aroma, sondern läßt sie auch nach dem Auftauen locker bleiben.

kleben beim Abdrehen an den Händen

Die Hände hin und wieder mit lauwarmem Wasser befeuchten. Dabei darauf achten, daß nicht zu viel Feuchtigkeit in die Hackmasse eingearbeitet wird.

kleben in der Pfanne an

! Verkratzte Pfanne, Pfanne mit Waffelboden, unsaubere Pfanne.
! Falsches Fett (Margarine und Butter ungeeignet, Öl verwenden).
! Das Fett hatte eine zu geringe Temperatur.
! Die Hackmasse enthielt zu viele Eier und war zu flüssig.
! Zu viele Frikadellen waren gleichzeitig und ohne Zwischenraum in der Pfanne.

lagern

Lauwarm in einem verschließbaren Behälter auf einem Siebeinsatz. Die Frikadellen sollten leicht schräg aneinanderlehnt sein, dies sorgt für ein gleichmäßiges Abkühlen. Maximale Lagerzeit im Kühlschrank vier bis fünf Tage.

portionieren

Einen Suppenschöpfer kurz in lauwarmes Wasser tauchen, mit der Hackmasse füllen, in die Hand stülpen und die Frikadellen abdrehen.

reißen beim Braten auf

! Die Zutaten waren zu grob.

! Die Masse wurde zu wenig durchgeknetet, und die Luftblasen dehnen sich beim Braten aus.
! Die Oberfläche der Frikadellen wurde nicht glatt gestrichen.
! Die Hackmasse enthielt keine Brötchen.
! Reines Rinderhack wurde verarbeitet.
! Das Hackfleisch wurde durch eine zu feine Scheibe des Fleischwolfs gedreht.
! Die Frikadellen wurden zu lange ohne Flüssigkeit warmgestellt.
! Die Frikadellen wurden bei zu hoher Temperatur warmgestellt.

saftiger

❍ Hackfleisch durch die mittelgrobe Scheibe drehen (normal durch die feinste). Dadurch wird das vorzeitige Austrocknen während der Zubereitung vermieden.
❍ Kartoffelflocken oder etwas zerdrückte Kartoffel zugeben. Eingeweichtes Brötchen ist dann nicht mehr nötig.

schmecken bitter

! Es wurde zu viel geriebene Muskatnuß verwendet.
! Es wurden Zwiebel verarbeitet, die gefroren, gequetscht, bereits ausgetrieben oder zu grob geschnitten waren.
! In der Hackmasse waren zu viel Stiele statt Petersilienblätter.

verfeinern

Als Gewürze zusätzlich zu Salz und Pfeffer gemahlenen Kümmel, Majoran und eine Messerspitze geriebene Muskatnuß verwenden.

vorbereiten in großen Mengen

Ein Blech gut anfeuchten, Frikadellen abdrehen und in gleichmäßigem Abstand auf das Blech legen. Die Frikadellen dürfen sich nicht berühren. Mit Klarsichtfolie abdecken und kühl lagern.

warmstellen

Einen Gittereinsatz in eine Bratreine geben, die Frikadellen schräg auffächern und mit Alufolie abdecken, damit sie nicht austrocknen. Etwa 1 cm leicht gewürzte Brühe oder verdünnte Soße in die Reine gießen, und die Frikadellen bei 80 Grad Celsius im Bratrohr warmstellen. Besonders bei größeren Mengen ist diese Methode von Vorteil.

weiterverwenden

○ In dünne Scheiben geschnitten, mit Essiggurke und Salat garniert auf gebuttertem Senfbrot.
○ Als Beigabe in pikantem Fleischhaschee.
○ In grobe Würfel geschnitten zu pikanten Käsespießchen.
○ Kalt mit Kartoffel/Gurkensalat.

zerfallen beim Braten

! Die Frikadellen wurden auf einer Seite nicht lang genug angebraten,
! Die Frikadellen wurden zu früh gewendet.
! Der Anteil an Brot war zu hoch.
! Das Brot war noch zu grob.
! Die verarbeiteten Zwiebeln waren in zu grobe Würfel geschnitten.
☺ Alle Zutaten (inklusive der Gewürze) zusammen durch den Wolf drehen.
Die Masse wird besser vermischt und dadurch homogener.

zu dunkel

! Das Fett war zu heiß.
! Die Pfanne war zu groß bei zu wenig Frikadellen.
☺ In eine Pfanne mit 25 cm Durchmesser passen fünf bis sechs Frikadellen mit einem Einzelgewicht von ca. 120 Gramm.
! Zu lange bei zu hoher Temperatur warm gestellt, die Frikadellen dunkeln dann nach.
! Die Hackmasse bestand aus reinem Rindfleisch.

zu fest

! Es wurden zuviel Semmelbrösel oder Paniermehl zugefügt.

GULASCH

anbraten

Kalb: Fett erhitzen, Speck- und Zwiebelwürfel anbraten, leicht paprizieren, mit Weißwein ablöschen und einkochen. Gewürztes Fleisch zugeben und abgedeckt anbraten.
Lamm: Fleisch mit Knoblauch und anderen Gewürzen, außer Salz, marinieren. Fett erhitzen und das Fleisch offen anbraten, bis es von allen Seiten Farbe angenommen hat.
Rind: Fett erhitzen, Zwiebel braun rösten, paprizieren und sofort mit Essig ablöschen. Gewürztes Fleisch zugeben und zugedeckt anbraten.
Schwein: Fett erhitzen, gewürztes Fleisch zugeben und offen unter häufigem Umrühren von allen Seiten gut anbraten. Dann Zwiebeln und weitere Zutaten beigeben.
Gemischtes Gulasch: Zuerst Rind, dann Schwein und schließlich Kalb anbraten.

aufwärmen

Auf dem Herd: Mit etwas ungewürzter Brühe leicht strecken und unter häufigem Rühren langsam aufkochen.
In der Mikrowelle: Wie aufwärmen auf dem Herd, nur in mikrowellengeeignetes Geschirr geben und den Erwärmungsvorgang zweimal durch Umrühren unterbrechen. Geringere Energiestufe, aber längere Laufzeit einstellen.

einfrieren

Aus dem kochenden Gulasch das Fleisch mit einem Sieblöffel entnehmen und gleichmäßig auf die Gefrierbehälter verteilen. Die kochende Soße mit einem Schöpflöffel über das portionierte Fleisch geben (bis 3 cm unter den Rand). Unter jedes Gefäß ein Streichholz legen, damit dieses gleichmäßig auskühlen kann. Den vollständig abgekühlten Gulasch einfrieren.

farblos

Verkochten, dunklen Karamel oder einige Tropfen Zuckercouleur zugeben. Mit stark eingekochter Fleischglace angießen. Gulasch neu abschmecken.

schmeckt süßlich

! Der Anteil an Zwiebeln war zu hoch.
! Zu lange eingefrorenes Schweinefleisch wurde verwendet.

trocken

! Das Gulasch wurde in bereits fertiger Soße gekocht.
! Das Fleisch wurde unaufgetaut verarbeitet.
! Fertiges, gefrorenes Gulasch wurde aus dem Gefrierschrank direkt in die Mikrowelle gegeben.

verfeinern

Mit wenig süßer Sahne, Rotwein, Madeira, Sherry und Worcester Soße.

weiterverwenden

Jägergulasch: Speckwürfel und Zwiebel anschwitzen, Pfifferlinge und gehackte Petersilie zufügen, mit süßer Sahne einkochen und mit dem fertigen Gulasch erneut aufkochen.
Zigeunergulasch: Speckwürfel oder Streifen von geräucherter Ochsenzunge mit Zwiebeln und Paprikastreifen anschwitzen, mit Rotwein einkochen und mit dem fertigen Gulasch erneut aufkochen.
Rahmgulasch: Süße Sahne mit Stärkemehl verrühren und in das kochende Gulasch einlaufen lassen. Abschmecken mit Weißwein, Salz und Worcester Soße.
Gulasch "Bürgerlich": Speck- und Zwiebelwürfel anschwitzen, Karotten, Erbsen und gehackte Petersilie unterheben, erneut mit dem fertigen Gulasch aufkochen. Mit Salz und Pfeffer abschmecken.
Herrengulasch: Soße vom Fleisch trennen und separat um ein Viertel einkochen. Fleisch und Soße wieder vermischen, mit Cognac, Rotwein und wenig süßer Sahne

abschmecken. Mit aufgelegtem Spiegelei servieren.
Stroganoffgulasch: Streifen von Zwiebeln und Gurke anschwitzen, Champignons beifügen, mit Senf binden und mit Rotwein einkochen. Fertiges Gulasch zugeben und erneut aufkochen. Mit Cognac und wenig Zucker nachschmecken.

zäh

! Das Fleisch wurde nicht rasch genug und bei zu geringer Temperatur angebraten.
! Das Fleisch war von minderer Qualität.
! Das Fleisch wurde falsch zugeschnitten.
! Die Garzeit war zu kurz.
! Rohes Fleisch wurde in fertiger Soße gegart.

zu fett

○ Gulasch vom Herd nehmen und ca. 5 Minuten ruhen lassen. Unbedruckten Küchenkrepp auflegen und die Fettschicht damit absaugen.
○ Das ausgekühlte Gulasch über Nacht in den Kühlschrank stellen und am nächsten Tag die Fettschicht abnehmen

Gulaschsosse

schmeckt bitter

! Die Zwiebeln wurden maschinell gehackt.
! Es wurden gefrorene Zwiebeln verwendet.
! Paprikapulver wurde direkt in heißes Fett gegeben.

zu dick

Mit leicht abgeschmeckter Fleischbrühe oder dünner Vorratssoße strecken.

zu dünn

Schwein, Rind, Lamm: Kartoffelstärke mit Rotwein verrühren, Gulasch aufkochen und langsam die Mischung einfließen lassen, bis die gewünschte Konsistenz erreicht ist.
Kalb: Wie oben angegeben, nur Weißwein verwenden.

HACKEPETER

lagern

Fertigen Hackepeter nicht über Nacht aufbewahren.

☺ Mit Ei und eingeweichtem Brötchen vermischen und Hacksteaks braten.

schmeckt bitter

! Es wurden Zwiebeln verarbeitet, die gefroren, gequetscht, bereits ausgetrieben oder zu grob geschnitten waren.

! In der Hackmasse waren zu viel Stiele statt Petersilienblätter.

☺ Fleisch zweimal durch die feine Scheibe des Wolfes drehen. Zwiebeln mit einem scharfen Messer von Hand fein hacken. Die Petersilie ohne Stiele verarbeiten.

zu trocken

! das Schweinefleisch war zu mager. Hackepeter sollte einen Fettanteil von 25 bis 30 % haben.

HAXEN

auslösen

1. Die Haxe mit dem dicken Ende nach unten auf ein Brett stellen, das andere Ende mit einem Tuch festhalten.
2. Mit einem scharfen Messer auf der vorderen und hinteren Seite am Knochen entlang nach unten schneiden.

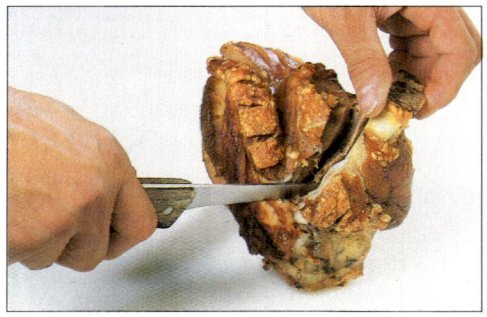

3. Mit der Klinge die Fleischteile seitlich herausbiegen.

lagern

siehe → Allgemeines, lagern

warmstellen

Kalbshaxen: Abgedeckt, auf einem Gitter mit untergeschobenem Blech bei 80 Grad Celsius im Backrohr.
Schweinshaxen: Wie Kalbshaxen, aber nicht abdecken, da sonst die Kruste weich wird.

weiterverwenden

Ausgelöstes Haxenfleisch in einer kräftigen Soße erwärmen und mit passenden Beilagen (z.B. Knödel) servieren.
Für Haschee: Durch den Wolf gedreht, zusammen mit rohem, gehacktem Fleisch.
Als Ragout für Pastetenfüllungen: Fein gewürfelt, mit Pilzen oder anderen Beigaben in Madeira- oder Portweinsoße verkocht.
Als Bratensülze: Fein aufgeschnitten, mit Gurke und Eischeibe verarbeitet.
Als Brotbelag: Kalt und dünn aufgeschnitten mit Pfeffer und Salz.

GRILLHAXEN

außen fertig, innen noch roh

○ Mit einer Zinkengabel oder Dressiernadel am Gelenk anstechen. Tritt rötlicher Fleischsaft aus, ist die Haxe nicht durch. Mit Alufolie abdecken und fertiggaren.

○ Das Fleisch der rohen Haxe einseitig etwa drei bis vier Zentimeter tief vom Knochen lösen und die Haxe in Salzwasser 45 Minuten kochen. Dann die Karos in die Schwarte schneiden. Die Haxe abtupfen, würzen, mit flüssiger Butter oder Butterschmalz einpinseln. Mit dunklem Bier begießen und fertiggrillen.

SURHAXEN

verfeinern

Statt Essig Weißwein zum Kochen nehmen.

Kalbfleisch

ALLGEMEINES

anbraten

Als Bratfett Margarine oder eine Mischung aus Öl und Butter verwenden. Ausschließlich Öl läßt das Fleisch hart und faserig werden.

angießen

Stets Weißwein verwenden. Rotwein erzeugt eine rosa Farbe und Roséwein eine schmutzig graue Farbe.

würzen

Beigabe von wenig Piment oder Koriander sowie Salbei erhöht den Eigengeschmack des Fleisches.

KALBSBRÄT

lagern

Wegen der hohen Empfindlichkeit möglichst nur kurze Zeit in der Küche stehen lassen. Stets gut verschlossen im Kühlschrank aufbewahren. Lagerzeit stark begrenzt (max. 24 Stunden).

verarbeiten

Arbeitsschüsseln in Eiswasser stellen. Geräte (z.B. Fleischwolf) durch Einfrieren vorkühlen. Längere Betriebszeiten vermeiden, da die entstehende Reibungswärme das Brät gerinnen läßt.

zäh

Kalbsbrät wird nicht zäh, wenn die Masse mit Milch oder Sahne glatt und geschmeidig gerührt wird. Erst dann Eier, Semmelbrösel und Gewürze zugeben. Zu 500 g Brät ca. eine halbe Tasse Milch oder Sahne geben.

KALBSBRUST

füllen

Die Tasche darf nur zu dreiviertel gefüllt werden. Die Füllmasse dehnt sich durch die Wärme aus und kann den Braten zum Platzen bringen.

☺ Die Brust in ein kleines, enges Gefäß stellen. Mit einer Hand am Rand festhalten, und mit der anderen Hand füllen.

Taschen schneiden

siehe → Allgemeines, Taschen schneiden
siehe → gefüllte Schweinebrust

KALBSKEULE, GESPICKT

verfeinern

Nach dem Anbraten die Keule mit brennendem Cognac begießen und flambieren. Dann nach Rezept weitergaren.

Königsberger Klopse

schmecken fade

! Die Masse war zu wenig gewürzt.
! Die Klopse wurden nur in Wasser gegart.
! Die Soße wurde nur mit Wasser oder ungewürzter Brühe aufgegossen
○ Das Kochwasser mit Markknochen, Suppengrün, gespickter Zwiebel und Salz 45 Minuten köcheln lassen. Dann erst die Klopse einlegen.
○ Die Soße mit etwas passierter Brühe angießen.

zerfallen beim Kochen

! Die Hackmasse war zu grob.
! Die Hackmasse war nicht richtig vermengt.
! Zu viele Klopse wurden in einem zu kleinen Topf gegart.
! Nach dem Einlegen ist die Temperatur des Kochwassers zu stark gesunken.
☺ Bei ca. 4 Klopsen (je 40-50 Gramm) mindestens 2 Liter Kochwasser mit gespickter Zwiebel oder leichte Fleischbrühe vorbereiten.
☺ Eine zweite Kochplatte auf volle Leistung vorheizen. Nach dem Einlegen den Topf

auf diese Platte schieben, dadurch wird ein sofortiges Aufwallen erreicht.

zu sauer

! Der Anteil an Kapern war zu hoch.
! Die Kapern waren zu sauer eingelegt.
☺ Mehlschwitze mit 50% Kochbrühe und 50% Milch aufgießen. Kapern mit feingehackten Zwiebeln in wenig Butter anschwitzen und mit Hilfe von etwas Zucker karamelisieren. Dann mit der fertigen Soße aufgießen.

KURZGEBRATENES

ALLGEMEINES

füllen

○ Fleisch mit der Tasche nach oben aufstellen und mit der Masse zu dreiviertel füllen.
○ Das aufgestellte Fleisch mit geöltem Küchengarn in Schlingstichen schließen.

kocht

! Das Fleisch berührt sich in der Pfanne, und der austretende Fleischsaft senkt die Fettemperatur. Die Poren können sich nicht schnell genug schließen, das Fleisch beginnt zu kochen und wird zäh.
☺ Zwischen den Fleischteilen einen Abstand von ca. einem Zentimeter belassen. Die austretende Flüssigkeit verdampft dann wesentlich schneller, das Fett hält die gewünschte Temperatur.

panieren

gleichmäßiger: Dem geschlagenen Ei etwas kaltes Wasser zufügen, dann verteilt es sich besser auf dem Fleisch.
größere Mengen: Aus geschlagenem Ei, wenig kaltem Wasser und den Gewürzen einen dünnflüssigen Teig bereiten. Die Schnitzel durch den Teig ziehen und dann die Semmelbrösel anklopfen.

wölbt sich beim Braten auf

Die Fleischränder mehrmals knapp einschneiden.

FILETSCHEIBEN

formen (bridieren)

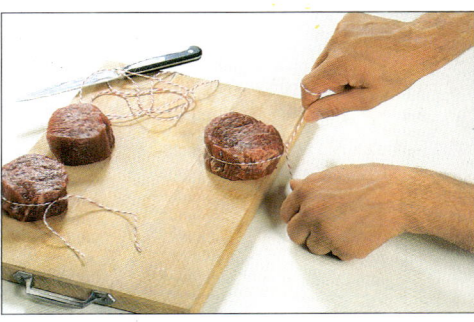

○ Die Scheiben mit dem Handballen leicht klopfen.
○ Die Scheiben mit Küchengarn umwickeln.
○ Mit Speck umwickeln und mit Küchengarn festbinden. Der Speck verbessert den Geschmack und verhindert das Austrocknen.
Vorsicht: Kalbsfilet nicht mit Speck umwickeln, er überlagert den feinen Eigengeschmack.

KANINCHEN-FILET (Vorspeise)

zubereiten

Die Filets mit der Spitze zur Pfannenmitte kurz in Butter braten (rosa), 1-2 Minuten ruhen lassen und dünn aufschneiden.

SCHNITZEL HOLSTEIN

schmeckt nach Fisch

! Die Fischhappen wurden zu lange vor dem Servieren garniert.

☺ Schnitzel Holstein hat eine sehr üppige Garnitur. Die Garnitur erst kurz vor dem Servieren dekorieren, und die Schnitze nicht überladen.

LAMM/HAMMELFLEISCH

ALLGEMEINES

einlegen

Die Gewürze durch Zerquetschen zerkleinern, damit der zugefügte Essig und/oder Rotwein durch die enthaltene Säure das Gewürzaroma besser aufschließen kann. Zwiebeln oder andere Gemüse dürfen keine Druckstellen haben, da diese in kurzer Zeit die Marinade schlecht werden lassen.
Die richtige Reihenfolge ist: Erst das Gemüse (Karotten, Sellerie, Zwiebeln) und die Gewürze in das Gefäß geben. Darauf die Fleischteile legen und das Ganze mit der Beize so begießen, daß alles zugedeckt ist. Damit nichts aufschwimmt, mit einem umgedrehten Porzellanteller beschweren und dann das Gefäß verschließen.

Knochen verarbeiten

Die Knochen fein hacken und zusammen mit Fett, gewürfelten Zwiebeln, Karotten, Sellerie sowie Gewürzen und Aufgußbrühe einen Lammjus (Grundsoße) zubereiten und einfrieren. Sehnen, Knorpel und andere Abschnitte werden genauso verarbeitet.

milder

Hammelfleisch zwei Tage in Buttermilch einlegen, das mildert den Geschmack.
Oder rundum mit einer Mischung aus scharfem und mildem Paprikapulver einreiben.

servieren

Das Anrichtgeschirr stets gut vorwärmen.

LAMMKEULE

auslösen

Am besten gleich vom Metzger "hohl auslösen" lassen. Das bedeutet, die Knochen so zu entfernen, daß die Keule von außen nicht zerschnitten werden muß und lediglich im Inneren ein Hohlraum entsteht. Dieser ist besonders geeignet, um Lammkeulen zu füllen, da sie dann nur noch an zwei Seiten verschlossen werden müssen.

LAMMKOTELETT

braten

In einer Mischung aus Butter und Olivenöl (Verhältnis 1:1) werden die Koteletts besonders saftig.

überbacken

Das Fleisch beidseitig mit rosa Kern braten. Die Masse zum Überbacken(z.B. Artischockenmus, Cremechampigrons, Knoblauch/Käsecreme) vorbereiten und völlig ausgekühlt auftragen. Bei hoher Temperatur (220 Grad Celsius) schnell überbacken, das verhindert das Herunterlaufen der Masse.

☺ Ein wenig Semmelbrösel in die Masse geben, das erhöht die Festigkeit. Die Masse läßt sich auch leichter formen.

verfeinern

Aus gehacktem Knoblauch, gestoßenem Pfeffer, Rosmarin und wenig Öl eine Gewürzpaste herstellen und die Koteletts damit einreiben. In einem gut verschließbaren Behälter max. 12 Stunden im Kühlschrank ziehen lassen.

vorbereiten

An beiden Seiten des Knochens kurz einschneiden, damit sich das Fleisch beim Braten nicht einrollt. Um das Verbrennen von aufgetragenen Gewürzen beim Braten zu verhindern, die Koteletts 24 Stunden mit den Gewürzen einlegen und vor dem Garen mit Küchenkrepp abtupfen.

LAMMRAGOUT

verfeinern

Gemüsewürfel, die in Lammragouts (z.B.Navarin) mitgekocht werden, behalten eine bessere Form und Farbe, wenn sie separat in wenig Fleischbrühe und Weißwein blanchiert und erst kurz vor Beendigung des Garvorganges dem Ragout zugegeben werden.

☺ Um den guten Geschmack der Gemüseeinlage nicht zu verlieren, den Blanchierfond als Aufguß für das Ragout verwenden.

LAMMRÜCKEN (LENDE)

rosa gebraten

Durch den geringen Durchmesser ist ein "rosa braten" relativ schwierig. Lammrücken gut mit Öl einmassieren, die Gewürze zerkleinert auftragen und das Fleisch in einer beschichteten Pfanne ohne weitere Zugabe von Fett auf allen Seiten kurz anbraten. Danach in Alufolie einpacken und im Bratrohr bei 90 Grad Celsius etwa 10 Minuten ziehen lassen.

RINDFLEISCH

PFEFFERPOTTHAST, WESTFÄLISCHER

Soße zu dünn

Mit geriebenem Zwieback andicken und abschmecken.

RINDERBRUST

verfeinern

Nach dem Blanchieren dem kalten Kochwasser nicht nur Suppengrün zugeben, sondern auch eine halbierte Zwiebel, die an den Schnittflächen in einer Pfanne mit wenig Öl vorher geschwärzt wurde, ein Lorbeerblatt und je nach Menge des Kochwassers 2-4 Gewürznelken und Liebstöckel zufügen.

vorkochen

Fehlt die Zeit zur vollständigen Zubereitung einer gekochten Rinderbrust, so kann diese je nach Gewicht zwischen 30 und 60 Minuten vorgekocht werden. Anschließend die Energie abstellen, einen Deckel auflegen und einen Kochlöffel dazwischen klemmen. So bis zum nächsten Tag stehen lassen.

☺ Um zu testen, ob der angebene Zeitraum zwischen 30 und 60 Minuten ausreichend war, mit einer Zinkengabel einstechen und das Fleischstück anheben. Rutscht dieses langsam von der Gabel ab, so reichen am Folgetag in der Regel 30 bis 45 Minuten Nachkochzeit. Bleibt die Rinderbrust fest an der Gabel stecken, muß noch 60 bis 90 Minuten nachgegart werden.

weiterverwenden

Zu Rindfleisch-, Teufels- oder Fleischsalat:
In dünne Streifen geschnitten.
Als Suppen- und Eintopfeinlage:
In kleine Würfel geschnitten.
Zu Tiroler Gröst'l oder Bauernomelette:
In Würfel geschnitten.
Zu Zwiebelfleisch:
In Scheiben geschnitten.

RINDERZUNGE
siehe → Innereien, Zunge

ROASTBEEF

braten

Backofen auf höchster Stufe mindestens 15 Minuten vorheizen. Das Backblech zehn Minuten in den Herd schieben und aufheizen. Mit wenig Öl begießen und sofort das gewürzte Roastbeef auflegen. Je nach Gewicht beträgt die Garzeit zwischen fünfzehn und fünfundzwanzig Minuten. Häufig mit entstandenem Bratenfond bzw. Bratenfett begießen. Nach der

Fertigstellung das Roastbeef auf einem Gitter in Alufolie abkühlen lassen.

Fleisch grau geworden

! Es wurde bei zu geringer Temperatur gebraten.
! Beim Braten wurde zu viel Fett verwendet.
! Das Roastbeef wurde vorgeschnitten verwendet.
! Das Fleisch wurde zu lange bei Küchentemperatur gelagert.

Garprobe

Ohne das Fleisch anzustechen, gibt es nur eine verläßliche Methode. Mit dem Zeigefinger kurz auf das Bratenstück drücken. Je weiter dieses durch ist, desto größer ist der Widerstand bei der Druckprobe.

Garzeit

Roastbeef nach dem Anbraten bei 220 Grad Celsius in den Ofen geben. Nach zwanzig Minuten Garzeit je Kilo ist das Fleisch rosa. Nach dreißig Minuten Garzeit je Kilo ist das Fleisch fast durch.

innen noch zu roh

Den angeschnittenen Braten wieder zusammensetzen und fest in Alufolie einpacken. Bei 180 Grad Celsius im Backofen auf einem Gitter je nach gewünschter Garstufe zwischen zehn und zwanzig Minuten nachziehen lassen und auspacken.

lagern

roh: siehe → Allgemeines, lagern
zubereitet:
○ In lauwarmem Zustand von allen Seiten mit Öl einpinseln, und auf einem Gitter vollständig auskühlen lassen. In Alufolie packen und im Kühlschrank lagern. Dies verhindert, daß das Roastbeef an der Außenseite grau wird.
○ Eine Fleischglace aufkochen und mit wenig Gelatine vermengen. Das Roastbeef damit von allen Seiten einpinseln und abkühlen lassen. In Alufolie packen und im Kühlschrank lagern.

saftiger

Im Bratrohr oder in der Pfanne mehr rot als rosa braten. Anschließend sofort in mehrere Lagen Alufolie packen und zusätzlich noch in Küchentücher einschlagen. Das Fleisch bleibt innen saftig und trocknet nicht aus. Fünfzehn bis zwanzig Minuten nachziehen lassen.

warmstellen

Soll das Roastbeef warmgestellt werden, muß es nach der Methode "saftiger" zubereitet werden. Dann bleibt es bis zu fünfundvierzig Minuten heiß.
siehe → saftiger

RUMPSTEAKS

verschieden lang gebraten

Werden Rumpsteaks gleichen Gewichts und Stärke in einer Pfanne gegart, sollen aber verschieden gebraten werden (durch, medium, rosa, bleu), so ist die Bratfolge: durch, medium, rosa, bleu. "Bleu" hat die kürzeste Garzeit und wird nach der Fertigstellung auf das Steak gelegt, welches durchgebraten werden soll. Mit den anderen Steaks ebenso verfahren. So ist es möglich, Steaks gleicher Gewichtsklasse mit unterschiedlichen Garzeiten zur gleichen Zeit auf den Tisch zu bringen.
○ Eine weitere Möglichkeit: Das "bleu" (auch rare oder saignant) zu bratende Steak zuerst fertigstellen und es bei 80 Grad Celsius im Backofen warmhalten (max. 15 Min.). Dann folgen "rosa" und "medium". Das durchgebratene Rumpsteak direkt aus der Pfanne anrichten.

SAUERBRATEN

zu sauer

! Durch zu hohe Beigabe von Essig oder zu starker Beize.
! Bei zu langer Lagerzeit des Fleisches in der Beize.

☺ Korrektur durch Beigabe von Rüben- oder Apfelkraut sowie verkochtem Zucker.

SOSSE

zu dunkel

Der köchelnden Soße vorsichtig soviel süße Sahne zufügen, bis der gewünschte Farbton erreicht ist.

SAUERBRATEN "RHEINISCHE ART"

Soße zu scharf

! Die Soße wurde zu lange im Kühlschrank gelagert.
! Die Soße wurde zu oft aufgekocht.
☺ Die lauwarme Soße mit neutraler Brühe strecken.

zu süß

! Der Anteil an Apfel- oder Rübenkraut und/oder Mandeln war zu hoch.
! Rosinen und Mandeln wurden nur untergemischt.
☺ Mandeln und Rosinen kurz in Butter anschwitzen, mit wenig Essig ablöschen und kurz aufkochen. Die Soße zufügen, nochmals aufkochen und mit wenig Apfel- oder Rübenkraut abschmecken.

TAFELSPITZ

saftig

Vor der eigentlichen Zubereitung den Tafelspitz zehn Minuten in sprudelnd kochendem Wasser blanchieren. Danach erst heiß, dann kalt abwaschen.

weiterverwenden

siehe → Rinderbrust, weiterverwenden

SCHWEINEFLEISCH

einfrieren

Grundsätzlich sollte man Schweinefleisch nicht länger als sechs Monate einfrieren. Dies gilt besonders für Teile, die stark von Fettgeweben durchzogen sind, wie z.B. Halsgrat, Haxe oder Schulter. Werden diese Teile zu lange eingefroren, schmecken sie bei der Zubereitung süßlich.

SCHASCHLIKSPIESSE

anordnen

siehe → Fleischspieße anordnen

SCHWÄRTELBRATEN (SCHWARTENBRATEN)

Kruste zu weich

! Der Braten wurde zuerst mit der Schwarte nach unten in die Reine gelegt.
! Der Braten wurde zu häufig aufgegossen und hat mehr gekocht als gebraten.
☺ Den Braten mit der Fleischseite nach unten auf Schweinerippenknochen legen. Nur knapp, dafür aber häufiger angießen.
☺ In den letzten 20 Minuten mehr Oberhitze zuschalten und den Braten mit einer Mischung aus dunklem Bier und Öl (75:25) bepinseln.

SCHWEINEBAUCH

vorbereiten

1. Die Schwarte in späterer Scheibengröße (Tranchen) mit einem scharfen Messer einschneiden.
2. Rückwärtig liegende Rippenknochen beidseitig einritzen und die Knorpelenden aufstechen.
3. Nach der Fertigstellung hier kurz mit der Gabel anheben und mit einem Tuch die Knochen herausziehen.

SCHWEINEBRATEN

braten

Schulter oder Halsgrat: Hierzu kein zusätzliches Fett verwenden.

Ganze Schweineschultern zuerst mit der Schwarte nach unten einlegen, bis das Wasser in der Bratreine verdunstet ist, danach umdrehen. Dadurch erhält der Braten eine schöne Kruste.

riecht

! Der Braten war noch nicht ganz durch.
! Der Braten ist im Kühlschrank zu lange gelagert und erneut erwärmt worden.
Achtung: Gefahr von Salmonellen!

schmeckt süßlich

! Der Braten wurde aus zu lange oder unsachgemäß eingefrorenem Halsgrat zubereitet.

vorbereiten

Den Schwartendeckel rautenförmig einritzen, und die Knochen als Unterbau in Topf oder Reine legen.

verfeinern

○ Mit Kümmel, gehacktem Knoblauch und geschrotetem Pfeffer gut einreiben und zugedeckt im Kühlschrank 24 Stunden marinieren. Während des Bratens mehrmals mit dunklem Bier begießen.
○ Den Braten gleich zu Anfang auf gehackte Schweineknochen legen. Haben diese eine braune Farbe bekommen, noch zusätzlich geviertelte Zwiebeln beigeben und mitschmoren. Dies ist entscheidend für den Geschmack der späteren Soße.

weiterverwenden, kalt

Als Brotbelag: Dünn aufgeschnitten.
Als Bratensülze mit Gurke u. Eischeibe garniert.
Mit Kartoffelsalat: Aufgeschnitten serviert.
Zu Bauernomelette: Gewürfelt.

SCHWEINEBRUST

einkaufen

Beim Metzger/Fleischer unbedingt ein Endstück verlangen, sonst läuft die Füllung aus (Gewicht ca. 1,5 bis 2 kg).
siehe → Kalbsbrust

SPANFERKEL

Kruste zu schwach

! Der Braten wurde mehr gedünstet als gebraten.
! Die Bratreine wurde abgedeckt.
☺ Offen im Bratrohr garen, mit der Schwarte nach oben.
☺ In den letzten 20 Minuten mehr Oberhitze zuschalten und den Braten mit einer Mischung aus dunklem Bier und Öl (75:25) bepinseln.

vorbereiten

Einen Gewürzbrei aus etwas getrocknetem Estragon, geschroteten, schwarzen Pfefferkörnern, gehacktem Knoblauch, ganzen Kümmelkörnern sowie 100 g Gewürzmischung für Spanferkel und einer Tasse dunklem Starkbier zubereiten. Die Mischung mit einem sauberen Pinsel auftragen, das Fleisch in einen verschließbaren Behälter geben und zwei Tage im Kühlschrank marinieren lassen.

SPIESSBRATEN (SCHWENKGRILL)

fertige Fleischstücke warmstellen

Das Fleisch in feste Alufolie packen und am Gitterrand lagern.

schmeckt verbrannt

! Die Zwiebelauflage der Marinade wurde nicht entfernt und über dem offenen Feuer mitverbrannt.
☺ Zwiebel in grobe Ringe schneiden, die lassen sich leichter entfernen.

vorbereiten

Das Fleisch in eine flache Reine legen, würzen und mit den Zwiebeln belegen. Ein Brett auflegen, einen Ziegelstein in Alufolie packen und damit das Brett beschweren. Der entstehende Zwiebelsaft verbindet sich mit den Gewürzen und zieht besser in das Fleisch ein.

GEFLÜGEL

ALLGEMEINES

aufbewahren

○ Untergelegte Saugfließe sollen sauber und nicht vollgesogen sein.
○ Das Geflügel muß frei von Flecken und anderen Veränderungen sein, besonders Gefrierbrand: großporige weiße Flecken, die durch Löcher in der Folie entstehen.
○ Frische Ware auspacken und in einen Behälter mit Abtropfgitter oder auf einen umgedrehten Teller in eine Schüssel geben. Das Lagergut darf niemals im eigenen Saft liegen und muß abgedeckt werden.

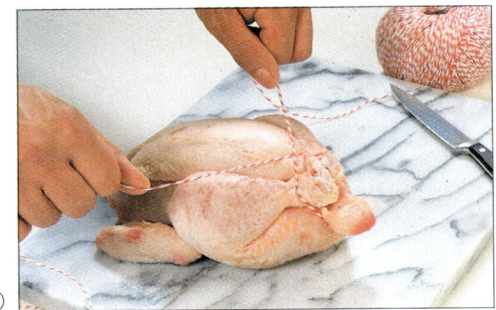

auftauen

○ Die Verpackung entfernen und das Geflügel auf einem Abtropfgitter oder umgedrehten Teller im Kühlschrank auftauen.
○ Schneller geht es, wenn man das Geflügel in einem gut verschlossenen Plastikbeutel in kaltes Wasser legt.
Vorsicht: Niemals in warmem Wasser auftauen, dann zersetzt sich das Eiweiß und das Geflügel wird trocken.

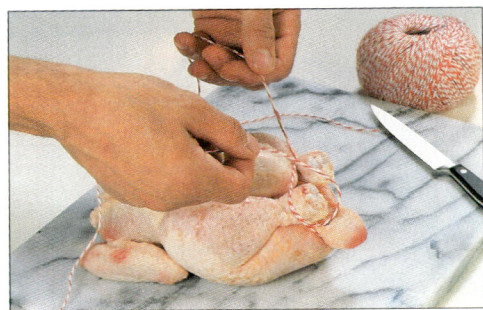

binden

Damit das Geflügel in Form bleibt, muß es gebunden, d.h. dressiert werden.
Dazu nimmt man einen Baumwollfaden (Küchengarn). Dieser muß so dick sein, daß er nicht in das Fleisch einschneidet, damit es nicht trocken wird. Als normales Maß rechnet man eine Armspannweite.

1. Die Mitte der Schnur zunächst gespannt unter die Enden der beiden Geflügelbeine legen.
2. Die Enden nun straff nach oben führen und über den Geflügelbeinen kreuzen.
3. Als nächstes diese von unten nach oben einschlaufen, erneut kreuzen und strammziehen. So bildet sich ein fester Knoten.
4. Nun die Schnurenden an den Keulen

außen herum zu den Flügeln weiterführen, dort ebenfalls einschlaufen und am Halsende mit einem festen Knoten verbinden. Dieses Verfahren hebt die Brust an und verhindert zusätzlich, daß abstehende Teile, wie die Flügelspitzen, beim Braten schwarz werden.

braten

Bei Gänsen und großen Enten kein zusätzliches Bratfett verwenden, sondern lediglich einen Wasserspiegel von etwa 1 cm Höhe in die Reine eingießen, da diese Geflügelarten einen hohen Anteil an Eigenfett mitbringen.

Bei Wildgeflügel wie z.B. Fasan, Wachteln, Rebhühnern etc. ist es genau umgekehrt. Diese Sorten vor dem Braten und nach dem Würzen mit großen, dünnen Stücken von fettem Speck (Spickspeck) vollkommen einpacken (siehe → bardieren) und den Speck durch zusätzliches, mehrfaches Binden befestigen.

Truthahn häufig mit einer Fettmischung (50:50) aus Butter und Öl begießen. Dies verhindert das vorzeitige Aufreißen von Brust oder Keulen. Bei großen Tieren sollte die Temperatur eher niedriger (ca 160 bis 180 Grad Celsius) und die Bratzeit dafür länger sein.

einfrieren

Vor dem Einfrieren das Gefriergut innen und außen säubern, trockentupfen, gut einpacken und Gewicht sowie Kaufdatum vermerken.

Folie entfernen

Die Verpackungsfolie läßt sich leichter entfernen, wenn das Geflügel so lange in lauwarmes Wasser getaucht wird, bis die Folie durchsichtig wird.

füllen

Rohes Geflügel mit Hilfe eines Spritzbeutels füllen.

Füllung läuft aus

! Die Füllung hatte einen zu großen Anteil an Eiern, Butter oder Rindermark.

☺ Den Hohlraum nur zu dreiviertel mit der Masse füllen. Läuft die Füllung dennoch aus, an der Austrittstelle mit einem Löffel Masse entnehmen und mit dem Hautlappen verschließen. Diese Stellen mehrmals mit heißem Bratfett begießen.

Lagerzeit

○ Frischgeflügel im Kühlschrank zwe bis drei Tage (4-6 Grad C plus).
○ Im Gefrierschrank ca. acht Wochen (18-20 Grad C minus).
○ Zubereitetes Geflügel im Kühlschrank fünf bis sechs Tage (4-6 Grad C plus).
○ Im Gefrierschrank nicht länger als vier Wochen, da es sonst trocken wird.

Restdaunen entfernen

Das Geflügel mit heißem Stearin (Kerze) beträufeln und in kaltem Wasser abschrecken. Anschließend mit einem trockenen Tuch abreiben.

tranchieren, roh (6 Teile):

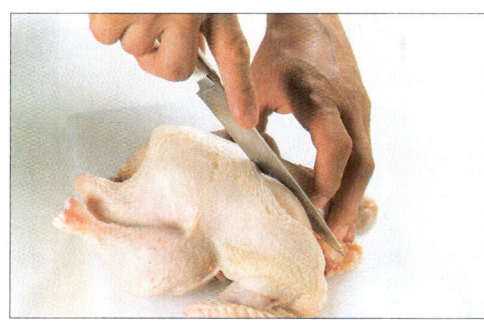

1. Vom Kopfende am Brustbein entlang nach hinten schneiden.

2. In gleicher Richtung weiter nach unten das Rückgrat durchtrennen, jede Hälfte mit der Schnittfläche nach unten legen.

3. Dann unterhalb des Flügels schräg zerteilen, unterhalb der Keulen schräg einschneiden und teilen. Das entstandene Mittelstück vom Grat befreien.

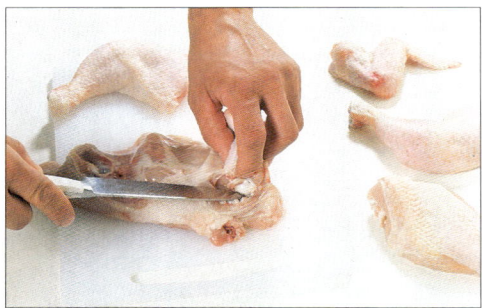

4. Das Gelenk freilegen und nach hinten wegknicken.
5. Nach dem Abtrennen der Keule am Gelenk den Hautlappen durchschneiden.

roh (8 Teile)

Wie bei 6 Teilen, nur unterhalb von Flügeln und Keulen knapper schneiden und das Mittelstück schräg zweimal zerteilen.

Die äußeren Flügelenden in beiden Fällen abtrennen und für Soße verwenden.

☺ Da es manchmal schwierig ist, mit einer Geflügelschere zu arbeiten, kann man auch eine saubere Rosenschere benutzen.

tranchieren, zubereitetes ganzes Geflügel

1. Nach der Fertigstellung das Geflügel ca. zehn Minuten ruhen lassen, damit sich das Fleisch "setzen" kann (erster Dampf und Wärme entweichen).
2. Bei einem Brathuhn oder einer gekochten Poularde nun mit einem spitzen Messer an beiden Seiten des Brustbeins entlangfahren und mit den Daumen unter vorsichtigem Hin- und Herfahren die Brustfilets auseinanderdrücken.
3. Die Keulen seitlich an der Gelenkhaut einschneiden und herausdrehen.
4. Anschließend auf der Unterseite sowie erneut am Gelenk einkerben, und den Knochen durch Drehen herausziehen.

verfeinern

○ Bereits während des Bratens mit einer Mischung aus Öl, flüssiger Butter und Gewürzen regelmäßig von allen Seiten bepinseln.
○ Zusätze wie Honig, Gewürzsoßen oder Alkohol erhöhen den Eigengeschmack.
○ Brust oder Keule vor der Zubereitung gründlich marinieren.

verschließen

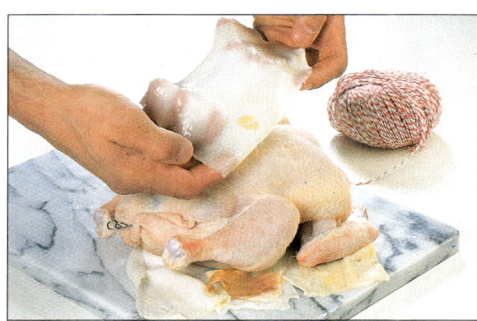

○ Durch Bardieren (mit Speck umwickeln) und dressieren.

○ Durch Dressieren (schnüren) binden.
○ Durch Vernähen mit geöltem, nicht zu dünnem Küchengarn. Ein dünner Faden schneidet ins Fleisch und der Fleischsaft tritt vorzeitig aus.

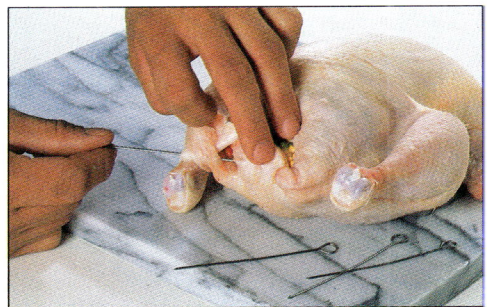

○ Durch Zustecken mit Rouladennadeln.

○ Zu große Öffnungen werden mit einem Hautlappen unterlegt. Dieser befindet sich am Kragen (Kopfende), ins Geflügel eingesteckt.
○ Großes Geflügel (Gans, Truthahn etc.) kann mit einem halben Apfel oder einem halben Brötchen verschlossen werden.

vorbereiten

Arbeitsgerät peinlich sauber halten. Niemals mit demselben Messer Gemüse schneiden - Salmonellengefahr.

warmstellen

Den Backofen auf 60 bis 70 Grad C erhitzen. Geflügel oder Geflügelteile mit gefettetem Pergamentpapier abdecken. Das Papier mit Margarine oder Butter bestreichen, diese Fette verhindern das Austrocknen.
Das Geflügel auf einen umgedrehten Teller legen. Dies verhindert, daß das Geflügel im eigenen Saft liegt und dadurch einseitig weitergart.

weiterverwenden

Geflügelrisotto: Zwiebel/Butteransatz mit Schinken und Erbsen mischen. Mit wenig Weißwein angießen und gewürfeltes Geflügelfleisch zugeben. Mit gekochtem Reis vermengen, würzen und im Backofen erwärmen.
Geflügelsalat: Haut ablösen, das Fleisch in Streifen schneiden und mit den gewünschten Zutaten vermengen. Leicht mit Remoulade oder Mayonnaise binden.
Suppeneinlage: Haut entfernen und in gewürzter Bouillon bei ca. 80 Grad C erwärmen. Zugabe von wenig Butter verhindert das vorzeitige Austrocknen.

würzen

Allgemein: Beim Würzen fällt oft Salz, Pfeffer, Rosmarin, Knoblauch herunter. Wird die Haut vorher mit Öl eingepinselt, bleiben die Gewürze besser haften.
Würzen unter der Haut: Einen Gewürzsud aus Weißwein, Rosmarin, geschroteten Pfefferkörnern, einer Knoblauchzehe und einem Zwiebelstückchen herstellen, die

Mischung auf ein Viertel der ursprünglichen Menge einkochen, auskühlen lassen und durchseihen. Auf eine Plastikspritze oder ein Gerät zum Krapfenfüllen aufziehen und vorsichtig unter die Haut spritzen. Als weitere Gewürzzutaten je nach gewünschter Geschmacksrichtung noch Zitronenschale, Cognac, Soyasoße, Salbei, Honig, Curry und Salz verwenden. Salz sollte jedoch nur zur Abrundung des Geschmacks beigefügt werden.

☺ Nach dem Würzen das Geflügel in Folie gewickelt einige Stunden im Kühlschrank ziehen lassen.

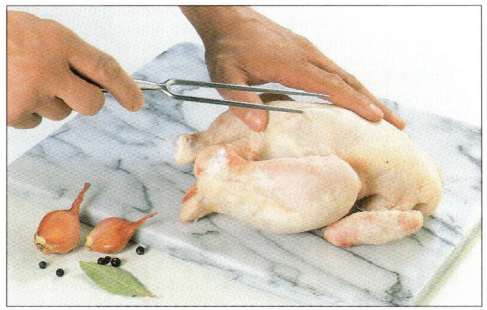

Vorstechen eines Einspritzloches

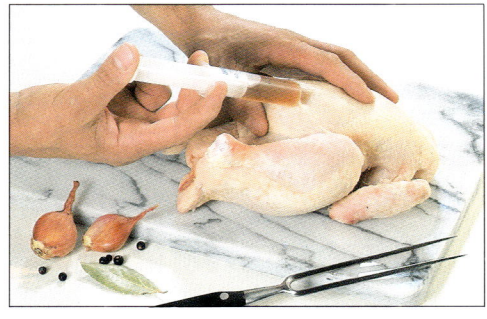

Injektion der Gewürzflüssigkeit mit Hilfe einer Kunststoffspritze.

zäh

! Das Tier war alt.
! Beim Anbraten war die Temperatur zu gering, die Poren schließen sich zu langsam und der Saft tritt frühzeitig aus.
! Die Haut wurde beim Wenden mit scharfen Gegenständen verletzt.
☺ Zum Wenden zwei Holzkochlöffel benutzen, dann wird die Haut nicht verletzt.

GEFLÜGELBRUST

auslösen, roh

siehe → Allgemeines; entbeinen roh

braten

Die Geflügelbrust auf der Hautseite zuerst anbraten, das verhindert das vorzeitige Austrocknen. Als Bratfett empfiehlt sich Margarine oder eine Mischung aus Butter und Öl im Verhältnis 50 : 50. So entstehen keine scharfen Krusten.

☺ Die Brust mit einer Mischung aus Wasser und Zucker bestreichen, das ergibt eine schöne Farbe.

entbeinen

roh, für gefüllte Hühnerbrust:

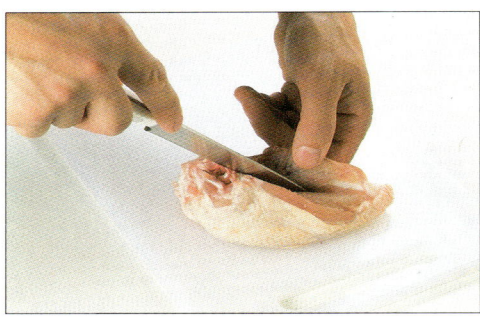

1. Die Geflügelbrust mit dem Brustbein nach unten auf die Arbeitsfläche legen. Nun mit einem Officemesser beidseitig an der Außenseite der Rippenknochen entlang nach unten durch vorsichtiges Nachschneiden das Geflügefleisch nur soweit ablösen, daß es noch am Brustbein hängt.

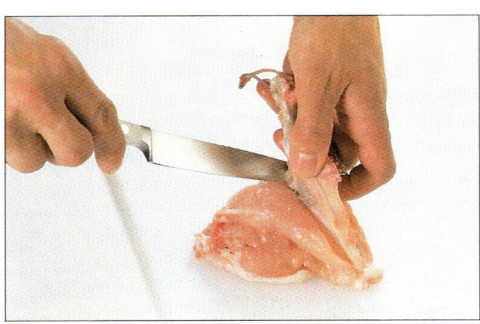

2. Nach beidseitigem Ablösen des Geflügel-

fleisches am Brustmittelknochen, mit der Hand an der Karkasse festhalten, bei gleichzeitiger Restablösung direkt am Brustbein.

3. Um ein späteres Austreten der Füllmasse zu vermeiden, ist es wichtig, daß die Geflügelhaut unbeschädigt bleibt.

schmeckt fade

! Die Brust wurde nur in Wasser gekocht.

☺ Am Vortag eine Brühe aus Geflügelklein, Suppengrün, herbem Weißwein und einer gespickten Zwiebel kochen. Erneut aufkochen, passieren und die Geflügelbrust darin garen.

Schnitzel schneiden

Die Brust vom Knochen befreien und mit einem scharfen Messer möglichst schräg, quer zur Faser schneiden.

☺ Gleich die endgültige Stärke schneiden, da sich Geflügelfleisch relativ schlecht plattieren (klopfen) läßt.

tranchieren

Zunächst der Länge nach in Richtung Brustbein in zwei Hälften teilen. Dann auslösen und schräg, quer zur Faser schneiden.

würzen

siehe → Allgemeines; würzen

GEFLÜGELKEULEN

auslösen (roh)

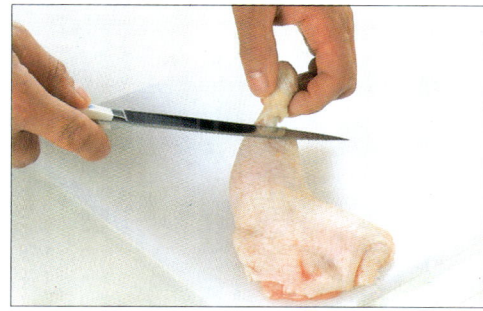

1. Abtrennen des Fleisches am unteren Ende duch ringförmiges Einschneiden am Knochen entlang.

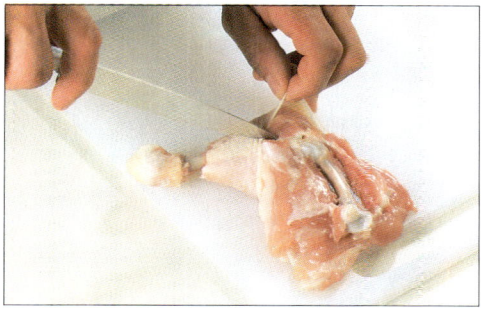

2. Auslösen des Röhrenknochens durch Aufschlitzen der Keule an der Unterseite entlang des Knochens.

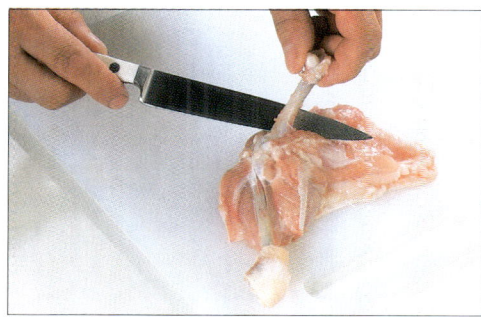

3. Herausziehen des Knochens, um das Fleisch an dessen Unterseite abzulösen. Ausgelöste Knochen zur späteren Verwendung (Brühen, Fonds) einfrieren.

durch

Mit einem kleinen, spitzen Messer genau am Gelenk einstechen. Um das Gelenk genau zu treffen, die Keule mit einem Tuch hinten und vorn festhalten und die untere Hälfte bewegen. Am Gelenk runzelt die Haut. Tritt roter Fleischsaft aus, sind die Keulen noch nicht fertig.

außen fertig, innen roh

Passiert bei panierten Hühnerkeulen (Wiener Backhuhn z.B.) häufig.

☺ Vor dem Panieren die rohen Keulen 10 Minuten in kochender Brühe blanchieren und darin herunterkühlen lassen. Lauwarm herausnehmen, würzen und gänzlich auskühlen lassen. Dann erst panieren. Die Panade hält besser, wenn am Vortag blanchiert und in lauwarmem Zustand (ohne Salz!) gewürzt wird.

GEFLÜGELRAGOUT

andicken

Weißes Ragout: Auf ein grobes Sieb geben, abtropfen lassen und die Soße getrennt aufkochen. Je nach Soßenmenge zwischen 50 und 100 g (1/2 Becher) süße Sahne mit 1/2 TL Kartoffelstärke verrühren und diese in die kochende Soße geben. Nach etwa 10 Minuten erneut abschmecken und den Inhalt des Siebes wieder beifügen. Abermals aufkochen.
Braunes Ragout: Je nach Menge 2-3 TL Kartoffelstärke in 1/2 Glas Rotwein auflösen und direkt in die kochende Soße geben. Nach etwa 10 Minuten erneut abschmecken und den Inhalt des Siebes wieder beifügen. Abermals aufkochen.
Mit Mehlbutter im Verhältnis 1:1 andicken.

trocken

! Einem frisch zubereiteten Ragout wurden Würfel von bereits gekochtem Geflügel zugesetzt.

☺ Soll aus rohem Geflügelfleisch und einer fertigen Soße ein Ragout hergestellt werden, so muß das Geflügelfleisch in gewürztem Zustand von allen Seiten gut angebraten werden, um es dann mit der kochenden Soße aufzugießen.

GEFLÜGELTEILE

braten

fettarm: Die Teile mit wenig Öl bestreichen und würzen. Geflügel in einer beschichteten Pfanne ohne Fett bei mittlerer Temperatur anbraten. Mit wenig Mineralwasser angießen und zugedeckt bei gleicher Temperatur fertiggaren. Die Kohlensäure verhindert, daß das Geflügelfleisch austrocknet.

paniert

Wenn Geflügelteile einzeln paniert, aber zusammen fritiert werden, größere Teile im Backofen nachgaren lassen, dann verbrennt die Panade nicht.

ENTEN

alt/jung

jung: Bei jungen Tieren sitzen die Kielfedern noch relativ locker in der Haut. Ein einfaches Zupfen bringt hier schnell eine Antwort. Außerdem läßt sich die Speiseröhre leicht eindrücken, der Unterschnabel läßt sich abbiegen und die Schwimmhäute reißen leicht ein.

braten

Die Fettansätze unter der Haut mehrmals einstechen, das Fett fließt während des Bratens ab.

lackiert

1. Die Ente innen und außen sehr gut abtrocknen und auf den Grillrost des Backofens, mittlere Schiene, legen.
2. Den Ofen bei 50 Grad C einschalten und die Tür etwa 10 cm weit offen lassen.
3. Die Ente so lange trocknen, bis die Haut sich trocken und pergamentartig anfühlt. Die Ente darf aber nicht austrocknen!
4. Nun die Ente mit einer Marinade aus 2 EL Honig, der in 6 EL kochendem Wasser aufgelöst wurde, 6 EL süßer Chilisoße, 2 EL Sojasoße und 2 EL Weinessig bestreichen.
5. Auf dem Rost fertigbraten.

GÄNSE

alt/jung

alt: Die Fettansätze haben eine gelbe bis dunkelgelbe Färbung. Das Brustbein ist leicht eingefallen.
jung: Eine relativ junge Gans hat eine gleichmäßige, helle Hautfärbung. Das Brustbein ist nicht zu erkennen, die Keulen weisen ein festes Fleisch auf.

werden beim Braten unförmig

Gänse geraten durch ihr hohes Gewicht leicht aus der Form.
☺ Durch fachgerechtes Schnüren wird dies verhindert. Siehe auch → binden

werden beim Braten zu dunkel

Bei großem Geflügel eine geringere Brattemperatur wählen und die Garzeit verlängern. Die Flügel und Keulenenden gleich zu Beginn mit Alufolie umwickeln. Wird das Fleisch zu dunkel, Oberhitze zurücknehmen und ebenfalls mit Alufolie abdecken.

GÄNSEFLEISCH

weiterverwenden

Als Brotaufstrich: Gänsefleischreste in kleine Würfel schneiden, mit gebratenen Zwiebelwürfeln, hartgekochtem Eigelb und geschmolzenem Gänseschmalz vermischen und ausgekühlt verwenden.
Zu Salaten: Brustteile in dünne Streifen schneiden und dem Salat zufügen.
Als Ragout in Pasteten: Keulen auslösen, mit dunkler Geflügelsoße und Champignons mischen und einfüllen.
Als Suppeneinlage: Gänsefleisch würfeln und in der Suppe erwärmen.

GÄNSELEBER "EN PAPILLOTE"

Papier verbrannt

! Zu hohe Ober- oder Allgemeintemperatur im Backofen.

! Pergamentersatz wurde statt echtem Pergament verwendet.
☺ Papier vor der Zubereitung gründlich einölen oder Pflanzenfett verwenden. Butter nur geeignet bei Temperaturen unter 160 Grad Celsius.
☺ Bei drohender Schwärzung der Papierhülle knapp darüber ein Backblech einschieben, um zu starke Oberhitze abzuschirmen.

Papierhülle geht auf

Wenn die Hülle zu knapp zugeschnitten oder der Inhalt zu groß im Verhältnis zum Papier war.
☺ Papier reichlicher bemessen. Vor dem Verschließen übereinanderliegende Teile mit leicht geschlagenem Eiweiß bestreichen. An diesen Stellen jedoch nicht fetten.

GÄNSERAGOUT

Den Gänseteilen die Haut ablösen, das ist verträglicher. Für Fans die Haut knusprig braten und auf das fertige Ragout legen.

SOSSE

schmeckt fade

Die Innereien wie Magen, Schlund und Herz in Gänseschmalz mit großen Zwiebelwürfeln gut anbraten, mit der vorhandenen Soße aufgießen, gut durchkochen lassen und erneut abschmecken.
Trockener Sherry und guter Portwein verfeinern die Soße ebenfalls. Das offene Kochen in der Bratröhre verbessert den Geschmack wesentlich.

zu dick

Mit einer kräftigen, ungewürzten Geflügel- oder Rindsbrühe verlängern. Nachträgliches Abschmecken mit zuviel Rotwein, Sherry oder Portwein verfälscht den Geschmack.

zu dünn

Soße zum Köcheln bringen. Kartoffelstärke mit Wasser verrühren und vorsichtig der Soße beigeben.
Ca. 10 Minuten kochen lassen und abschmecken.

zu fett

1. Die Soße über Nacht in den Kühlschrank stellen und am nächsten Tag den hartgewordenen Fettspiegel abheben.
2. Auf die nicht mehr kochende Soße vorsichtig Blätter einer unbedruckten Küchenrolle auflegen, das Papier saugt den Fettspiegel ab. Vorgang mehrmals wiederholen.
3. Soll ein Restfett auf der Soße verbleiben, das überschüssige Fett mit einer Schöpfkelle abziehen.

zu salzig

Je Liter Soße ca. 100 g rohe, geschälte Kartoffeln mitkochen; dies entzieht das Salz.

Hähnchen / Hühner

alt/jung

alt: Die Beine sind rauh und schuppig, der Hals dünn und die Krallen lang. Der Fettansatz ist gelb bis dunkelgelb.
jung: Der Fettansatz ist hell. Die Flaumfedern (bei Frischware) sind weiß und leicht zu entfernen. Das Brustbein läßt sich leicht biegen und die Beine sind glatt.

braten

Alufolie: Die Folie innen mit Öl bestreichen und durch Umfalzen an der Oberseite fest verschließen, dann läuft der Bratensaft nicht aus. Butter ist ungeeignet, da diese schnell schwarz wird und nur schlecht auf der Folie haftet. Nicht so kräftig wie bei Brathühnern würzen.
Dreh-Grill: Bei Grillhähnchen vor dem Braten eine Öl-Gewürzmischung herstellen und mit einem Pinsel von allen Seiten

gut einfetten. Bei Drehspießen diesen Vorgang öfters wiederholen.

Perlhuhn

füllen

Die Füllung in einen Spritzbeutel geben und die Masse vorsichtig einspritzen.

Schnepfen

Reste

Schnepfensalat: Die gebratene Schnepfe entbeinen. Einen rohen Apfel, etwas Sellerieknolle und eine Gewürzgurke in feine Scheiben schneiden und mit dem Schnepfenfleisch in eine Essig-Öl-Marinade geben.

Tauben

alt/jung

alt: Das Fleisch ist dunkel und fest, die Haut hat eine dunkelbläuliche Färbung. Die Tiere eignen sich nur noch für Taubenbrühe.
jung: Die Tauben haben weißes, zartes Fleisch, eine helle Hautfarbe und biegsame Knochen.

Naht geplatzt

! Die Füllung enthielt zuviel Eier.
! Es wurde zuviel Masse eingefüllt. Die Füllmasse dehnt sich beim Erwärmen aus und die Naht platzt auf.
! Es wurde nicht sorgfältig genug vernäht.
! Die Brattemperatur war zu hoch, und es wurde gleichzeitig zu häufig aufgegossen. Der zu hohe Flüssigkeitsanteil treibt die Füllmasse explosionsartig auseinander.

Soße schmeckt fade

! Es wurde zu häufig aufgegossen.
! Zum Aufgießen wurde Wasser verwendet.

☺ Tauben haben eine relativ kurze Garzeit,

deshalb bleibt wenig Zeit, um eine gehalt-
volle Soße zu ziehen. Gehacktes, gewürztes und mit gewürfelten Suppengemüsen vermischtes Hühnerklein separat
in einer Pfanne kurz anbraten. Die Masse
zu den Tauben in die Bratreine geben.

zu blaß

! In der Bratreine war zuviel Flüssigkeit.
Das Geflügel brät nicht, sondern kocht.

☺ 3/4 der Flüssigkeit abgießen und separat
in einem Topf reduzieren. Den Fond später der Bratensoße wieder zufügen und
alles leicht nachwürzen.

TRUTHAHN

alt/jung

alt: Die Beine sind schuppig und die Oberhaut hat eine Elfenbeinfärbung.
jung: Die Oberhaut ist fest und straff mit
einer gleichmäßigen hellen Färbung, die
Beine glatt und der Brustkorb weich.

gar

❍ Die Keulen beginnen sich vom eigentlichen Korpus zu lösen.

❍ Die Haut an den Oberkeulen beginnt ein-
zureißen.
Mit einer Gabel hinter den Keulen in Richtung Rücken einstechen. Ist der austretende Bratensaft hellrosa, ist der Truthahn noch nicht gar.
Vorsicht: Niemals die Brust anstechen!

nicht fertig geworden

Grob zerteilen durch Abtrennen von Keulen und Flügeln. Mit Brühe verdünnte
Soße in einen flachen Topf geben, einen
umgedrehten Teller einlegen, Geflügelteile auflegen und abgedeckt im Backofen
bei 120 Grad Celsius zwischen 15 und 45
Minuten nachziehen lassen. Vor dem Anrichten Oberhitze (200 Grad C) zuschalten und offen etwa 10 Minuten die weich
gewordene Geflügelhaut nachgrillen.

☺ Zu scharfen Geschmack mit süßer Sahne
und Zucker mildern.

tranchieren

Es ist einfacher, den Truthahn bereits in
der Küche zu tranchieren.

1. Man schneidet von der Unterseite am
Brustbein entlang nach oben.
2. Dann die Keulen und Flügel abtrennen.
3. Ähnlich wie bei der Gans wird die Brust
tranchiert, nur daß man aus jeder
Brusthälfte bis zu 8 Portionen schräg zum
Brustbein schneidet.
4. Bei den Keulen wird zusätzlich noch am
Gelenk getrennt, der Knochen im Uhrzei-
gersinn herausgedreht und diese anschließend ebenfalls schräg geteilt.

☺ Die starken ungenießbaren Sehner der
Schenkel lassen sich am besten mit einer
Flachzange entfernen. Bei großen Tieren
ist die Geflügelschere oft zu schwach,
dann eine saubere Rosenschere zum
Tranchieren benutzen.

verschließen

Die Haut zusammenziehen, quer zum
Schnitt Holzspießchen durchstecken,
diese dann kreuzweise mit einem Faden
binden.

weiterverwenden

Aufwärmen: Sollen ganze Teile erneut erwärmt werden, diese mit Haut, aber aus-
gebeint in heißer Soße ziehen lassen.
Braune Ragouts: Haut und Knochen entfernen, Geflügelfleisch würfeln, Trut-
hahnsoße etwas einkochen, Geflügelfleisch mit weiteren angeschwitzten Zutaten zugeben.

☺ Zu scharfen Geschmack mit süßer Sahne
und Zucker abmildern.

Weiße Ragouts: Brustfleisch würfeln und
mit angeschwitzten Zutaten und weißer
Geflügelsoße vermischen, mit Sherry und
Sahne verfeinern.
Geflügelsuppe: Ragoutreste mit Geflü-
gelbrühe strecken, aufkochen und zur
Suppe verarbeiten.
Salate: Aus Brust- und Keulenfleisch (ent-
beint und ohne Knochen) Reis- und Nu-
delsalate herstellen.

zu groß für Backofen

Truthahn im Rohzustand halbieren, eine Hälfte zubereiten, die andere Hälfte einfrieren.

TRUTHAHNBRUST, ROH

schneiden

Schmetterlingsschnitzel: Zunächst am äußersten Ende begradigen. Nun mit dem Messer halbschräg und quer zur Faser dreiviertel nach unten einschneiden. Der zweite Schnitt wird im gleichen Abstand so dahinter gesetzt, daß das Schnitzel durchgeschnitten wird. Nachträglich mit der flachen Hand leicht klopfen.

SOSSE

schmeckt bitter

Zucker in einer trockenen Pfanne bei niedriger Temperatur hellbraun karamelisieren lassen. Mit Orangensaft und wenig Rotwein aufgießen und einkochen. Soße damit nachschmecken.

schmeckt fade

○ Die Soße teilen und einen Teil der Soße um die Hälfte reduzieren. Dann die Soßen wieder zusammenmischen und neu abschmecken.
○ Einen neuen Ansatz aus angebratenem Hühnerklein, Zwiebel, Suppengrün mit Gewürzen dunkel rösten, mit 1/4 l Soße angießen und zur Glace verkochen. Restliche Soße dazugeben, passieren, erneut abschmecken.

☺ Rosmarin und Beifuß heben den Geflügelgeschmack.

zu dick

Mit Geflügelbrühe bis zur gewünschten Konsistenz strecken und erneut aufkochen.

zu dünn

Je Liter Soße, ca. 1/2 Glas Rotwein mit 2 TL Kartoffelstärke vermischen und der köchelnden Soße beigeben.
☺ Wird die Soße zu säuerlich, wenig Zucker zugeben.

zu fett

siehe → Gänse, Soße zu fett

Wachteln

einpacken

①

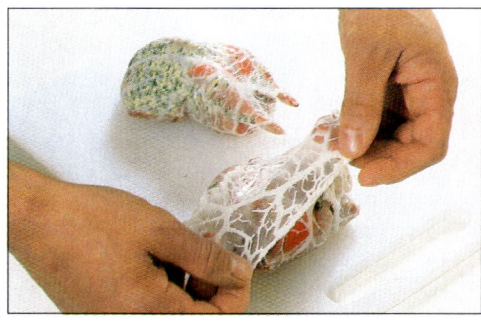
②

1. Gefüllte Wachteln in ein gewässertes Schweinenetz einpacken.
2. Zum Verschließen wird das Schweinenetz fest über die Wachtel gezogen.
   siehe → ins Netz ziehen

füllen

Die Füllmasse in einen Spritzbeutel mit kleiner Öffnung ohne Tülle oder mit Tülle mittlerer Öffnung geben. Dann damit die Masse einspritzen.

tranchieren

Mit scharfer, glatter Klinge vom Brustbein nach unten teilen. Ein Sägemesser ist ungeeignet, da es das zarte Geflügel zerfetzt.

verschließen

Mit etwas dickerem, eingeölten Küchengarn vernähen. Rouladennadeln können auch verwendet werden.

weiterverwenden

Salat: Auslösen und in kaltem Zustand zu Waldorfsalat mit Sauce Cumberland als Vorspeise reichen.
Ragout: Warm als Ragout mit Pfifferlingen in Blätterteigpastetchen servieren.

SOSSE

zu dunkel

Soße köcheln lassen, je 100 g süße Sahne mit 1 Messerspitze Kartoffelstärke verrühren und so lange unter ständigem Rühren zulaufen lassen, bis die gewünschte Farbe erreicht ist.

WILD

ALLGEMEINES

auftauen

Über Nacht in verschließbarem Behälter mit Gittereinsatz im Kühlschrank. Größere Stücke in einen flachen Behälter geben, umgedrehten Porzellanteller unterlegen, mit Alufolie abdecken und im Kühlschrank aufbewahren.

aufwärmen

Portionieren, gestreckte Wildsoße aufkochen, Wild einlegen und bei ca. 80 bis 90 Grad Celsius ziehen lassen. In der Mikrowelle nie ohne Zugabe von Soße aufwärmen, das Wild wird sonst trocken.

beizen für Rehrückenimitat (um zu wenig Rehrücken zu ergänzen)

Rohes Roastbeef (Rinderlende) in kräftiger Rotweinbeize unter Zugabe von zerdrücktem Knoblauch, Wacholder, getrocknetem Thymian sowie gulaschartig geschnittenem Rehfleisch ca. 3-4 Tage beizen. Herausnehmen, trockentupfen und wie Rehrücken würzen und braten.

einkaufen

Wildteile sollten trocken und abgehangen sein. Bei kleinerem Wild wie Hasen, Rebhühnern etc. muß der Kopf noch am Rumpf vorhanden sein.

lagern

Wild hält sich einige Tage frisch, wenn man es in eine Mischung aus Buttermilch, Rotwein oder Essig einlegt, oder in ein mit Essig getränktes Tuch wickelt.

spicken

Mit Daumen und Zeigefinger eine Haut-falte drücken und Speckstreifen mit Hilfe einer Spicknadel alle 2 bis 3 cm setzen. siehe → Küchentechnik, spicken

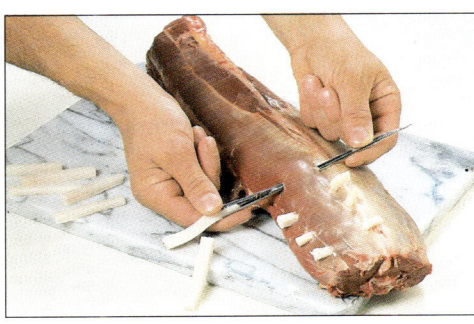

☺ Den Spickspeck ca. zwei Stunden anfrieren, das erleichtert die Arbeit.

verfeinern

Etwas Johannisbeergelee an die Wildsoße geben.

warmstellen

In wenig mit neutraler Brühe gestreckter Soße bei ca. 90 C. Grad. Das Fleisch darf nicht mehr kochen. Bei längeren Warmhaltezeiten die Garzeit reduzieren. Nicht abdecken, da selbst bei kleinster Einstellung am Herd die Gefahr besteht, daß das Wild weiterkocht und damit zerfällt.

weiterverwenden

Für Wildsuppe: Die Soße mit Fleischbrühe und/oder Rotwein strecken und aufkochen. Ansatz aus Zwiebeln, Champignons oder Pfifferlingen mit wenig Rotwein ablöschen, gewürfeltes Wildfleisch zugeben und einkochen. Mit gestreckter Soße auffüllen und erneut abschmecken.
Für Pastetenfüllung: Wie Wildsuppe, nur angeschwitzte Zwiebeln, Pilze und gewürfeltes Wild mischen und mit der Soße knapp angießen und einkochen. Ab-

schmecken mit Portwein, Madeira oder Rotwein.

SOSSE

zu dick

Mit ungewürzter Fleischbrühe strecken.

zu dünn

Süße Sahne mit wenig Kartoffelstärke binden und in die kochende Soße geben, erneut abschmecken.

zu hell

○ Zugabe von stark reduzierter Kalbsglace. Soße von Ochsenschwanz oder Rinderherz.
○ Einige Tropfen Zuckercouleur zufügen.

FASAN

alt/jung

Alte Tiere haben schuppige Beine.
Junge Tiere haben ein biegsames Brustbein und einen kleinen Spornansatz.

braten

Fasane werden immer rosa oder blutig gebraten, da sie während des Warmhaltens nachgaren und das Fleisch sonst zu trocken wird.

zäh, zu trocken

! Das Tier hatte keine Speckummantelung oder diese ist während des Bratens abgefallen.
  siehe → Küchentechnik, bardieren
! Die Gartemperatur war zu hoch.
! Das Tier wurde zu lange ohne Zugabe von Flüssigkeit warmgestellt.
! Das Tier war zu alt.

HASENKEULE IN WACHOLDERRAHM

lagern

In der Soße auskühlen lassen, abdecken und im Kühlschrank lagern.

warmstellen

Die Keulen in heißer Soße und auf kleiner Stufe (Elektroplatte 2-3) warm halten. Nicht abdecken, damit das Fleisch nicht unkontrolliert weiterkocht.
☺ Keulen mit einem umgedrehten Porzellanteller abdecken, so bleiben sie gleichmäßig warm.

weiterverwenden

siehe → Wild, weiterverwenden

zäh

! Das Tier war zu alt.
! Garen oder Kochen in zu dünner Soße.

SOSSE

schmeckt zu wenig nach Wacholder

Zucker bräunen und mit Rotwein knapp ablöschen. Zerdrückte Wacholderbeeren zugeben und ca. 20 Minuten kochen. Passieren und unter die fertige Soße mischen.
Mischverhältnis: 20% Zucker, 60 % Rotwein, 20% Wacholderbeeren.

zu dick, zu dünn, zu hell

siehe → Allgemeines

weiterverwenden

Zum Binden für Pfifferlinge und Wildpilze: Speck und Zwiebel glasig werden lassen, Pilze zufügen, würzen, dünsten und mit der Soße bis zur gewünschten Konsistenz aufgießen. Mit Sahne erneut abziehen.
Für Wildsuppe: Rohes Wildfleisch kleinschneiden, würzen, mit Zwiebeln, Pilzen, Rotwein etc. andünsten und mit der Soße aufgießen. Nach Bedarf mit etwas Brühe strecken und abschmecken.
Pilzragout für Pastetenfüllung: Speck und Zwiebeln angehen lassen, frische gehackte Pilze zugeben, mit Rotwein garen, einkochen. Soße nach und nach bis zur gewünschten Konsistenz beigeben. Mit gehackter Petersilie verfeinern.

Für Wildkurzgebratenes: Steaks braten, Fleisch warmstellen und den Fond mit wenig Rotwein ablöschen und einkochen. Mit der Soße aufgießen und reduzieren. Ohne erneute Zugabe von Sahne dunkelt die Soße nach.

Für Reh- oder Hirschgulasch: Gulasch ansetzen,die Soße mit ungewürzter Brühe strecken und damit aufgießen.

HASENPFEFFER

siehe → Reh- oder Hasenpfeffer

HIRSCHMEDAILLONS

marinieren

In einem abgedeckten Gefäß ca. zwei bis drei Stunden im Kühlschrank wie angegeben ziehen lassen.

○ Mit Weinbrand beträufeln.
○ In reduzierten und erkalteten Fond von Champignons legen.
○ Bestreichen mit Dijonsenf.
○ Einlegen in kalte Wacholderbeize.
○ Mit frischen, grob gehackten Kräutern und/oder Knoblauchzehen einlegen.
○ Mit frischen Trüffeln einlegen.
Je länger mariniert wird, um so intensiver wird der Geschmack. Vorsicht vor Überlagerung des Eigengeschmacks.

warmstellen

Den Backofen auf 80 Grad C vorheizen. Die Fleischstücke in ein flaches Gefäß auf einen umgedrehten Teller setzen und mit gebuttertem Pergamentpapier abdecken. Nicht länger als 30 Minuten warmstellen, vorher die Garzeit verkürzen.

schmecken fade

Die Medaillons vorher marinieren.

zu trocken, zäh

! Das Fleisch war nicht lange genug abgehangen.
! Das Fleisch war zu naß.
! Die Medaillons haben in gesalzenem Zustand zu lange gelegen.

! Das Fleisch kam in zu kaltes Bratfett.
! Zu viele Medaillons kamen gleichzeitig ohne Zwischenraum in die Pfanne.
! Das Fleisch wurde zu lange und/oder bei zu hoher Temperatur warmgestellt.

REBHÜHNER

alt/jung

Alte Tiere haben graugelbe Beine.
Junge Tiere haben gelbe Füsse und einen leicht biegbaren Unterschnabel.

☺ Einjährige Rebhühner schmecken am besten.

REH- ODER HASENPFEFFER

schmeckt fade

! Der Anteil an Schweinefleisch war zu hoch.
! Das Wildfleisch wurde nicht gebeizt.
☺ Das Schweinefleisch einige Zeit mit dem Wildfleisch beizen. Beize teilweise als Aufguß verwenden.

Schweinefleisch verkocht zu schnell

! Das Wildfleisch hat eine festere Konsistenz (Dichte) als das Schweinefleisch und braucht deshalb eine längere Garzeit.
☺ Das Wildfleisch vier Tage beizen, das Schweinefleisch aber erst nach zwei Tagen zufügen.

zu fett

! Der mitgeschmorte Schweinebauch war zu fett.
☺ Statt Schweinebauch eine kleine Nuß aus der Keule verwenden.

REHRÜCKEN

Filets noch zu blutig

In der Pfanne Öl erhitzen und die Filetstücke knapp nachbraten.

Karkasse zu unförmig / hat sich verzogen

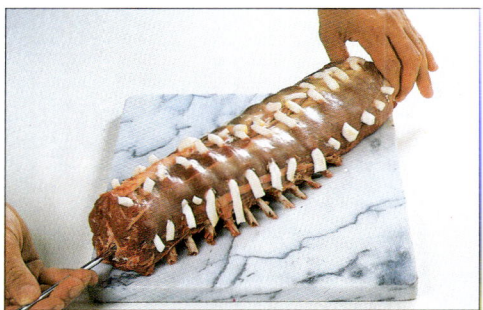

Vor dem Braten durch den Rückenmarks-kanal einen Stab aus Chrom-Nickel-Stahl mit einem Durchmesser von etwa 2-3 mm schieben. Dies verhindert das Verziehen während des Garvorgangs.

Rücken hat unterschiedliche Stärke

Die unterschiedliche Stärke eines Reh-rückens gleicht man während des Bratens aus, indem man das dünnere Ende mit Alu-Folie umwickelt, um so ein gleichmäßi-ges Garen zu erreichen.

Rücken wird beim Braten an einem Ende zu dunkel

Unter dieses Ende während des Bratens einen umgedrehten Porzellanteller legen. Dadurch wird das Schwarzwerden der Rückenunterseite verhindert.

schneiden

Kalte Küche → siehe dort

Warme Küche:
1. Im Ganzen braten. Dann auf beiden Sei-ten rechts und links entlang des Rückgra-tes mit einem spitzen, scharfen Messer nach unten schneiden. Den Rippenbögen entlang bis zum Ende weiterschneiden.
2. Filets abnehmen und von oben, schräg nach unten, alle zwei bis drei Zentimeter Scheiben schneiden.
3. Einzelstücke wieder zu einem Filet zu-sammenschieben, auf den alten Platz zu-rücksetzen und so servieren.

warmstellen

Wenn, dann nur kurzfristig. Ansonsten ist davon abzuraten. Ein Rehrücken sollte rosa gebraten werden. Warmstellen läßt ihn zu schnell durchziehen.

weiterverarbeiten

Als Suppeneinlage: Ausgelöstes Fleisch würfeln, in Rotwein und Cognac/Wein-brand (50:50) aufkochen und Wildsuppe oder Pilzsuppe zugeben.
Für Pastetenfüllung: Gewürfelt, in wenig gut gewürzter Wildsoße unter Zugabe von Pilzen einkochen und abschmecken.

zu trocken, zäh

! Der Rehrücken wurde zu lange warmge-stellt.
! Das Fleisch wurde zu lange in zu kaltem Fett gebraten.

WILDENTEN

alt/jung

Alte Enten haben steife Beine und zähe Schwimmhäute.
Junge Tiere haben einen grünen Schna-bel, biegsame Beine und leicht einreißen-de Schwimmhäute.

WILDGEFLÜGEL

Restdaunen entfernen

Hartnäckige Daunen oder Kiele mit Ker-zenwachs (Stearin) beträufeln und mit ei-nem trockenen Tuch abreiben.

WILDGULASCH, GEMISCHT

warmstellen

Am besten im Wasserbad: nach Beendi-gung des Garvorganges in einen Topf umfüllen, der in einen großen Topf mit sie-dendem Wasser gehängt wird, ohne den Boden zu berühren (Bain-Marie). Gelegentlich umrühren, um eine Hautbildung zu vermeiden.

weiterverwenden

Für Ragout zur Pastetenfüllung: Gulasch erwärmen, Fleisch aus der Soße nehmen und kleinschneiden. Nach Geschmack Pilze zugeben. Die Soße einkochen (reduzieren) und das Fleisch zugeben, abschmecken.

Für Wildsamtsuppe: Alles im Mixer gut zerkleinern, mit ungewürzter Brühe nach Bedarf strecken und abschmecken.

Fleisch teilweise noch zäh

! Es wurde Wildfleisch mit unterschiedlichen Garzeiten verwendet.

SOSSE

schmeckt fade

! Das Gulasch wurde nicht oder nicht lange genug mariniert.
! Das Gulasch wurde zu wenig gewürzt.
! Das Fleisch wurde nicht lange genug angebraten.
! Die Soße wurde nicht genug reduziert.

zu dick, zu dünn, zu hell

siehe → Allgemeines

INNEREIEN

ALLGEMEINES

auftauen

In verschließbaren Behältern auf einem Gittereinsatz über Nacht im Kühlschrank auftauen

Verschiedene Sorten immer getrennt aufbewahren, sonst überträgt sich der Geschmack. Das passiert besonders leicht, wenn Nieren dabei sind.

einfrieren

Die Innereien putzen (das Fett entfernen) und einfrieren. Das Fett muß unbedingt entfernt werden, da die aufgetauten Innereien sonst ranzig schmecken.

lagern

Nach Sorten getrennt in verschließbarer Behältern im Kühlschrank aufbewahren Lagerzeit möglichst kurz halten, da es sonst zu Farb- und Qualitätsveränderungen kommt.

HERZ

KALB, SCHWEIN, RIND

säubern

Die Adern und Fettansätze entfernen, unter fließend kaltem Wasser gründlich ausspülen und mit Küchenkrepp abtupfen.

verfeinern

Gekochtes Kalbs- und Schweineherz: Zugabe von wenig Essig und gespickter Zwiebel sowie Salz und Suppengrün erhält und steigert den Eigengeschmack.

schneiden, gegart

Vom Herzeingang, schräg im leichten Winkel der Form entsprechend zur Spitze.

warmstellen

Geschmortes Herz: Einen umgedrehten Teller in den Topf legen. Das Herz auf den Teller geben, ca. 1/4 der fertigen Soße mit etwas neutraler Brühe verlängern und davon soviel zugießen, daß die Flüssigkeit gerade den oberen Tellerrand erreicht. Den Topf abdecken und auf der niedrigsten Stufe der Herdplatte warmstellen. Bei längeren Warmhaltezeiten kann die Soße eindicken, der Flüssigkeitsverlust dann durch Brühe ausgleichen. Darauf achten, daß das Herz dadurch nicht zu weich wird.
Gekochtes Herz: Leicht bedeckt im Kochsud oder leicht gewürzter Fleischbrühe.

weiterverwenden, geschmortes Herz

Zum Füllen: Kleingewürfelt der Hackfleischfüllung für Stallhase beimengen.
Fleischhaschee: Haschee fertig zubereiten, geschmortes Herz durch den Wolf drehen, beigeben, aufkochen und erneut abschmecken. Herz nicht zum rohen Fleisch geben und dann zubereiten, da sonst das Haschee trocken schmeckt.

Pastetenfüllung: Wie "Ragout" zubereiten, nur dicker einkochen. Wenn nötig, etwas Stärke in Rotwein auflösen und nachbinden.

Ragout: Einen Ansatz aus Zwiebeln und anderen Zutaten mit der vorhandenen Herzsoße knapp angießen, das gewürfelte Herz zugeben und erneut abschmecken.

zu hart

! Durch zu langes, trockenes Warmstellen ohne Zugabe von Flüssigkeit.

SOSSE

schmeckt fade

! Das Herz wurde nicht, zu kurz oder falsch mariniert.
! Die Soße wurde zu wenig eingekocht (reduziert).
! Es wurde zu viel Flüssigkeit angegossen.
! Falsche Dosierung und Auswahl der Gewürze.
! Aufgießen mit Wasser statt mit Brühe oder Fond.

versalzen

! Zu langes Warmstellen oder mehrmaliges Aufwärmen.
! Zu starkes Anbraten mit zu kurzer Schmorzeit.
☺ Zugabe von halbierten, rohen Kartoffeln in die siedende Soße bindet einen Teil des Salzes.

zu dick

Strecken mit ungewürzter Brühe oder Herzfond, dann erneut abschmecken.

zu dünn

Braune Soße mit in Rotwein aufgelöster Kartoffel- oder Maisstärke nachbinden. Dies verlängert die Kochzeit um ca. 25%. Erneutes Abschmecken erforderlich.

zu hell

Eindunkeln durch langsames Reduzieren und/oder Zugabe von Zuckercouleur.

zu sauer

Verkochten Zucker oder in Rotwein gelösten Puderzucker vorsichtig zugeben. Erneut aufkochen und abschmecken.

weiterverwenden

○ Die Soße durch ein Sieb gießen und einfrieren.
○ Als Fond verwenden für Soßen von: Wild, Schmorbraten, Stallhase, Sauerbraten, braune Geflügelsoßen, Madeirasoße, Portweinsoße, Demi Glace, Glace, Jus.
○ Zur Herstellung von Pastetenfüllungen, braunen Geflügelragouts, Wildragouts und Ochsenschwanzragouts.

KALBSBRIES

blanchieren

In einen Topf geben, mit leicht gewürztem Kalbsfond angießen, aufkochen und im Fond auskühlen lassen.

formen

Das Bries ca. 8 Minuten blanchieren, unter kaltem Wasser abschrecken und enthäuten.Über Nacht zwischen zwei Brettchen pressen.

gebacken, Panade zu dunkel

! Der Anteil an Schwarzbrot im Paniermehl bzw. Roggengetreide im Brot war zu hoch.
! Das verwendete Fett war beim Einlegen zu heiß.
☺ Margarine statt Öl verwenden, das ergibt beim Ausbacken eine schöne goldgelbe Farbe.

gebacken, schmeckt fade

Das Bries vor dem Panieren würzen (außer Salz) und zugedeckt mindestens 1 Stunde ziehen lassen.

gebacken, zu hart

! Beim Marinieren wurde Salz verwendet, dies entzieht dem Bries die Feuchtigkeit und trocknet es aus.

! Zu schnell in zu heißem Fett gegart.
! Zu lange im Backrohr warmgestellt.

lagern

In einem verschlossenen Behälter mit Gittereinsatz im Kühlschrank aufbewahren. Möglichst kurz lagern, sonst verschlechtert sich die Qualität.

säubern

In eine Schüssel mit kaltem Wasser legen. Wasser langsam darüberlaufen lassen, bis alle Verunreinigungen ausgespült sind. Dadurch wird das Bries in seiner Konsistenz noch fester.

KALBSHIRN

gebacken, schmeckt fade

siehe → Kalbsbries gebacken, schmeckt fade

grau

! Das Hirn wurde nicht lange genug gewässert und das Blut nicht restlos entfernt, dadurch wird es nach dem Blanchieren grau.

lagern

siehe → Kalbsbries lagern

säubern

In einer Schüssel liegend unter fließend kaltes Wasser stellen, bis alle Blutgerinnsel ausgespült sind. Dann in lauwarmes Wasser legen, vorsichtig mit dem Daumennagel die Haut einritzen und im Wasser abziehen.

schmeckt fade

Vor der Verarbeitung mit Gewürzen, aber ohne Salz marinieren und ziehen lassen.

warmstellen

Nach Möglichkeit vermeiden, da auch kurze Warmhaltezeiten das zubereitete Hirn hart werden lassen.

zu dunkel

siehe → Kalbries gebacken, Panade zu dunkel

zu hart

! Die Marinade enthielt Salz.
! Zu lange und zu heiß gebraten.
! Zu langes Warmstellen.

KUTTELN (KALDAUNEN)

grau und/oder hart

! Die Kutteln wurden zu lange gekocht.
! Das Wasser wurde nicht gewechselt.
! Die Kutteln wurden nur in Wasser gekocht.
☺ Dem Kochwasser etwas Essig und wenig Salz zusetzen. Die Kutteln jeweils nach ca. 20 Min. Kochzeit abgießen, waschen und erneut mit kaltem Wasser aufsetzen.

lagern

In ein feuchtes Tuch eingeschlagen im Kühlschrank.

säubern

Gründlich unter fließend kaltem Wasser auswaschen und abbürsten. Eventuell mit Kochsalz abreiben und klarspülen.

schneiden

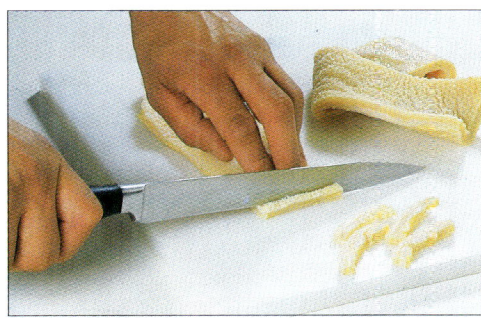

Kutteln möglichst fein schneiden.

weiterverwenden

Eine Mehlschwitze mit Fleischbrühe aufgießen, mit Weißwein und Zitronensaft abschmecken, würzen und eine helle

Suppe bereiten. Gekochte Kutteln in dünne Streifen schneiden und mit viel gehackter Petersilie als Einlage zugeben.

LEBER

LEBER (ENTE)

braten

Entenleberscheiben bis kurz vor dem Braten kühlstellen, salzen, pfeffern, in sehr wenig Mehl wenden und minutenschnell in sehr heißer Butter braten. Bildet sich eine Kruste, die Hitze sofort abschalten. Entenleber verliert beim Braten ca. 20-40 Prozent der Masse, deshalb dicke Scheiben schneiden und in viel Butter braten.

gar

Tritt auf der Oberfläche ein Blutstropfen aus, ist die Leber à point (gerade richtig).

LEBER (GANS)
siehe → Leber en papillote

LEBER (KALB, RIND, SCHWEIN)

hart

! Die Leber wurde vor dem Braten gesalzen und nicht sofort verarbeitet. (Das Salz entzieht der Leber Flüssigkeit und sie wird dadurch beim Anbraten hart.)
! Panierte Leber wurde bei zu niedriger Temperatur zu lange gebraten.
! Die fertige Leber wurde zu lange und/oder zu heiß warmgestellt.
☺ Die Leber nicht zu lange in Margarine braten und nicht warmstellen.

milder

Ca. 1 Stunde vor der Verarbeitung in Milch einlegen, dann durch Abtupfen trocknen.

salzen

Die Leber erst kurz vor dem Braten salzen, dann wird sie nicht hart.

schmeckt bitter

! Die Leber wurde zu lange gelagert.
! Die Leber war zu lange eingefroren.
! Die Leber wurde zu schnell und zu heiß gebraten.

vorbereiten

Die Fettansätze und Adern entfernen. Bei Rinder- oder Schweinsleber die Haut mit einem spitzen Messer vorsichtig einritzen, durch Unterfahren mit dem Daumen lösen und anschließend abziehen.

warmstellen

Bei 80 Grad C abgedeckt im Bratrohr nicht länger als ca. 20 bis 30 Minuten warmstellen. Die vorhergehende Garzeit verkürzen, sodaß die Leber innen noch rot bis rosa ist. Test durch Druckprobe: je weicher sich die Leber anfühlt, um so weniger ist sie im Inneren durchgebraten.

zu hart

! Leber wurde zu lange und zu heiß gebraten.
! Leber wurde zu lange warmgestellt.
! Bei mehlierter Leber ist das Mehl im Fett verbrannt.
! Vorgesalzene Leber wurde zu lange gelagert und nicht verarbeitet.
! Die Leber wurde gewaschen und nicht sofort trockengetupft.

BERLINER ART

Apfelringe unansehnlich

! Die Äpfel wurden mit der Leber zusammen in der Pfanne gebraten.
☺ Die Apfelringe vor der Leber in der sauberen Pfanne anbraten und zur Seite stellen.
☺ Die Leber knapp garen, die Apfelscheiben auf die Leber legen und alles ca. 10 Minuten bei 80 Grad Celsius im Backofen warmstellen.

Apfelringe zu weich

! Die Apfelringe wurden zu dünn geschnitten und sind durchgeweicht.
☺ Eine feste Apfelsorte nehmen und in ca. 8 mm dicke Ringe schneiden.

LEBER, SAUER

schmeckt bitter

! Die Zwiebeln wurden in heißem Fett zu dunkel angebraten und dann die Leber zugegeben.
! Bei süßsaurer Leber kam der Zucker direkt ins heiße Fett.
! Die Leber wurde erst nach dem Anbraten mit Mehl gestaubt und dann zu stark gebraten.

zu hart

! Geschnetzelte Leber wurde zu heiß angebraten.
! Die Leber wurde zu lange in der Soße gekocht.
! Das Lebergericht wurde aufgewärmt.

LUNGE, SAUER

lagern

In säurebeständigen und verschließbaren Behältern im Kühlschrank lagern.
Vorsicht: Nicht jedes Gefäß aus Kunststoff ist für die Lagerung von säurehaltigen Lebensmitteln geeignet!

säubern

Gründlich unter fließend kaltem Wasser ausspülen, Fett und Adern entfernen und nochmals abspülen.

schmeckt bitter

! Die Einbrenne war zu dunkel und/oder nicht lange genug ausgekocht.
! Zugefügtes Tomatenmark wurde in der Einbrenne zu lange mitgeröstet.
! Wacholderbeeren sind direkt mit heißem Fett in Berührung gekommen.

schmeckt fade

! Es wurde zu wenig gewürzt.
! Statt Fleischbrühe oder Jus wurde Wasser als Aufguß verwendet.

schneiden

Nach dem Garen im Sud auskühlen lassen. Der Länge nach in Scheiben schneiden und diese anschließend in dünne Streifen von cirka 3 cm Länge aufschneiden.

warmstellen

○ In einem Behälter, der in einem siedenden Wasserbad steht.
○ Im verschlossenen Topf auf einem Gitter im Backofen bei 80 Grad Celsius.
Vorsicht: Direktes Warmhalten auf der Herdplatte kann schnell zum Anbrennen führen.

weiterverwenden

Zu Haschee: Ein Fleischhaschee wie gewohnt zubereiten, gegarte Lunge durch den Wolf drehen, zufügen und erneut abschmecken. Der Lungenanteil sollte nicht mehr als 1/4 der Gesamtmenge betragen.

zu dick

Strecken mit abgeschmeckter Fleischbrühe, Jus oder anderen verdünnten braunen Soßen.
☺ Die Einbrenne mit "Pikant" erst gründlich auskochen und ein Drittel der Soße abnehmen. Dann die Lunge zugeben und die Restsoße nach Bedarf angießen. Restsoße für Haschee verwenden.
Pikant → siehe Gewürze

zu dünn

Die Soßenmenge um ein Drittel bis ein Viertel durch Abgießen über ein Sieb reduzieren. Mit einer Mischung aus süßer Sahne/saurer Sahne, separat verrührt mit etwas Kartoffelstärke, nachbinden und der kochenden Lunge beigeben.
Braune Soße durch Unterheben von angerührter Kartoffelstärke stark eindicken und diese anschließend in die kochende Lunge rühren. Erneut abschmecken.

zu sauer

Nachschmecken mit verkochtem Zucker (Sirup), dann erneut Aufkochen. Leichte Abmilderung kann durch Zugabe von süßer Sahne erreicht werden.

Nieren

KALB, RIND, SCHWEIN

säubern

In leichtes, lauwarmes Essigwasser einlegen und mit den Händen gründlich abreiben. Anschließend mit fließend kaltem Wasser nachspülen.

☺ Ist nach dem Säubern noch ein starker Geruch wahrnehmbar, die Nieren zusätzlich noch ca. 1 Stunde in kaltes Wasser legen.

vorbereiten

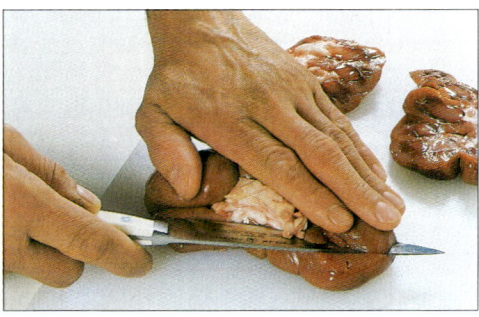

Die Niere auf ein Brett legen und mit der flach aufgelegten Hand festhalten. Seitlich in der Mitte mit dem Messer auftrennen, und Fett- und Aderansätze herausschneiden (Abb. Kalbsniere).

☺ Ein feuchtes Tuch unter das Brett legen, dann rutscht es nicht weg.

warmstellen

siehe → Leber, warmstellen

zu hart

! Die Nieren wurden in zu kaltem Fett zu lange gebraten.
! Die Nieren wurden zu lange bei zu hoher Temperatur gebraten.

! Die Nieren wurden trocken warmgestellt.
☺ Rasches, gleichmäßiges Anbraten und Warmstellen unter Zugabe von etwas Brühe oder Soße in abgedecktem Behälter bei 80 Grad C im Bratrohr. Die Nieren auf einen umgedrehten Teller geben, damit sie nicht direkt in der Flüssigkeit liegen.

NIEREN, GEBRATEN

schmecken bitter

! Die Nieren sind nicht richtig gesäubert worden.
! Die Nieren wurden in zu heißem Fett zu schnell gebraten.

schwarze Ränder beim Braten

! In zu heißem Fett und/oder zu lange gebraten, besonders wenn vorher mehliert wurde.

NIEREN, SAUER

schmecken bitter

! Fett- und Aderansätze, vor allem im Inneren der Nieren, wurden nicht gründlich genug entfernt.
! Durch mehrmaliges Aufwärmen.

zu hart

siehe → Leber, zu hart

SOSSE

zu dick

siehe → Lunge, zu dick

zu dünn

Die Soße abgießen, zum Kochen bringen und mit in Rotwein separat angerührter Kartoffelstärke nachbinden. Erneut aufkochen lassen, die Nieren zugeben und abschmecken.

zu sauer

siehe → Lunge, zu sauer

Zunge (KALB, RIND, SCHWEIN)

abziehen

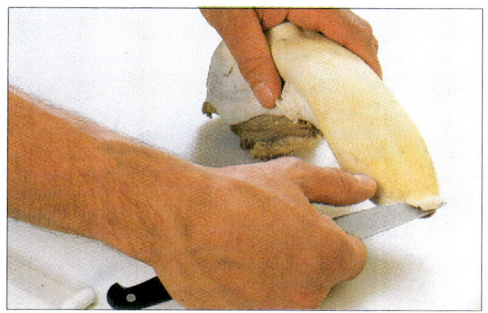

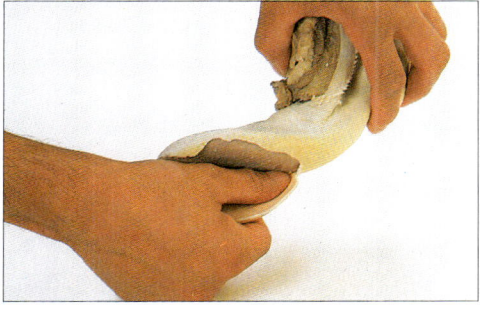

Die fertige Zunge heiß aus dem Kochwasser nehmen und in ein kaltes Wasserbad legen. Die Haut mit Hilfe eines kleinen Messers anritzen und vom Zungenansatz zur Spitze hin abziehen.

gar

Läßt sich die Zungenspitze leicht einstechen, ist die Zunge gar.

lagern

Die Zunge etwas kürzer garen, im Sud belassen und abgedeckt im Kühlschrank lagern, um ein Austrocknen zu verhindern.

☺ Soll die Zunge für die Zubereitung eines Salats oder einer Garnitur geschnitten werden, so wird sie vorher zwölf Stunden im Sud gelagert und weitere 12 Stunden trocken im Kühlschrank aufbewahrt. Dies festigt das Zungenfleisch.

schneiden

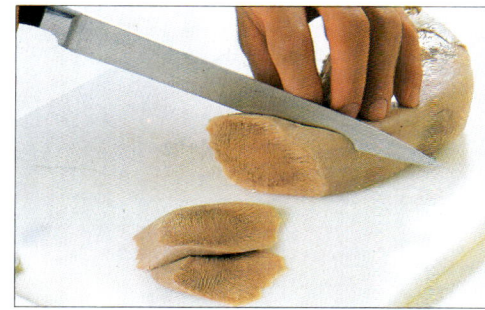

Die Zunge seitlich auf ein Brett legen und mit einem scharfen Messer am Zungenansatz beginnend schräg bis zur Spitze schneiden.

verfeinern

Halbgar blanchierte Zunge in leicht köchelnde Madeira- oder Portweinsoße einlegen und fertig garen.
Rinderzunge in halb Apfelwein (Cidre) und halb Gemüsebrühe garen. Ein Stück Kalbsfuß mitkochen.

weiterverarbeiten

Die Madeira- oder Portweinsoße mit Gelatine binden, die fertige Zunge mehrmals eintauchen und auskühlen lassen. Dann für die Kalte Küche aufschneiden.

ZUNGENBRÜHE

verfeinern

Einige Stücke Kalbsfuß mitkochen.

zu scharf

Mit ungewürzter Fleischbrühe strecken.

ZUNGE, GEBACKEN

schmeckt fade

Die Zunge in noch lauwarmem Zustand in Scheiben schneiden und mit Zitrone, Pfeffer, Worcestersoße und gehackter Petersilie marinieren. Abdecken und über Nacht im Kühlschrank ziehen lassen. Dann wie gewohnt panieren.

WURST, SÜLZEN, ASPIK

AUFSCHNITT

einkaufen

Darauf achten, daß die ausgestellte Ware in nicht zu hohen Stapeln aufeinanderliegt und bei Sonderangeboten diese klar von normaler Ware zu unterscheiden ist. Ferner, daß Wurstanschnitte nicht untergemengt wurden.

lagern

In verschließbaren Behältern im Kühlschrank. Bei längeren Lagerzeiten stark geräucherte Wurst von Frischwurst (und Rohschinken) trennen, da es sonst zu Geschmackverfälschung kommen kann.

BRATENSÜLZE, SÜLZWURST

einkaufen

Speziell bei den Bratensülzen auf den Vermerk "hausgemacht" achten. Es besteht die Gefahr von zu hohem Anteil an Bratenanschnitten, Fettgehalt, Füllstoffen wie Gurke, Ei etc. sowie Sülze am Gesamtgewicht.
Bei Sülzwurstsorten ist die Verwendung von Knorpeln und Schwartenteilen möglich.

lagern

Aus der Verkaufsverpackung entfernen und im verschlossenen Behälter im Kühlschrank lagern. Sülzen müssen immer getrennt von anderen Wurstsorten gelagert werden.
Vorsicht: Zu warmes Lagern führt zum Erweichen bzw. zum Auflösen der Sülzverbindungen.

verfärbt und verändert sich

Der hohe Anteil an Essig führt zu Farb- und Geschmacksveränderungen.

BRATWURST

füllen

Der Länge nach aufschneiden, mit Käse, Paprika o.ä. füllen, zusammenklappen und mit Zahnstocher, Rouladennadeln oder Küchengarn zusammenhalten.

leicht angebrannt

Ein trockenes Tuch mit etwas kaltem Öl tränken und die heiße Wurst abwischen.

nicht richtig braun

! Die Würste waren zu alt.
! Die Würste waren noch zu feucht.
! Zu viele Würste auf zu engem Raum kamen gleichzeitig in die Pfanne.
☺ Die Würste vor der Zubereitung trocken abreiben. In Öl braten. Genügend Platz zwischen den Würsten lassen, damit entstehender Dampf schnell abziehen kann. Sonst sinkt die Gartemperatur rapide ab, und das Fett beginnt zu kochen.

geplatzt

! Der Wasseranteil im Brät war zu hoch.
! Die Wurst kam direkt aus dem Kühlschrank ins heiße Fett.
☺ Mehrmaliges Anstechen mit einer feinen Nadel läßt das Wasser entweichen. Grobe Nadeln oder Messerspitzen können das Gegenteil (platzen) bewirken.

leicht schmierig

! Die Wurst war stark unterschiedlichen Temperaturen ausgesetzt.

! Unsachgemäße Lagerung.

☺ In kaltes Essigwasser tauchen und anschließend trockenreiben. Danach sofort verbrauchen. Weitere Lagerung ist nicht zu empfehlen!

LEBERKÄS, GANZER LAIB

beim Backen gerissen

! Bei zu hoher Temperatur zu schnell gegart.
! Fehlendes Wasserbad.
! Zuviel Ober- oder Allgemeinhitze (Richtig:180 Grad Celsius).

erwärmen

Wasserwanne mit umgedrehten Teller oder Kuchengitter in den vorgeheizten Backofen (150 Grad C) geben. Wasserwanne etwa 4-5 cm mit Wasser auffüllen und den Leberkäs auf das Gitter legen. Je Kilogramm ca. 45 bis 60 Minuten im Backofen erwärmen.

lagern

Auf einem Teller oder einer Porzellanplatte, abgedeckt mit Pergament im Kühlschrank. Alufolie oder große Behälter sind bei längerer Lagerung ungeeignet, da es zu Schwitzwasser und anschließender Schimmelbildung kommen kann.

warmstellen

Nach Ende der Garzeit Backofen öffnen. Temperatureinstellung auf 80 Grad C reduzieren und den Leberkäs mit Alufolie abdecken, evtl. den Wasservorrat in der Wasserwanne ergänzen. Backofentür schließen. Max. Warmhaltezeit je nach Größe zwischen 60 und 120 Minuten.

weiterverarbeiten

Am besten über Nacht auskühlen lassen und dann schneiden.
Zu italienischem Salat: In Streifen geschnitten, vermischt mit Apfel, Gurke und Mayonnaise.
Zu Fleischsalat: In Streifen geschnitten, vermischt mit Essiggurke und Mayonnaise.
Für Schinkennudeln: In Blättchen geschnitten, kurz angebraten und mit Nudeln vermischt.
Für Leberkäs mit Ei: In Scheiben von je 150g geschnitten und angebraten. Spiegelei aufsetzen.
Für Nudelsalat: In mittelgroße Würfel geschnitten, vermischt mit vielerle Zutaten und Nudeln.
Für Eintöpfe: In Würfel schneiden, in der Pfanne abbräunen und in den Eintopf geben.

zu braun, zu trocken

siehe → beim Backen gerissen

LUFTGETROCKNETE WURST

lagern

Am Stück: Aufgehängt in einem kühlen trockenen Raum. Im Kühlschrank zieht die Wurst zuviel Feuchtigkeit.
Geschnitten: In einem verschließbaren Behälter im Kühlschrank.

verpacken

Mit einem trockenen Tuch abwischen und fest in Pergamentpapier einrollen. Keine Klarsichtfolie oder Alufolie verwenden, da die Wurst sonst zu schwitzen beginnt.

Salzablagerung (weißer Überzug)

Mit trockenem Tuch abwischen. Die Ablagerung ist kein Zeichen von Verderben oder Ungenießbarkeit.

NÜRNBERGER ROSTBRATWÜRSTEL/SCHWEINSWÜRSTEL

zu dunkel, zu trocken

! Bei zu hoher Temperatur zu schnell gegart.
! Bei zu niedriger Temperatur zu lange in der Pfanne belassen.
! Im Backofen zu lange warmgestellt.

Saure Zipfel

geplatzt
! Der Sud hat nach dem Einlegen der Würste gekocht.
! Wurden direkt aus dem Kühlschrank in den heißen Sud (80 Grad C) gelegt.

Würstchen

erwärmen
Würstchen in ca. 80 Grad C heißes, leicht gesalzenes Wasser geben.

geplatzt
! Das Wasser war zu heiß.
! Das Wasser hat nach dem Einlegen der Würste gekocht.
! Es wurde kein Salz zugegeben. Dieses Salz bildet ein Gegengewicht zum Salz in der Wurst. Ohne Salzzugabe im Siedewasser dringt das Wurstsalz beim Erwärmen nach außen und dadurch reißt die Wursthaut.
! Der Topf war abgedeckt.

Haltbarkeit
Leicht angeräuchert (z.B. Wiener/Frankfurter) nach dem Kauf ca. zwei bis drei Tage.

schmecken wässrig
! Dem Wasser wurde kein Salz zugesetzt.

SOSSEN, FONDS

ALLGEMEINES

angebrannt

! Dicke Soße wurde kalt und unverdünnt auf die vorgeheizte Herdplatte gestellt.

! Soße wurde nicht gerührt.

angießen

Angießen oder Aufgießen mit bereits siedenden oder kochenden Brühen oder Fonds verkürzt die Kochzeit und mindert die Gefahr des Klumpens. Bei Soßen auf Mehlbasis gleichzeitig mit dem Schneebesen kräftig durchschlagen.
Ausnahme: Bei Rezepten, die einen Kaltaufguß verlangen.

binden

Kann auf verschiedene Art geschehen:
- mit Mehlbutter
- durch Stauben mit Mehl
- mit angerührter Kartoffelstärke
- mit angerührtem Pfeilwurzelmehl
- durch Unterschlagen von gefrorenen Butterspänen
- durch Legieren
- durch Einkochen von Sahne
- fettfrei mit Kartoffelflocken
- Zugabe von Gelatine
- Zugabe von starker Glace
- Zugabe von püriertem Passiergut
- Zugabe von verquirltem Eigelb
- Zugabe von geriebenen Kartoffeln oder Brot
- Zugabe von Paniermehl
- Verwendung von viel Zwiebeln oder anderen Gemüsesorten
- Zugabe von stärkehaltigen Lebensmitteln wie weißen Bohnen, Erbsen, Reis, Mais.

binden ohne Bindemittel

- Längere Kochzeiten; dadurch reduziert sich die Flüssigkeit.
- Mitkochen von einigen Stücken Kalbsfuß; das verbessert gleichzeitig den Geschmack.

einfrieren

Soßen in kochendem Zustand in Gefrierbehälter einfüllen, gänzlich auskühlen lassen und entfetten. Ein hoher Anteil an Fett führt zum Gerinnen bei der Wiederverwertung.
Vorsicht: Soßen, die mit Eiern, Butter oder Sahne gebunden wurden, lassen sich nicht so gut einfrieren; durch das Eiweiß zersetzen sie sich beim Aufwärmen. Der Geschmack wird allerdings kaum beeinträchtigt.

☺ Schonendes Auftauen über Nacht im Kühlschrank verringert diese Gefahr.

erwärmen

- Die Soße kalt verdünnen, das verringert die Gefahr des Anbrennens.
- Durch langsames Aufkochen bleibt das Aroma erhalten.
- Erwärmen in der Mikrowelle durch geringere Energiezufuhr bei gleichzeitiger Verlängerung der Laufzeit. Abdecken erforderlich, da erhöhte Spritzgefahr besteht.

fettfrei

siehe → zu fett

geronnen

! Kochende Soße wurde legiert.

! Unter nicht mehr kochende Soßen wurde zu kalte Sahne gerührt und die Soße dann abrupt zum Kochen gebracht.

! In die stark kochende Soße wurde die vorgesehene Menge von Sahne, Crème double oder Schmand auf einmal zugegeben. Das passiert auch bei Soßen mit hohem Fettgehalt.

☺ Soße erneut aufkochen und mit angerührter Kartoffelstärke nachbinden. Dies kann die Soße meistens retten.

☺ Wird die Sahne vor der Zugabe mit etwas Speisestärke verquirlt, gerinnt sie nicht.

lagern

Die kochende Soße in Behälter gießen, vollständig auskühlen lassen und im Kühlschrank max. 8 Tage lagern.

☺ Reduzierte, stark eingekochte Soßen sind länger haltbar. Um 50 % reduzierte Soßen halten sich ca. 14 Tage.

passieren

Mit den verschiedensten Geräten und Hilfsmitteln von grob bis extrem fein.

○ Mit einem Durchschlag, um grobe Teile auszufiltern.

○ Mit einem Küchensieb, um eine feinere Konsistenz zu erreichen.

○ Mit einem Spitzsieb, um Soßen mit größerem Druck durchzupressen.

○ Mit einem Spitzhaarsieb, um bei größerem Druck kleinste Partikel auszusondern.

○ Mit einem Passiertuch, um ein klare Soße ohne Schwebeteilchen zu erhalten.

☺ Bei kleinsten Mengen mit zwei ineinandergelegten Teesieben.

☺ Bei klaren Brühen ein unbehandeltes Stofftaschentuch zwischen die Siebe legen.

schmeckt fade

! Zum Auf- oder Angießen wurde Wasser statt Brühe oder Fond verwendet.

! Die Kochzeit war zu gering.

! Die Soße wurde nicht genügend reduziert.

☺ Die Zubereitung am Vortag und erneutes langsames Aufwärmen verstärkt den Soßengeschmack. Dies gilt besonders für alle Brat- oder Schmorgerichte aus Rind, Lamm oder Wild.

warmstellen

In Wärmebehältern (Bain Marie), die in siedendem Wasserbad stehen (nicht bei Sauce Hollandaise oder ähnlichen Soßen). Bei längeren Warmhaltezeiten nachschmecken bzw. mit ungewürzter Brühe verdünnen.

☺ Die Soße in einen kleinen Topf geben und diesen in einen Topf mit siedendem Wasser hängen.

weiterverwenden

Für *Ragouts*.
Als Basis für *Gulaschsuppe*.
Zum Überziehen von *Geflügel* in der Kalten Küche.

zu bitter

! Die Soße wurde zu stark reduziert.

! Die Soße wurde mit zu konzentriertem Fond aufgegossen.

! Die Knochen für die Soße wurden zu scharf angebraten.

! Zwiebeln oder Lauch sind ins heiße Öl gegeben worden.

! Stark reduzierte Soße wurde zu lange gelagert.

! Die Soße ist angebrannt.

☺ Soße mit ungewürzter Brühe angießen und langsam bei geringer Temperatur unter häufigem Umrühren erhitzen.

zu dick

! Durch zu starkes Binden oder zu lange Kochzeit.

☺ Die Soße mit neutraler oder nur leicht gewürzter Brühe strecken. Wein oder Wasser sind ungeeignet, sie verändern den Geschmack zu stark. Süße Sahne nur bei weißen Soßen und in geringen Mengen zugeben, die Soße wird sonst grau.

☺ Farbe mit Zuckercouleur korrigieren.

zu dünn

○ Nachbinden mit in Wasser aufgelöster Kartoffelstärke oder mit Hilfe von Mehlbutter, die in kleinen Portionen während des Kochens zugegeben wird. Dies empfiehlt sich besonders bei hellen Soßen.

○ Das Fleisch herausnehmen und warm-stellen, die Soße dann bei offenem Topf einkochen.
Vorsicht: Die Zugabe von Wein oder Wasser ist nur bedingt zu empfehlen, sie verändert den Geschmack.

zu dunkel

○ Aufhellen durch langsame und vorsichti-ge Zugabe von süßer Sahne.
○ Bei dickeren Soßen nimmt man Milch, dann wird die Soße nicht zu mächtig.
Vorsicht: Einfaches Strecken mit Flüs-sigkeit verändert und verflacht den Ge-schmack.

zu farblos

! Zu frühes Aufgießen.
! Der Bratenfond wurde nicht oder zu wenig reduziert.
☺ Einige Tropfen Zuckercouleur zugeben.

zu fett

○ Entfetten durch Kühlen (über Nacht im Kühlschrank) und Abnahme der fest ge-wordenen Fettschicht.
○ Durch Degraissieren mit einem Schöpf-löffel. siehe → abfetten
○ Absaugen durch mehrmaliges Auflegen von unbedrucktem Küchenkrepp auf die heiße, aber nicht mehr kochende Soße.

zu glasig

! Zu hoher Anteil an verwendeter Kartof-felstärke und/oder zu geringe Kochzeit.

zu salzig

! Zu langes Kochen.
! Zu langes Warmstellen.
! Zu hohe Zugabe von salzhaltigen Ge-würzsoßen.
☺ Das Mitkochen einer geschälten, halbier-ten Kartoffel mindert den Salzgehalt (je Liter fertige Soße ca. 100 g Kartoffel). Da-durch kann es aber zum ungewollten Nachdicken der Soße kommen.

zu sauer

! Durch Verwendung von stark säurehalti-

gen Zutaten wie Wein, Essig, Tomaten, Orangen etc.
☺ Hellen, verkochten Karamel oder Läuter-zucker zugeben.
☺ Wenig angerührten Puderzucker verwen-den, der löst sich leichter und schneller in der Soße.

zu scharf

! Zu langes Köcheln.
! Zu langes Warmstellen.
! Übermäßige oder falsche Verwendung von Würzmitteln.
! Zu scharfes Anbraten.
☺ Die Schärfe wird durch Beimischen von ungewürzter, entfetteter Fleischbrühe ge-mindert. Wasser verändert den Geschmack.

zu süß

! Zuviel Karotten oder Zwiebeln.
! Zuviel süßer Wein und Likör.
☺ Die Beigabe von Essig oder herbem Wein nimmt den süßen Geschmack.
Vorsicht, die Soße kann dadurch den Geschmack stark verändern.

BÉARNAISE

schmeckt bitter

! Der zugefügte Anteil an Estragon war zu hoch.
! Es ist zu viel Saft aus den Pflanzenstielen in die Soße geraten.

FLEISCHGLACE

lagern

Die reduzierte Glace in einem verschlos-senen Behälter bei Kühlschranktempera-tur max. 14 Tage lagern.

verwenden

○ Zum Aufgießen von Bratenfonds bei Kurzgebratenem.
○ Zum Aromatisieren oder Steigern des Ei-gengeschmacks von faden Soßen.
○ Zum Nachdunkeln zu heller Soßen.

○ Zum Überziehen von Bratenteilen (Beimischung v. Gelatine) in der Kalten Küche.
○ Zum Glacieren von Bratenstücken mit wenig oder keinem eigenen Bratensaft.
☺ Glace in verschiedenen Gebrauchsmengen einfrieren.

schmeckt leicht bitter

! Die Knochen wurden zu stark und bei zu großer Hitze angebraten.
! Es wurde Lauch zugesetzt.
! Verwendetes Tomatenmark ist direkt und vor dem ersten Ablöschen und Reduzieren mit heißem Bratfett in Berührung gekommen.

zu dünn

! Die Soße wurde zu wenig abgelöscht und wieder eingekocht.
! Zu kurze Kochzeit.
☺ Nachträgliches Andicken mit angerührter Kartoffelstärke.

zu dunkel

! Zu häufiges Ablöschen und Einkochen.
! Kaltstellen und Aufkochen wurde zu oft wiederholt.
☺ Strecken mit fertigen Soßen vom Schweinebraten und Kalbsbraten oder neutralen Brühen.

zu fett

! Verwendung von zuviel Bratfett.
! Zu fette Fleischabschnitte bei der Fondzubereitung.
! Zu fette Aufgußbrühe.
☺ Auskühlen lassen, im Kühlschrank über Nacht lagern und die Fettschicht abnehmen.

zu scharf

siehe → zu dunkel

FONDS

Bratenfond: Durch Ablöschen, Aufgießen und Einkochen gewonnene Grundsoße.
Fischfond: In Wasser verkochte Fischteile wie Köpfe, Schwänze u.s.w.(keine Fettfische, z.B. Aal, keine Haut), unter Zugabe von Gemüsen, Gewürzen und Wein.
Gemüsefond: Entsteht beim Blanchieren oder Dämpfen von Gemüsen.
Kalbsfond: Durch Kochen von Kalbsknochen, bzw. fettfreies Anschwenken, mit Wasser aufgefüllte Grundsoße unter Zugabe von zerkleinerten Gemüsen und Würzstoffen. Langes Köcheln erforderlich, dabei öfter abschäumen und anschließend passieren.
Pilzfond: Blanchieren von verschiedenen Pilzsorten mit Zitrone, Butter und/oder Weißwein.
Wildfond: Kleingehackte Wildknochen und Fleischabschnitte mit Mirepoix (siehe → Gewürze) anbräunen, mit Wasser aufgießen, köcheln und passieren.

einfrieren

Entfettete Fonds lassen sich problemlos einfrieren. In verschieden großen Mengen portionieren (Eiswürfelbehälter bis 1/2 l Dose), dann sind sie für jeden Zweck sofort verfügbar.

Meisterfond ziehen

Fond I: Fonds in verschiedenen Mengen einfrieren, z.B. 1/8 l, 1/4 l, 1/2 l.
Fond II: Den vorgefertigten Fond zugeben und damit die gewünschte Soße oder Brühe in ausreichender Menge zubereiten. Vor dem Andicken die zugefügte Fondmenge wieder abnehmen, entfetten und durch ein Passiertuch drücken. In einen Gefrierbeutel geben, bezeichnen und als Nr. II kennzeichnen. Dies kann unbegrenzt fortgeführt werden. Je höher die Zahl, um so köstlicher der Fond.

GRUNDSOSSE

BRAUN (JUS)

einfrieren

Vor dem Einfrieren entfetten, da es bei längerer Gefrierdauer zu unangenehmen Geschmacksveränderungen kommen kann. Fette Soßen gerinnen während des Aufkochens auf dem Herd oder in der Mikrowelle.

verwenden

siehe → Fleischglace verwenden

GRUNDSOSSE, WEISS (VELOUTÉ)

einfrieren

Unlegierte Grundsoßen können eingefroren werden.
Legierte Soßen zersetzen sich beim Wiedererwärmen durch das im Ei und in der Sahne enthaltene Eiweiß.

Kleistergeschmack
! Zu geringe Kochzeit.
! Nachbinden mit Kartoffelstärke.

verwenden
○ Als Grundstock für Weißwein-, Kräuter-, Senf-, Meerrettich-, Choron-, Dillrahm-, Petersilienrahm-, oder Schnittlauchsoße.
○ Als Überzug von Geflügel in der Kalten Küche.

zu dick

Strecken mit leicht gewürzter, entfetteter Fleischbrühe sowie süßer Sahne.

zu dünn

Nachbinden durch schrittweise Zugabe von ungesalzener Mehlbutter. Dadurch verlängert sich die Kochzeit um ca. 30%.

zu dunkel

Aufhellen durch vorsichtige Zugabe von wenig süßer Sahne (sonst verliert die Soße die gewünschte Konsistenz).

zu fett
! Der Mehlschwitze wurde zuviel Butter zugefügt.
☺ Neue Mehlschwitze mit sehr wenig Butter ansetzen, auskochen und mit der vorhandenen Soße vermischen.

HOLLANDAISE

geronnen
! Die Zutaten waren zu warm.
! Der Temperaturunterschied der einzelnen Zutaten war zu groß.
! Das Wasserbad war zu heiß.
! Die Soße stand zu lange im heißen Wasserbad.
☺ Korrektur mit einem neuen Ansatz, unter den die geronnene Soße vorsichtig untergeschlagen wird.
☺ Durch Einrühren von wenig kaltem oder heißem Wasser.

zu sauer
☺ Der Masse während des Einkochens wenig Zucker zugeben.

MAYONNAISE

gerinnt nicht

Wenn das verwendete Öl über Nacht im Kühlschrank gut durchgekühlt wurde.

geronnen

Unter vorsichtigem Rühren langsam wenig heißes Wasser zugeben.

zu fett

siehe → Remoulade zu fett

RAGOUTSOSSE

pikant

Statt saurer Sahne eine Scheibe Schnittkäse mitkochen oder einen Löffel Meerrettich zugeben.

REMOULADE

lagern

In gut verschließbaren Gläsern im Kühlschrank, so sind Veränderungen frühzeitig erkennbar. Nach dem Gebrauch die

Gefäßränder sorgfältig mit Küchenkrepp reinigen, da sich dort gern Bakterien bilden. Tuben stets zusammenrollen, bis die Remoulade erkennbar ist.

Tubenende abwischen und verschließen, dadurch wird die Luft im Inneren entfernt, und es können sich keine Bakterien bilden.

geronnen

! Die Remoulade wurde zu warm gelagert.
! Die Remoulade wurde direkter Sonnen- oder Wärmestrahlung ausgesetzt.
! Bei selbstgemachter Remoulade war die Mayonnaise nicht kalt genug oder hatte einen zu hohen Fettgehalt.
! Die verwendeten Geschirre waren zu warm (z.B. direkt aus der Spülmaschine).
! Zwischen der Mayonnaise und den beigefügten Zutaten bestand ein zu hoher Temperaturunterschied.
! Die Zutaten hatten einen zu hohen Gehalt an Säure.

schmeckt bitter

! Die verwendeten Zutaten, besonders aber rohe Zwiebeln und Petersilie, wurden maschinell zerkleinert.
! Es wurden zuviel Zwiebeln, Petersilie oder Kapern zugefügt.
☺ Korrektur mit verkochtem Zucker. Normaler Zucker löst sich nur sehr schwer.

zu fett

! Die Mayonnaise hat einen zu hohen Fettgehalt.
☺ Korrektur durch Vermischen mit einer Schwitze aus 1/4 Öl und 3/4 Mehl. Diese mit wenig Wasser aufgießen, mit Lorbeerblatt und Salz würzen und 20 Minuten auskochen lassen. Die erkaltete Soße passieren und die Mayonnaise damit strecken.

SENFSOSSE

verfeinern

Zusätzlich mit etwas Muskat und getrock-

neter, zerriebener Zitronenmelisse würzen.

SOSSEN MIT ALKOHOL

einfrieren

Die Soßen ohne Alkohol einfrieren, da dessen Geschmack sich beim Aufwärmen verflüchtigt. Fertigen Soßen, die mit Alkohol gewürzt wurden, nach dem Aufwärmen nochmals etwas Alkohol zufügen.

schmeckt leicht bitter

! Die Soße wurde zu stark reduziert.
! Zu viel Alkohol zugegeben (besonders bei Cognac oder Weinbrand).
! Die Soße wurde zu häufig abgekühlt und wieder aufgewärmt.
☺ Korrektur mit wenig Läuterzucker oder süßem Orangensaft.

verfeinern

Den berühmten "Schuß" immer erst kurz vor der Fertigstellung zufügen, um den Eigengeschmack zu erhalten.

weiterverwenden

Bei der Weiterverwendung ist eine nochmalige Beigabe von Alkohol notwendig. Die Flüssigkeit vorsichtig zum Köcheln bringen, vom Herd nehmen und mit Alkohol nachschmecken. Eventuell zu scharfen Geschmack mit leichter Fleischbrühe oder süßer Sahne korrigieren.

zu süß

! Es wurde zu viel Likör oder Likör in Verbindung mit Orangensaft und süßer Sahne zugesetzt. Passiert leicht bei Rahm- oder Sahnesoßen.

SOSSEN MIT MEERRETTICH

bitter

! Die Soße wurde nach der Zugabe von Meerrettich nochmals aufgekocht.

VINAIGRETTE

bitter

! Zutaten, insbesondere rohe Zwiebeln und Petersilie, wurden maschinell zerkleinert und/oder ihr Anteil war in der Soße zu hoch.

leichter

Den Essig- und Öl-Anteil reduzieren und stattdessen Apfelsaft oder frisch gepreßten Orangensaft oder entfettete Brühe zugeben.

schmeckt fade

! Die Soße wurde nach der Zugabe von Öl abgeschmeckt. Das Öl überzieht die Zunge mit einem feinen Film, der ein genaues Abschmecken nicht möglich macht. Dadurch entsteht der Eindruck, die Soße schmeckt fade.

☺ Die Soße erst würzen, dann Öl zugeben.

trübe

! Eidotter ist in die Vinaigrette gelangt.
! Bei zu langer Lagerzeit
! Bei zu geringer Lagertemperatur (optimal 6 Grad Celsius).

vermischen

Alle Zutaten mit einem Tassenschneebesen miteinander kräftig verschlagen.

Vorrat

Größere Mengen Vinaigrette können - ohne Zwiebel und Kräuter - bis zu einer Woche in einem Schraubglas im Kühlschrank aufbewahrt werden.

zu sauer

Korrektur durch Zugabe von verkochtem Zucker vor der Zugabe von Öl.

SÜSSE SOSSEN

KARAMELSOSSE

geronnen

! Bei zu starkem Kochen wurde zu kalte Sahne beigegeben.

schmeckt leicht bitter

! Der Zucker ist beim Schmelzen zu dunkel geworden.

zu dick

! Im Wasserbad erwärmen und mit angewärmtem Wasser strecken.

zu dünn

Langsam stark erhitzen und mit wenig angerührter Stärke nachbinden.

zu dunkel

! Der Zucker ist beim Schmelzen zu dunkel geworden.

zu hell

! Der Zucker war zu wenig gebräunt.
! Es wurde zuviel Sahne oder Milch zugegeben.

WEITERE SOSSEN
siehe → Desserts, Eis, süße Soßen

GEMÜSE

ALLGEMEINES

auftauen, roh

○ Aus der Verpackung nehmen, in ein verschließbares Gefäß umfüllen und über Nacht schonend im Kühlschrank auftauen lassen.

○ Direkt aus der Verpackung in kochendes Blanchierwasser geben. Nach dem Aufkochen in kaltes Wasser oder ein Eisbad tauchen und auf einem Sieb abtropfen lassen.

blanchieren

In kochendem Salzwasser (je Liter ca. 1/2 TL Salz). Blanchiergut in ein Sieb geben und in eine Schüssel mit Eiswasser tauchen. Die Blanchierzeit ist abhängig von der Sorte, der Größe sowie Beschaffenheit der jeweiligen Gemüse.

☺ Grünes Gemüse behält die Farbe, wenn dem Blanchierwasser je Liter eine Messerspitze Haushaltsnatron zugesetzt wird, dann aber auf Salz verzichten.

einfrieren

Je nach Sorte im Rohzustand oder blanchiert. Wichtig ist jedoch, daß alle blanchierten Gemüse trocken sein sollten, um unnötige Eisbildung zu vermeiden. Nach dem Abtropfen auf Küchenkrepp oder unbehandelten Tüchern ausbreiten.

salzen

○ Wird bei der Zubereitung Mineralwasser verwendet, kann meist auf zusätzliches Salzen verzichtet werden.

○ Auch kräftige Fleischbrühe hat den gleichen Effekt.

○ Salz nicht über das Gemüse streuen und anschließend im Bratrohr warmstellen, dies erzeugt weiße Flecken.

○ Erst kurz vor Ende der Garzeit salzen, dann hat sich das Eigenaroma schon entwickelt.

verfeinern

Allen leicht süßen Gemüsen eine Prise Zucker zugeben.

ARTISCHOCKEN

einkaufen

Ist die Schnittstelle am Stielende noch glatt und nicht eingerissen, handelt es sich um frische Ware. Überlagerte Artischocken haben ausgetrocknete Stiele und braune Blattspitzen.

garen

Dem Wasser Salz, Zucker und Essig oder Zitronenscheiben beigeben, dies hebt den Bitterstoff auf. Um einseitiges Garwerden zu verhindern, einen umgedrehten Teller auflegen, der das Gemüse unter die Wasseroberfläche drückt.

lagern, roh

Um das Austrocknen im Kühlschrank zu verhindern, Gemüse in ein feuchtes Tuch einschlagen. Artischocken nie aufeinander lagern. Bei normaler Küchentemperatur zwei bis drei Tage haltbar.

lagern, gekocht

Im Kochsud auskühlen lassen, abdecken und darin aufbewahren. Maximal 24 Stunden, da der vorhandene Bitterstoff sonst zu kräftig vorschmeckt. Den Sud passieren und für Sauce Vinaigrette verwenden.

putzen

Mit einem Tuch festhalten und das Stielende über die Tischkante ragen lassen. Stiel kurz anbrechen, drehen und erneut

anbrechen. Mit etwas Geschick kann mit dem Stiel auch das im Inneren liegende "Heu" entfernt werden.

AUBERGINEN

bitter
❍ Die Scheiben 30 Minuten in Salzwasser ziehen lassen.
❍ Die Scheiben salzen, ca. 30 Minuten ziehen lassen und dann abtupfen.

einkaufen
Das Stückgewicht sollte 250g nicht überschreiten. Die Schale sollte glatt, ohne Druckstellen und leicht glänzend sein.

enthäuten
Die Auberginen 15 Minuten in den heißen Backofen oder unter den Grill geben. Die Haut läßt sich leicht abziehen, und der Geschmack wird intensiver.

putzen
Stielende entfernen. Größere Früchte abschälen, halbieren und Kerngehäuse mit Kaffeelöffel oder Pariser Ausstecher herauskratzen.

AVOCADOS

Arten
Es gibt mehr als 400 Sorten. Am bekanntesten sind:

Ettinger: glatte, glänzend hellgrüne Schale.
Fuerte: rauhe, dunkelgrüne Schale.
Nabal: runde Frucht mit glatter, hellgrüner Schale.
Hass: körnelige, fast schwarze Schale.

bitter
! Die Avocado wurde gekocht.
☺ Avocados immer erst unmittelbar vor dem Servieren an das warme Gericht geben und nie mitkochen.

einfrieren und auftauen
Das Fruchtfleisch mit einer Gabel zerdrücken, einige Tropfen Zitronensaft zufügen und in geeigneten Behältern einfrieren. Das Püree im Kühlschrank auftauen lassen. Nach Bedarf die obere, dunkel gewordene Schicht entfernen und alles nochmals gut vermischen.

hart
Avocados werden steinhart geerntet und müssen nachreifen. Eine reife Frucht erkennt man daran, daß das Fruchtfleisch auf leichten Fingerdruck nachgibt.
❍ Nebeneinander bei Küchentemperatur lagern, dann werden sie weich.
❍ Die Avocados in Zeitungspapier einwickeln.
Ausnahme: Bei der Sorte Hass bleibt die dicke Schale hart. Die Früchte sind reif, sobald die Schale tiefschwarz ist.

lagern
Bei normaler Küchentemperatur und nicht aufeinander, um Druckstellen zu vermeiden.
Reife Avocados können einige Tage im Gemüsefach des Kühlschranks gelagert werden.

verfärben
Schnittflächen mit Zitronenhälften abreiben.

BAMBUSSPROSSEN

Reste von Bambussprossen halten sich abgedeckt ca. 10 Tage im Kühlschrank, wenn das Wasser täglich erneuert wird.

BLUMENKOHL

bleibt weiß

Wenn dem Blanchierwasser Zitrone oder weißer Essig zugesetzt wird.

einfrieren

Röschen einzeln, nebeneinander auf einem Brett oder Blech anfrieren, dann zusammen in einen Beutel geben.

lagern

Roher Blumenkohl von anderen Lebensmitteln getrennt im Kühlschrank oder im kühlen Keller.
Gekochter Blumenkohl abgedeckt im erkalteten Blanchierwasser.

verfeinern

Herausgeschnittenen Strunk der Länge nach vierteln und vor Zugabe der Röschen 15 Minuten auskochen.

weiterverwenden

Als Suppe: Mit Resten vom Blanchierwasser verkocht.
Zu Pommes Dubary: Vermischt und püriert zusammen mit gekochten Kartoffeln.
Zu Blumenkohlsalat: Röschen mit den anderen Zutaten vermischen.
Zu Blumenkohlauflauf: Die Röschen mit Schinken und Käsesoße verarbeiten.

zu herb

! Es wurde zu viel geriebene Muskatnuß verwendet.
☺ In Mineralwasser oder in Milch garen.

BOHNEN
(BUSCHBOHNEN, STANGENBOHNEN)

abfädeln

Die Bohnen kurz in kochendes Wasser legen, dann lassen sich die Fäden leichter abziehen.

frisch

Wenn sich die Spitzen leicht abbrechen lassen, sind die Bohnen frisch.

glasig

! Die Bohnen haben Frost abbekommen und faulen in kürzester Zeit.

hart

! Die Bohnen waren noch unreif.
! Die Bohnen waren überreif.
! Die Bohnen wurden zu knapp blanchiert.
! Die Bohnen wurden zu kurz gegart.
☺ Bohnen druchpassieren, mit Sahne verfeinern und als Cremesuppe servieren.

Qualität

❍ Frische Bohnen haben eine gleichmäßig grüne Farbe, sind fest, ohne Druckstellen und braune Flecken und fadenfrei.
❍ Bohnen mit Brandflecken haben kein Aroma.
❍ Gelbgewordene und bastige Bohnen sind überreif und trocken.

BOHNENBOUQUET
(PRINZESSBOHNEN MIT SPECK)

löst sich auf

! Speck war zu locker gewickelt.
☺ Speck mit dem Daumen festhalten, mit der anderen Hand in die Länge ziehen und die Bohnen straff einwickeln. Der Speck zieht sich beim Braten zusammen und hält die Bohnen fest (Abb. Seite 121 oben).

schmeckt fade

Feingewürfelte Zwiebeln mit wenig Bohnenkraut in Butter angehen lassen. Dann das Bohnenbouquet darauflegen, würzen und mit wenig Blanchierwasser angießen.

zu hart

Bohnen vorher blanchieren.

zu scharf

! Zu langes Garen mit zu wenig Flüssigkeit.
! Die Fleischbrühe war zu stark gewürzt.

weiterverwenden

Zusammenschneiden und als Beigabe zum Bohneneintopf verwenden.

BOHNEN, GRÜNE

bekömmlicher

Eine Knoblauchzehe mitkochen.

Dekoration

Für Dekorationszwecke Blanchierwasser auskühlen lassen, mit Salz, Pfeffer, Essig würzen und die Bohnen 12 Stunden einlegen.

lagern, gekocht

Im ausgekühlten Blanchierwasser, abgedeckt bei Kühlschranktemperatur.

lagern, roh

Grob in Wuchsrichtung sortieren, in ein feuchtes Tuch einschlagen und im Kühlschrank lagern.

Salat

Bohnen blanchieren. Ausgekühltes Blanchierwasser mit Salz und Pfeffer würzen. Zwiebeln in verdünntem Essig mit wenig Bohnenkraut aufkochen und beigeben. Bohnen zerkleinern und 12 Stunden darin ziehen lassen. Zum Schluß Öl zugeben.

Verzehr

Grüne Bohnen dürfen nie roh gegessen werden, da sie unverdaulich sind und Gesundheitsstörungen verursachen. Nur durch das Kochen wird der dafür verantwortliche blausäurehaltige Eiweißstoff völlig vernichtet.

WEISSE BOHNEN

glänzende Haut

Weiße Bohnen schmecken am besten aus der neuen Ernte. Sie haben eine glatte glänzende Haut.

BROCCOLI

andünsten

Broccoli nie in Fett andünsten, er wird sonst zäh. Immer in Wasser oder Dampf garen.

dekorieren

Mit gedämpftem Broccoli lassen sich kalte Platten dekorieren.

CHICOREE

bitter

! Der geschnittene Chicorée lag zu lange im kaltem Wasser.
☺ Der etwas bittere Eigengeschmack läßt sich mildern, wenn der Kern herausgeschnitten und der Kolben in lauwarmem Wasser gewaschen wird.

braun geworden

! Er wurde nach dem Schneiden und Waschen zu lange trocken gelagert.

☺ Sofort mit Zitronensaft beträufeln und möglichst schnell verarbeiten.

frisch

Staude muß eng geschlossen sein, die Spitzen hellgelb und keine braunen Flecken aufweisen.

lagern

Verkaufsverpackung entfernen, mit einem feuchten, in Zitronenwasser getränkten Tuch einschlagen. Im Gemüsefach des Kühlschranks ca. 3-4 Tage.

☺ Immer im Dunkeln lagern, sonst werden die Blattspitzen grün.

putzen

Der Länge nach halbieren und Sterz beidseitig, keilförmig mit der Messerspitze herausschneiden. Evtl. braune Blattspitzen zuschneiden.

schmeckt fade

Ca. eine Stunde lang zugedeckt mit Zitronen- und Orangensaft marinieren.

schneiden

In ca. einen Zentimeter breite Streifen quer und schräg zur Wuchsrichtung der Staude.

waschen

In lauwarmem Wasser mehrmals durchspülen.

ERBSEN, GRÜNE

kochen

Dosenware in kaltem Zustand würzen und nur kurz aufkochen lassen.

GRÜNKOHL

ist grau geworden

! Der zubereitete Grünkohl wurde länger als 24 Stunden offen im Kühlschrank gelagert. Die oberste Schicht wird dann trocken und grau.

☺ Vor dem Aufwärmen die oberste Schicht abnehmen und nicht mehr verwenden.

schmeckt bitter, zu scharf, zu streng

! Der Grünkohl war schon zu ausgewachsen.

! Der Grünkohl wurde zu oft aufgewärmt.

☺ Unter den fertigen Grünkohl ungewürzten, passierten Spinat mischen. Pro kg Grünkohl 250 g Spinat unterziehen.

zu hart

! Die Garzeit war zu kurz.

! Es wurden zu viele Stiele mitgekocht.

HÜLSENFRÜCHTE

bekömmlicher

Nach dem Einweichen und Klarspülen dem Kochwasser je Liter ca 1/2 Teel. Haushaltsnatron zusetzen.

garen schneller

Hülsenfrüchte werden schneller gar, wenn sie erst kurz vor Ende der Garzeit gesalzen werden.

KAROTTEN

farblos

! Das Gemüse wurde zu lange gekocht.

! Das Gemüse wurde zu lange warmgestellt.

☺ Etwas Safran zugeben.

lagern

Mit Wasser vorreinigen, trocknen und in einem geschlossenen Behälter mit Gittereinsatz im Kühlschrank aufbewahren.

Lagerzeit bei normaler Küchentemperatur ca 3-4 Tage.

Petersilie grau geworden

! Petersilie wurde zu lange mitgekocht.

☺ Petersilie frisch hacken und erst nach Beendigung der Garzeit zufügen.

schälen

Entweder mit einem Messer oder Kartoffelschäler abschaben oder mit der rauhen Innenseite eines Gemüsehandschuhes abrubbeln.
siehe → Gemüsehandschuh

schmecken fade

! Falsche Zubereitung oder Würzung.

☺ Gemüse mit feingehackten Zwiebeln und Butter dünsten, mit weißem Pfeffer und frisch gehackter Petersilie oder Korianderkraut würzen und mit Mineralwasser angießen.

verfeinern

○ Mit einem Löffel Crème fraîche und frisch gehackter Petersilie.

○ Der Garflüssigkeit etwas Apfelsaft zugeben.

zu süß

Zucker als Gewürz erst nach Beendigung der Garzeit zugesetzt.

KAROTTEN (JUNGE)

garen

Etwa fünf Zentimeter Kraut mitgaren. Dies verbessert den Geschmack und sieht hübsch aus.

KOHLRABI

Arten

Es gibt die weiße und die blau-rote Sorte. *Weiße* sind zarter im Fleisch, sie kommen meist aus dem Treibhaus.

Blau-rote kommen vom Freiland und haben einen intensiveren Geschmack, werden aber im ausgewachsenen Zustand leicht holzig.

lagern

Große Blätter und den Strunkansatz entfernen und im Gemüsefach des Kühlschranks aufbewahren. Bei Küchentemperatur ca. 4-5 Tage.

verfeinern

○ Die inneren, jungen Blättchen fein geschnitten mitgaren, feingehackte Petersilie und Rahm unterziehen.

○ Eine halbe rohe Knolle in das fertige Gericht raspeln, das gibt einen frischen und feinen Geschmack.

LEIPZIGER ALLERLEI

schmeckt fade

! Es wurden Fertigprodukte aus der Dose oder Tiefkühlware verwendet und diese zu lange gekocht.

☺ Leipziger Allerlei wird perfekt, wenn alle Gemüsesorten (Erbsen, Karotten, Spargel, Kohlrabi und Blumenkohl) getrennt und mit Biß zubereitet werden. Dann erst durch Schwenken, unter Zugabe von Butterflocken, in einem vorgewärmten Topf vermischen.

MARONEN

alt/frisch

Frische Maronen sind fest.
Ältere Maronen lassen sich mit den Fingern zusammendrücken.

glasieren

Wenig karamelisierten Zucker mit Butter aufschäumen, mit Rotwein und Orangensaft einkochen und die geschälten Maronen ständig durchschwenken oder mit dem Kochlöffel solange bewegen, bis der Fond verbraucht ist.

platzen nicht auf

! Nicht genügend tief eingeschnitten.
! Backofentemperatur zu niedrig.
! Der Backofen war nicht vorgeheizt.

schälen

Jeweils auf der Vorder- und Rückseite die Schale mit einem scharfen, spitzen Messer einritzen. Bei 200 Grad auf einem trockenem Blech im Backofen rösten, bis die Maronen aufspringen, dann abschälen. Unterliegende Samthaut mit den Fingern abreiben.

schmecken bitter

! Die Maronen waren nicht mehr frisch.
! Die Maronen hatten kleine Faulstellen.
! Die Maronen wurden zu stark oder zu lange glaciert.

warmstellen

In ungeschältem Zustand bei 80 Grad im Backofen. Oder geschält und abgedeckt auf einem Backblech bei gleicher Temperatur. Die Lagerzeit ist begrenzt, da die Maronen leicht austrocknen.

Paprika

bitter

Wenn er zu lange direkt im heißen Fett gebraten oder geröstet wurde.

enthäuten

○ Mit einem scharfen, spitzen Messer mehrmals der Länge nach einritzen und in einer trockenen, heißen Pfanne so lange wenden, bis die Haut aufplatzt, dann abziehen.
○ Erst in kochendes Wasser legen, dann in kaltes Wasser tauchen und die Haut abziehen.
○ Große Mengen halbieren, die Haut am Stielansatz zwei- bis dreimal einritzen. Auf einem Backblech in den auf 180 Grad vorgeheizten Ofen schieben und rösten, bis die Haut aufplatzt. Abgedeckt noch et-

was ziehen lassen, dann so warm wie möglich abziehen.
☺ Gehäutete Paprikaschoten sind besser bekömmlich.

putzen

1. Die Schote auf ein Brett legen und mit dem Messer von oben nach unten einen Zentimeter unterhalb des Fruchtansatzes den Deckel entfernen.
2. Den Fruchtansatz mit dem Daumen aus dem Deckel herausdrücken.

3. Mit drei Fingern in die Schote hineingreifen und durch Drehen und Ausklopfen das Kerngehäuse entfernen.
4. Weiße Stege mit dem Messer ausputzen.

Rosenkohl

putzen

Strunk gerade schneiden, kreuzweise einkerben und die Deckblätter entfernen.

ROSENKOHL IM SPECKMANTEL

schmeckt fade

Zwiebel-Butteransatz herstellen und mit wenig Weißwein einkochen. Röschen daraufsetzen, würzen und mit wenig Fleischbrühe übergießen.

schmeckt leicht bitter

! Das Gemüse wurde in reinem Fett angebraten.
! Es wurde zuviel geriebene Muskatnuß verwendet.

124

Speckmantel löst sich beim Garen

! Die einzelnen Röschen wurden in eine zu große Form eingesetzt.

○ Möglichst eng zusammenstellen.

zu hart

! Die Röschen wurden nicht lange genug blanchiert.

! Die Garzeit war zu kurz.

zu scharf

! Zu stark gewürzt, vor allem mit Pfeffer.

! Zum Aufgießen wurde eine zu kräftige oder zu stark eingekochte Brühe verwendet.

! Das Gemüse wurde am Folgetag aufgewärmt.

zu weich

! Die Blanchierzeit war zu lang.

! Die Garzeit war zu lang.

! Das Gemüse wurde nicht in kaltem Wasser abgeschreckt.

! Das fertige Gericht wurde zu lange abgedeckt warmgestellt.

ROTE BETE

reinigen

Mit grober Putz- oder Gemüsebürste unter fließendem, kalten Wasser abrubbeln siehe auch → Gemüsehandschuh

☺ Blattansatz nicht entfernen, dann bluten die Rote Beten nicht aus.

schälen

Nach dem Kochen in kaltes Wasser tauchen und die Schalen mit den Händen abstreifen.

ROTKRAUT

bleibt rot bzw. lilafarben

Rohes, geschnittenes Kraut 24 Stunden in Essig und Rotwein mit feingeschnittenen Äpfeln und wenig Zucker marinieren. Zugedeckt im Kühlschrank aufbewahren.

Gelegentlich mit einer Fleischgabel auflockern.

glänzend

Mit Gänse- oder Schweineschmalz andünsten. Mit Fleischbrühe zubereiten und diese bei offenem Topf unter häufigem Rühren einkochen lassen.

verfeinern

Kurz vor Ende der Garzeit einen Eßlöffel Preiselbeeren oder Hagebuttenmarmelade zugeben. Zusätzlich mit einer Prise gemahlener Nelken oder wenig Zimt abschmecken.

SCHWARZWURZELN

weiß

Schwarzwurzeln vor dem Kochen zehn Minuten in Essigwasser, dem wenig Mehl zugefügt wurde, einlegen, dann bleiben sie schön weiß.

SELLERIE

lagern

Bei Küchen- oder Kellertemperatur, jedoch nicht über 20 Grad Celsius, vier bis fünf Tage. Aufbewahren im Kühlschrank ist nicht erforderlich.

pikanter

Eine halbe geriebene Zwiebel mitkochen.

schälen

Am Wurzelansatz knapp begradigen, das verhindert das Wegrollen.
Dann mit dem Messer von oben nach unten die Schale dünn herunterschneiden.

☺ Die Schalen waschen, trocknen, zerkleinern und für die spätere Zubereitung von Suppen, Brühen, Fonds oder Soßen tiefgefrieren.

Spargel

Dosen öffnen

Spargelkonserven umdrehen und den Boden aufschneiden. Dann werden die empfindlichen Köpfe nicht verletzt.

einkaufen

Köpfe müssen fest geschlossen sein und weiß bis gelblich (bei deutscher Ware). Stielenden dürfen nicht braun, gerissen oder verholzt sein. Austretender Saft bei "Kneifprobe" an der Schnittstelle läßt auf frische Ware schließen. Alle Stangen einer Qualitätsstufe sollten den gleichen Durchmesser und gleiche Länge haben.

lagern

Verkaufsverpackung entfernen. Stangen in ein unbehandeltes Küchentuch einschlagen, das vorher mit kaltem Zitronenwasser getränkt und ausgewrungen wurde. Im Kühlschrank getrennt von sonstigen Lebensmitteln (Gemüsefach) lagern. Dies gilt auch für vorgeschälten Spargel.

schälen

Die Stange auf den Unterarm legen und mit den Fingern (außer dem kleinem Finger) an der Spitze festhalten. Mit einem Gemüse-, bzw. Kartoffel- oder Spargelschäler unterhalb der Spitze zum Stielende hin schälen. Dabei die Stange mit den Fingern drehen. *Grüner Spargel* wird nur zu einem Drittel geschält.
Die Schalen aufbewahren und mit Wasser, Weißwein, einem Stückchen Butter, Salz und Zucker auskochen. Passierte Brühe als Aufguß für Cremesuppe oder als Fond verwenden. In gleicher Weise Bruchstücke verarbeiten.

☺ Spargelschalen eignen sich gut zum Klären von Brühen. Man rechnet eine Handvoll frische Schalen auf zwei Liter Fleischbrühe.

SPARGEL IM BLÄTTERTEIGMANTEL

herstellen

Spargelstangen mit dünnen Scheiben von rohem Schinken umwickeln, dann in Blätterteig einschlagen. Zuvor den frischen Spargel in reichlich Butter und Weißwein dünsten und darin auskühlen lassen, dann gut abtupfen.

schneiden

Nach Beendigung des Garvorganges zunächst 5 Minuten ruhen lassen, dann den Teigmantel mit einem fein gezackten Sägemesser anschneiden und mit einem Glattschliffmesser weiterschneiden.

Teigmantel durchgeweicht

! Der Spargel war zu naß und wurde nicht mit einem Küchentuch trockengetupft.
! Die Unterseite des Blätterteigmantels wurde nicht doppelt gelegt.
! Die Backtemperatur war zu niedrig. Richtige Temperatur 180 bis 210 Grad C.

warmstellen

Nach Beendigung des Garvorganges zunächst abschwaden (kurzzeitig Backrohr öffnen, damit der Dampf abziehen kann). Dann bei 80 Grad C warmstellen, einen Kochlöffel in die Backofentür klemmen.

weiterverwenden

Im ausgekühlten Zustand schräg, rautenförmig schneiden und als Vorspeise mit kalter Sauce Mousseline (Hollandaise mit geschlagener Sahne vermischt) servieren.

SPARGELSALAT

Aus passiertem und erkaltetem Spargel-
fond ein Salatdressing bereiten und der
blanchierten Spargel darin in einem verschlossenem Behälter 24 Stunden im
Kühlschrank ziehen lassen.

Spinat

farblos, grau

! Zu lange, zu trocken und ohne Deckel im
 Backofen warmgestellt.
! Auf dem Herd zu lange eingekocht.

schmeckt bitter

! Der Spinat ist angebrannt.
! Es wurde zuviel geriebene Muskatnuß
 verwendet.

warmstellen

Über einen längeren Zeitraum, ca. 1-2
Stunden, das fertige Gemüse zugedeckt
in ein kochendes Wasserbad stellen. Damit der Spinat sich nicht einseitig verfärbt,
häufiger mit dem Kochlöffel umrühren.
Vorsicht: Spinat darf keinesfalls nochmals
aufgekocht werden.

BLATTSPINAT

Füllung

Nach dem Blanchieren in ein unbehande-
tes Küchentuch geben und darin ausdrücken. Bei Teigummantelungen wird so
ein Durchweichen verhindert.

würzen

Gewürze bereits in den Zwiebel-Butteransatz geben und gut verrühren. Aufge-
streute Gewürze, besonders Salz, lassen
Blattspinat fleckig werden.

RAHMSPINAT

geronnen

! Kalte Sahne (Kühlschrank) wurde direkt
 in den kochenden Spinat gerührt.

☺ Die Sahne einige Zeit vor der Verwendung aus dem Kühlschrank nehmen und
mit etwas Kartoffelstärke verrühren.

SPINATSOUFFLÉ

geht nicht aus der Form

Die Form vorher ausbuttern und mit Semmelbrösel ausstreuen.

schmeckt leicht bitter

! Der Spinat war zu großblättrig.
! Es wurde zuviel Muskat verwendet.

warmstellen

Nicht möglich, es fällt sofort zusammen.

zu dunkel

! Die Oberhitze war zu groß.
! Garen ohne Wasserbad.

zu locker

! Der Anteil an Sahne oder Milch war zu
 hoch.

Tomaten

abziehen

Mit spitzem Messer den Fruchtansatz
ausschneiden, Haut kreuzförmig einritzen und in kochendes Wasser tauchen,
bis die Haut aufgeplatzt ist. Anschließend
in kaltes Wasserbad tauchen und die
Haut abziehen.

entkernen

Halbieren und mit einem Teelöffel oder Pariser Ausstecher das Kerngehäuse herausdrücken und ausschaben.

füllen

Tomaten halbieren, Kerngehäuse entfernen und die Innenseite leicht salzen. Umgedreht abtropfen und 20 Minuten ziehen lassen. Dies verhindert das Verwässern der Füllung.

lagern

Tomaten nie im Kühlschrank lagern, sie sind kälteempfindlich und verlieren an Aroma. Außerdem sondern reife Tomaten Äthylen ab, dadurch können andere Gemüse verderben. Sie sollten nicht aufeinanderliegen, um Druckstellen zu vermeiden. Küchenkrepp unterlegen, das verhindert Fäulnis.

standfest

Die Seite mit dem Fruchtansatz mit einem scharfen Messer gerade schneiden, mit flüssiger Gelatine einpinseln und sofort auf den späteren Standort setzen. Durch den Temperaturunterschied zwischen der Platte und der noch flüssigen Gelatine, bleibt die Tomate kleben.
siehe → Kalte Platten

TOMATENGERICHTE

farblos

"Nachfärben" mit Tomatenmark, das mit wenig Rotwein verrührt und dem Gericht während des Kochens zugesetzt wird.

zu sauer

Mit Zucker nachschmecken oder mit süßer Sahne verfeinern.

TOMATENMARK

bitter

! Das Tomatenmark war durch Reste in Dosen oder offenen Tuben oxidiert.

ZWIEBELN

bitter

! Gefrorene Zwiebeln wurden bei zu geringer Temperatur angeschwitzt.
! Die Zwiebeln wurden maschinell zerkleinert. Zwiebeln werden bitter, wenn sie in der Maschine zerquetscht und nicht geschnitten werden.

dünsten

Fettfrei mit etwas Apfelwein.

schneiden, in Würfel

①

②

③

Zwiebel schälen, halbieren und mit der Schnittfläche auf die Arbeitsplatte legen.

1. Den Zeigefinger senkrecht auf den Zwiebelrücken stellen, dabei mit der Messerklinge am Fingernagel entlang nach unter schneiden. Achten Sie darauf, daß hierbe nicht ganz bis zum Wurzelende durchgeschnitten wird.
2. Mit Daumen, Zeigefinger sowie Ringfinger die Zwiebel möglichst weit oben festhalten und mehrmals waagerecht einschneiden.
3. Nun das Messer von oben nach unten führen; hierbei sollten die Finger möglichst weit hinten stehen.

verkochen

... wenn sie quer zur Wuchsrichtung geschnitten werden.

verkochen nicht

... wenn sie in Wuchsrichtung (Wurzel - Blüte) geschnitten werden.

zufügen

Sollen Zwiebeln einem bereits kochenden Gericht zugefügt werden, müssen sie vorher in wenig Flüssigkeit fast weich gedünstet und mit der Flüssigkeit zugegeben werden.

ZWIEBELRINGE

knusprig

1. Mit Mehl und Paprikapulver bestreuen und mit den Händen vorsichtig vermischen.
2. Auf ein Sieb geben und überschüssiges Gewürz durch leichtes Klopfen abschütteln.
3. In heißem Fett bei ca. 180 Grad Celsius etwa 1 Minute fritieren.
4. Auf Küchenkrepp abfetten und auskühlen lassen.
5. Bei gleicher Temperatur erneut eintauchen und knusprig braten.
6. Wieder auf Küchenkrepp abfetten.
☺ Optimal: Drei bis fünf mm starke Zwiebelringe bringen das beste Ergebnis.

PILZE

ALLGEMEINES

Aberglauben

Das Mitkochen eines Silberlöffels in Pilzgerichten zeigt durch Anlaufen nicht an, ob sich darin ein vergifteter Pilz befindet.

Es kann dadurch eine Schwermetallvergiftung hervorgerufen werden, da bestimmte (auch ungiftige) Pilze einen Stoff enthalten, der Metalle löst.

auftauen

Über Nacht im verschlossenen Behälter mit Gittereinsatz im Kühlschrank. Anschließend Brühe abgießen, evtl. mit kaltem Wasser durchspülen und sofort weiterverarbeiten.

einfrieren

Gründlich verlesen, waschen und auf Küchenkrepp trocknen. Anschließend größere Stiele einkürzen. Pilzkappen längs zur Wuchsrichtung in Scheiben schneiden. Stielenden getrennt für Suppen- und Soßenansätze gefrieren. Mit Sorte, Gewicht sowie Kaufdatum etikettieren. Gefriergerät mindestens 12 Stunden auf höchster Stufe laufen lassen, dann auf "Normalbetrieb" zurückstellen.

☺ Das Antrocknen der Pilze kann mit Hilfe eines Haarfönes beschleunigt werden, ferner durch lockeres Auflegen auf ein Kuchenblech mit anschließendem Trocknen im Umluftherd. Dabei aber die Backofentür einen Spalt (durch Zwischenklemmen eines Kochlöffels) offen lassen. Temperatureinstellung: 50 bis 60 Grad C.

! Zum Gefrieren keine Joghurtbecher verwenden, da es sich hierbei um einen säurebeständigen, nicht aber um einen kältebeständigen Kunststoff handelt. Dieser kann sich mit dem Gefriergut vermischen!

Gefahr

Pilze nur bei eigenen ausreichenden Kenntnissen sammeln und verarbeiten. Ware zweiter und dritter Personen unbedingt mit Vorsicht behandeln. Angebotene Pilze von Wochenmärkten oder anderen Verkaufsstätten der Ausschilderung nach auf Sortenreinheit prüfen und die Herkunft erfragen. Vorsicht bei Sonderangeboten. Bei angeschlagenen, fleckigen Pilzen vom Kauf Abstand nehmen!

lagern

Frisch: Lagerzeit möglichst gering halten. Im Kühlschrank in einem Behälter, der mit einem Tuch abgedeckt ist. Dabei darauf achten, daß die Pilze nicht gedrückt werden und/ oder zu große Mengen in zu kleinen Behältnissen aufbewahrt werden. Nie in Plastiktüten aufbewahren.
Getrocknet: In verschließbaren, lebensmittelechten Behältern. Mit Herstellungs- bzw. Abfülldatum versehen.

portionieren

Pro Person rechnet man 300 bis 400 g Rohgewicht.

säubern/waschen

Kleine Mengen: Mit feuchtem Küchenkrepp abtupfen.
Große Mengen Pilze, besonders Champignons und Pfifferlinge, gründlich verlesen, in eine Mehlschlämme geben, umrühren und 20 Minuten ruhen lassen. Bei starker Verschmutzung wiederholen. Anschließend gut mit kaltem Wasser durchspülen, auf Küchenkrepp trocknen und sofort weiterverarbeiten.

Mehlschlämme:

Pilze/kg	0,5
Liter/Wasser	1
Zitronensaft/Stk.	1-2
Mehl/EL	2

☺ Die Pilze nach dem Waschen für fünf Minuten in ein Essigwasser einlegen. Das schwemmt Ungeziefer aus und die Pilze werden schön hell. Vor der Weiterverarbeitung kurz in einem Sieb unter fließend kaltem Wasser abbrausen.

salzen

Pilze immer erst nach dem Dünsten salzen.

schneiden

Mit einem Messer aus Chrom-Nickel-Stahl. Die Schnitte sollten so angelegt sein, daß die Pilzform noch erkennbar ist. Zum Beispiel beim Champignon Scheiben von der Pilzkappe zum Stiel, nicht quer zur Wuchsrichtung.

schwarz geworden

! Die Pilze wurden nach dem Schneiden zu lange gelagert, sie oxidieren.
Beträufeln mit Zitronensaft ist meist kein ausreichendes Mittel dagegen. Am besten sofort weiterverarbeiten.

verwenden - gefrorene Pilze

Direkt ohne Auftauzeit den köchelnden Speisen beigeben. Bei Verwendung in kaltem Zustand (z.B. für Salate) kurz in Mischung aus Weißwein, wenig Zucker und Zitrone blanchieren und auf einem Sieb gänzlich abkühlen lassen.

Pilze

GEBACKEN

warmstellen

Bei etwa 80 Grad C auf einem Gitter im Backofen, max. ca. 30 bis 45 Minuten. Danach werden die Pilze weich und schrumpfen.

Panade fällt ab

! Die Reihenfolge der Zutaten wurde nicht eingehalten (Mehl, geschlagenes Ei, Paniermehl).
! Die Panade wurde nicht richtig angedrückt.
! Die Pilze wurden zu naß verarbeitet.
! Das Fritierfett war zu kalt (optima 170°C).

schmecken fade

! Die Pilze wurden nicht mariniert.
☺ Nach dem Waschen und Trocknen ca. eine Stunde mit Pfeffer, Zitronensaft und Worcestersoße marinieren.

zu dunkel

! Die Pilze wurden zu lange ausgebacken.
! Das Fritierfett war zu heiß.
! Die Pilze wurden bei zu hoher Temperatur warmgestellt.
! Der Schwarzbrotanteil im Paniermehl war zu hoch.

GLACIERT

schmecken leicht bitter

! Durch zu langes Warmstellen ist der Überzug der Pilze stark eingetrocknet.
! Die Pilze hatten Druckstellen.
! Die Glace hatte einen zu hohen Anteil an Wein oder Cognac.
☺ Pilze entnehmen, vorhandenen Bodensatz mit etwas neutraler Brühe aufkochen. Die Pilze zugeben und auf kleiner Flamme unter ständigem, vorsichtigen Rühren ca. zehn Minuten köcheln lassen.

warmstellen

Etwas neutrale Brühe zugeben und abgedeckt bei ca. 70 Grad Celsius im Backofen nicht länger als eine Stunde warmstellen. Bei längeren Warmhaltezeiten schrumpfen die Pilze und werden bitter.

zu dunkel

! Die Glace war zu dunkel und / oder zu stark reduziert.
! Die Pilze wurden zu lange glaciert.

! Zu langes Warmstellen bei zu hoher Temperatur.

zu trocken

! Die verwendeten Pilze waren nicht frisch, und ein Feuchtigkeitsverlust war bereits eingetreten.

PILZGERICHTE, PILZSUPPEN

aufwärmen

Dosenware: Auch bei Dosenware ist Vorsicht geboten. Das zubereitete Gericht oder dessen Reste sobald wie möglich in sauberes Geschirr umfüllen, kühl stellen und gleich am Folgetag verwenden.
Frischware: Da diese Ware nicht vorbehandelt wurde und keine hundertprozentige Sortenreinheit gewährleistet werden kann (z.B. durch Konservierung), ist vom Aufwärmen Abstand zu nehmen.
Getrocknete Pilze: → Dosenware.
Tiefkühlware: Wie Dosenware, wenn die Pilze bereits als Tiefkühlware gekauft wurden. Gerichte mit frischen Pilzen, die selbst gefrostet wurden, nicht aufwärmen.

warmstellen

Möglichst kurz, da Pilzgerichte bei längeren Warmhaltezeiten Geschmack und Aussehen verändern.

AUSTERNPILZE

haben einen weißen Belag

! Die Pilze wurden einige Tage im Kühlschrank gelagert.

☺ Den Belag abreiben, er hat nichts zu bedeuten und beeinträchtigt die Verwendung des Pilzes nicht.

CHAMPIGNONS

konservieren

2,5 kg Champignons putzen und waschen, grob zerkleinern und gut abtropfen lassen. 150 g Butter schmelzen, mit dem Saft von 3-4 Zitronen und 1/4 l Weißwein ablöschen, 1 TL Salz zugeben. Die Flüssigkeit aufkochen lassen, Champignons zugeben und ohne Zugabe von weiterer Flüssigkeit ca. 25 Minuten dünsten. Auskühlen lassen. Im Kühlschrank ca. 2-3 Tage haltbar. Die erstarrte Butter bildet einen Fettfilm als Abschluß.

☺ **Fumet de champignons** ziehen
Zutaten und Zubereitung wie oben, noch 2-3 Stengel Estragon zugeben. Die Champignons nach 15 Minuten herausnehmen und für eine Suppe oder eine Farce verwenden. Den Fond auf die Hälfte einkochen, Estragon entfernen, den Fond durch ein Tuch passieren und im Kühlschrank bis zur Weiterverwendung aufbewahren.

Mengen

Bei Champignons aus der Dose oder Glas wird nur die Hälfte der angegebenen Menge benötigt, da diese Pilze beim Kochen nicht mehr kleiner werden.

schneiden

Champignons lassen sich gut mit dem Eierschneider in Scheiben schneiden.

CHAMPIGNONS/EGERLINGE IN RAHM

grau

! Beim Blanchieren des dunkleren Egerlinges wurde der Fond zum Aufgießen der Mehlschwitze verwendet. Dies hat keinerlei Einfluß auf den Geschmack.

☺ Mehlschwitze je zur Hälfte mit Egerlingfond und Milch aufgießen und mit süßer Sahne abschmecken.

verfeinern

Den beim Blanchieren entstandenen Fond auffangen und damit später die Mehlschwitze aufgießen.

SOSSE

schmeckt bitter

! Der Anteil an gehackter Petersilie war zu hoch.

! Es wurden zu viel Petersilienstiele verarbeitet.
! Zwiebel oder Petersilie wurden maschinell gehackt.

schneller zubereiten

1. Geschnittene Pilze mit Butter und Zwiebeln anschwitzen.
2. Sahne und/oder Milch mit Stärkemehl binden.
3. Diese unter ständigem Kochen und Rühren den Pilzen zugeben.
4. Abschmecken.

zu dick

Mit süßer Sahne und/oder leicht abgeschmeckter Bouillon strecken, ebenso mit Milch oder Pilzfond vom Blanchieren.

zu dünn

Pilze über grobes Sieb abseihen und die Soße aufkochen, mit Mehlbutter nachbinden. Erneut aufkochen und abschmecken, die Pilze wieder zugeben und nochmals aufkochen.

zu viel

Das fertige Gericht auf ein grobes Sieb geben. Ca. ein Drittel der Soße abnehmen, die Pilze erneut zufügen und aufkochen.

☺ Aus der Restsoße durch Strecken mit Bouillon oder Milch eine Suppe zubereiten. Spätestens am Folgetag verwenden.

MORCHELN

vorbereiten

Frische Morcheln vor der Verarbeitung überbrühen und das Wasser weggießen. Gründlich reinigen

STEINPILZE

Möglichst kleine Exemplare kaufen, große Steinpilze haben oft Maden.

säubern

Steinpilze möglichst nur mit einem Tuch oder Küchenkrepp abreiben, nicht wässern - sie verlieren sonst Aroma.

TROCKENPILZE

lagern

In gut verschlossenen Behältern. Vor Frost, Sonneneinstrahlung, Feuchtigkeit sowie Staub schützen. Bei Gläsern Lichtschutzgläser (braunes Glas) verwenden. Werden aus größeren Vorratsmengen Teilmengen entnommen, diese mit Sorte, Gewicht und Kaufdatum sowie evtl. Verbrauchs- bzw. Verfallsdatum etikettieren.

quellen

Trockenpilze im Küchensieb unter fließendem, lauwarmen Wasser durchspülen. Dann mit der doppelten Menge lauwarmen Wassers auffüllen und quellen lassen. Restflüssigkeit nicht weiterverwenden.

☺ Benötigte Menge Pilze in einen Meßbecher geben und so die Wassermenge genau dosieren.

quellen - zur Verwendung in Wildgerichten oder zu Rinderbraten

Pilze im Sieb spülen. Benötigte Menge Flüssigkeit plus 10 % durch Rotwein ersetzen. Diesen kurz aufkochen, vom Feuer nehmen, Pilze zugeben und abgedeckt stehen lassen. Haben diese den Wein aufgesogen, kompletten Topfinhalt verarbeiten.

schmecken bitter

! Die Pilze wurden ohne Vorreinigung und Quellvorgang direkt in heiße, oder direkt in kochende Speisen gegeben.

schmecken kräftiger

☺ Die Trockenpilze in aufgekochtem Rotwein quellen lassen. Im Wein 2-3 zerdrückte Wacholderbeeren je Viertelliter mitkochen.

KARTOFFELN

KARTOFFELN

blanchieren

Brunoise (kleine Würfel): Mit einem Metallsieb in kochendes Salzwasser einhängen, abtropfen, auf ein Blech ausbreiten und auskühlen lassen.

Ganze Kartoffeln: In kochendem Salzwasser; mit einem Sieblöffel herausnehmen und nebeneinander auf einem Gitter abtropfen lassen.

Neue Kartoffeln: Mit der Schale in kochendem Salzwasser, dem einige Kümmelsamen zugesetzt wurden.

Pariser Art: In kochendem Salzwasser mit etwas Butter. Auf einem Abtropfgitter auskühlen lassen.

Scheiben für Gratin u.ä.: Wie Pariser Art, nur mehr Blanchierwasser.

fleckig

! Geschälte Kartoffeln wurden nicht genügend gespült und es konnten sich Stärkereste ablagern.

! Beim Kochen war zu wenig Wasser im Topf.

! Dem Kochwasser wurde statt ganzem Kümmel gemahlener Kümmel zugesetzt.

fritiert warmstellen

Fritierte Kartoffeln nur ungesalzen warmstellen, sie werden sonst weich.

glasig

! Rohware hat Frost abbekommen.

! Geschälte Kartoffeln wurden zu lange im gleichen Wasser gelagert.

lagern

Gekochte, geschälte Kartoffeln: In einem verschließbaren Behälter im Kühlschrank max. zwei Tage. Mit wenig Salatöl einreiben, dann trocknen sie nicht aus. Nicht offen mit anderen Lebensmitteln oder gar Salaten und Gemüsen lagern (Salmonellengefahr!).

Gekochte, ungeschälte Kartoffeln können einen Tag länger gelagert werden, da die Schale den Feuchtigkeitsverlust mindert.

Rohe Kartoffeln gründlich mit kaltem Wasser durchspülen. Anschließend bedeckt mit kaltem Wasser max. zwei Tage im Kühlschrank aufbewahren. Das Wasser muß täglich erneuert werden. Bei längerer Lagerzeit besteht die Gefahr von "Wasserhärte".

Rohe Kartoffeln, vorgeschnitten: In eine Schüssel mit kaltem Waser geben, gut durchspülen, abgießen und neues Wasser nachfüllen. Im Kühlschrank max. 12 Stunden lagern. Vor der Verarbeitung das Standwasser abgießen und erneut durchspülen.

Faustregel: Je mehr die Kartoffel zerkleinert wurde, desto kürzer die Haltbarkeit in kaltem Wasser.

nicht weich geworden

! Die Kartoffeln sind "wasserhart" geworden, d.h. sie wurden zu lange in ungewechseltem Wasser aufbewahrt.

schmecken fade

! Zu wenig Salz im Kochwasser.

☺ Bei "Neuen Kartoffeln" kann durch Beigabe von ganzem Kümmel der Eigengeschmack verstärkt werden.

verkocht

! Zu lange Kochzeit.

! Mit zu wenig Wasser zu stark gekocht.

! Zu kleine Kartoffelstücke zu lange gekocht.

warmstellen

Ein unbehandeltes Tuch mit flüssiger Butter bepinseln, die Kartoffeln darin einschlagen und in einer Schüssel, die in einem siedenden Wasserbad steht, warmstellen.

BOUILLONKARTOFFELN

Gemüseeinlage

Sellerie, Petersilienwurzel und Karotten durch die grobe Scheibe des Fleischwolfes drehen, das geht schneller.

geschmacklos

Für die Zubereitung eine bereits fertige, gut gewürzte Fleischbrühe verwenden.

schmecken bitter

! Zwiebeln wurden durch den Fleischwolf gedreht oder mit anderen Küchenmaschinen zerkleinert, dadurch wurden sie zerquetscht und bitter. Zwiebeln immer mit einem scharfen Messer zerkleinern.

weiterverwenden

Ideal für Kartoffeleintopf, Kartoffelsuppen oder als Grundlage für Gemüsecremesuppen.

zu flüssig

Schöpfkelle mit Schaumlöffel abdecken und zusammen eintauchen. Wenn die Kelle vollgelaufen ist, die Brühe in einen separaten Topf geben. Den Vorgang so lange wiederholen, bis die gewünschte Konsistenz erreicht ist.

BRATKARTOFFELN

ALLGEMEINES

braten

Immer in heißem Öl oder Schweineschmalz anbraten.

hängen in der Pfanne fest

! Frisch gekochte Kartoffeln waren nicht ausgekühlt.
! Die Pfanne war unsauber, verkratzt oder hatte einen Waffelboden.
! Falsches Bratfett (Butter, Margarine).
! Das Fett war vor der Zugabe der Kartoffeln nicht heiß genug.
! Es wurden erst die Kartoffeln, dann das Fett in die Pfanne gegeben.
! Es wurde eine zu mehlige Sorte verwendet.
! Die Kartoffeln wurden zu weich gekocht.

krosser

Die Kartoffeln mit Schweineschmalz braten, das verstärkt auch den Geschmack.

werden nicht richtig braun

! Die Kartoffelscheiben waren zu feucht.
! Es waren zu viele Kartoffeln in der Pfanne.
☺ Kartoffeln vom Vortag verwenden.

würzen

Frisch gekochte Kartoffeln zu Bratkartoffeln verarbeitet benötigen mehr Gewürze als Kartoffeln vom Vortag. Je nach Geschmack kräftig würzen.

BRATKARTOFFELN MIT SPECK

Kartoffeln zu fettig

! Es wurde das falsche oder zuviel Fett verwendet
! Die Pfanne war nicht genügend vorgewärmt.
! Die Reihenfolge wurde nicht beachtet (Öl erhitzen, Speck ausbraten, Kartoffeln zugeben).
☺ Nach Anbraten des Specks die Hälfte des Fettes abgießen, dann erst die Kartoffeln zugeben.

Speck gummiartig

! Die Pfanne war zu kalt.
! Es wurde Butter oder Magarine statt Öl verwendet.

! Das Öl war zu wenig erhitzt; es muß Schlieren bilden.

! Es war zu viel Speck in der Pfanne. Der Speck brät dann nicht, sondern "kocht".

☺ Den Pfannenboden in der Mitte freilassen, damit der Dampf schneller abziehen kann.

BRATKARTOFFELN MIT ZWIEBELN

schmecken bitter

! Beim Anbraten der Zwiebeln war das Öl zu heiß, und die Zwiebeln sind schwarz und bitter geworden.

! Es wurden gefrorene Zwiebeln verwendet.

schwarz geworden

! Zwiebeln wurden angebraten, Kartoffeln dazugegeben und beides nicht rechtzeitig vermischt.

☺ Die Zwiebeln in der einen Hälfte der Pfanne und die Kartoffeln in der anderen Hälfte braten. Beides erst zum Schluß vermischen.

ROH GERÖSTETE KARTOFFELN

kleben in der Pfanne

! Das Öl war noch nicht heiß genug, als die Kartoffeln zugefügt wurden.

! Die Kartoffeln wurden nicht genügend gewässert.

☺ Die Kartoffeln schneiden und unter fließend kaltem Wasser gründlich abspülen. Auf einem Sieb abtropfen lassen und dann möglichst großflächig auf einem trockenen Backblech ausbreiten. Bei ca. 80 Grad C im Backrohr trocknen lassen, anschließend weiterverarbeiten.

☺ Eine beschichtete Pfanne verwenden.

BUTTERKARTOFFELN

haben die Butter aufgesaugt

! Die Kartoffeln waren zu mehlig.

! Die Butter wurde bereits im Topf zugefügt

☺ Festkochende Kartoffeln verwenden und die Butter als Flocken erst beim Anrichten zugeben.

☺ Butter in der Pfanne schmelzen und die Kartoffeln darin durchschwenken.

FOLIENKARTOFFELN

Allgemeines

Die "Folienkartoffel" ohne Folie zubereiten, die Kartoffeln werden dann schneller gar. Die fertige Kartoffel in die Folie (mit der glänzenden Seite nach innen) wickeln. Die glänzende Seite reflektiert die von der Kartoffel abgestrahlte Wärme, und die Kartoffel kühlt nicht so schnell aus.

hängen am Backblech fest

! Passiert leicht bei älteren Blechen.

☺ Unter die Kartoffeln Kochsalz streuen.

schmecken fade

! Die Kartoffeln wurden ungewürzt gegart.

☺ Kartoffeln vier- bis fünfmal tief einkerben, mit Salz und Pfeffer würzen und ein Stück Butter zugeben.

weiterverwenden

Ausgekühlt und abgeschält zu Bratkartoffeln verarbeiten.

werden nicht fertig

! Die Kartoffeln wurden vollständig in Folie gepackt.

! Die Ofentemperatur war zu niedrig.

☺ Die Kartoffeln nur zur Hälfte in Folie packen. Die Ofenwärme dringt schneller ein und die Garzeit verkürzt sich. Außerdem kann die Kartoffel für eine Garprobe angestochen werden.

KARTOFFELGERICHTE

warmstellen

Im Backofen auf einem Gitter. Ein mit Wasser aufgefülltes Backblech unterschieben, dies verhindert das Austrocknen. Die Gerichte nicht abdecken, sie ziehen sonst Wasser und weichen auf.

KARTOFFELGRATIN

Allgemeines

Gratin kann aus rohen, blanchierten und gekochten Kartoffeln zubereitet werden. Die Garzeit verringert sich entsprechend.

Gartemperatur

Entweder 160 Grad C (Dauer 60-90 Minuten) oder 80-90 Grad C (Dauer 2 1/2-3 Std.).

geht nicht aus der Form

Die Form mit reinem Pflanzenfett ausstreichen und mit Semmelbröseln ausstreuen. Dann vorsichtig die Kartoffelmasse einfüllen oder einschichten, damit der Schutzmantel nicht zerstört wird.

in der Mitte noch nicht durch

! Die Temperatur war zu hoch (richtig :160 Grad C).
! Die Gardauer war zu kurz (richtig: bei 1 kg Inhalt 45-60 Minuten).
☺ Die Form, ins Wasserbad gestellt und im Rohr gegart, garantiert gleichmäßiges Durchgaren.

oben zu dunkel

! Zu viel Oberhitze oder bei Umluftgeräten zu hohe Gesamttemperatur.
☺ Obere Schicht entfernen, mit einer Mischung (1:1) aus Sahne und geschlagenen Eiern begießen und nachbacken.

schmeckt bitter

! Die Zwiebeln wurden der Masse roh zugefügt.
! Die oberste Schicht des Gratins bestand aus Zwiebeln.

☺ Die Zwiebeln in Butter andünsten und abgekühlt zufügen.

schmeckt fade

! Passiert leicht bei neuen Kartoffeln.
! Es wurde zu schwach gewürzt.
! Der Überzug aus Eiern und Sahne wurde nicht separat abgeschmeckt.

vorbereiten

Werden die Kartoffelscheiben nicht sofort weiterverarbeitet, Milch aufkochen, die Scheiben kurz druchschwenken und herausnehmen. Die Kartoffelscheiben behalten ihre Farbe und werden nicht unansehnlich.

weiterverwenden

Zerkleinern und zu Kartoffeleintopf, Kartoffelsuppe oder mit weiteren Zutaten zu Kartoffelplätzchen verarbeiten.

zu viel Käse

Faustregel: Auf 1 kg Kartoffeln kommen 60-70 g geriebener Käse.

KARTOFFELKROKETTEN

in der Friteuse ausgelaufen

! Die Fettemperatur war zu niedrig.
! Es wurden neue Kartoffeln verwendet, in diesen ist der Stärkeanteil noch zu gering.
! Der Anteil an Eiern war zu hoch.
! Die Kartoffelmasse war bereits zu ausgekühlt, als die Eidotter zugefügt wurden.

ungleichmäßige Form

! Die Masse ist zu weich, siehe → in der Friteuse ausgelaufen.
! Die Masse wurde ungleichmäßig geformt.
! Es wurde zur gleichen Zeit zu viel Gargut in die Friteuse gegeben.

warmstellen

Bei 80 Grad C im Backrohr mit untergelegtem Pergamentpapier.

KARTOFFELPÜREE

Fertigprodukte verfeinern

○ In die angegebene Flüssigkeit bereits Zusatzgewürze (Muskat und Salz) beigeben.
○ Nach Fertigstellung Butter einrühren.
○ Dem Fertigprodukt ein oder zwei geriebene rohe Kartoffeln zugeben.

glasig

! Zu wenig Milch oder deren Fettanteil war zu gering.
! Passiert auch bei speckigen Kartoffeln.
! Die Kartoffeln waren noch nicht gar.
☺ Etwas Püreepulver zugeben.

zäh

! Zu wenig Flüssigkeit
! Zuviel Butter.
! Passiert bei speckigen Sorten.
! Kartoffeln wurden zu lange abgedampft oder zu weit abgekühlt.
! Durchgepreßte Kartoffeln standen vor der Weiterverarbeitung zu lange.

KARTOFFELPUFFER

ausbacken

In heißem Öl. Nie mehr als 4 Stück pro Backvorgang in die Pfanne geben.

kleben in der Pfanne

! Das Ausbackfett war nicht heiß genug.
! Die Masse war zu flüssig.
! Die Masse enthielt zu wenig Ei und Stärkemehl.
! Die Pfanne war verkratzt oder unsauber.

locker

Eine Prise Backpulver im Pufferteig macht ihn schön locker.

Masse entwässern

Die Masse in ein unbehandeltes Küchentuch geben und durch Zusammendrehen die Flüssigkeit auspressen (siehe oben rechts).

Masse ist braun geworden

! Die geriebenen Kartoffeln standen zu lange in der Wärme.
! Die geschälten Kartoffeln wurden ohne Wasser gelagert.

schmecken bitter

! Die Zwiebeln wurden roh und nicht angedünstet beigefügt.
! Die Rohmasse wurde in einer Küchenmaschine mit zu hoher Umdrehungszahl hergestellt. Die Masse wird dabei durch die Reibung erwärmt und schmeckt dann bitter.

verfeinern

Bei Fertigprodukten der Rohmasse in Butter gedünstete feine Zwiebelwürfel, Muskatnuß, weißen Pfeffer und Salz zugeben.
Bei Trockenprodukten die angegebene Flüssigkeitsmenge um 10% reduzieren, und wie bei Fertigprodukten würzen.

weiterverwenden

In kaltem Zustand als Brotbelag (evtl. mit gehackten Kräutern bestreut).

zu fett

! Das Ausbackfett hatte eine zu geringe Temperatur, dadurch konnten sich die Puffer vollsaugen.
! Die Puffer wurden nach der Entnahme aus der Pfanne nicht abgetropft.
☺ Puffer mit einem Schaumlöffel entnehmen und auf unbedrucktes Küchenpapier legen.

KARTOFFELSALAT
siehe → Salate

KARTOFFELSCHNEE

weiterverarbeiten
Zu Kartoffelplätzchen oder Kartoffelsuppe.

PELLKARTOFFELN

abschrecken
Pellkartoffeln kurz in kaltem Wasser abschrecken, dann lockert sich die Schale und läßt sich leichter abziehen.

kochen
Kartoffeln, die in der Schale gekocht werden, mehrmals mit der Gabel einstechen. Sie werden dann schneller gar.

schneiden
Kleine Pellkartoffeln lassen sich gut mit dem Eierschneider schneiden.

verfeinern
☺ Außer Salz noch ganzen Kümmel zugeben.
☺ Flüssige Butter mit Salz würzen und geschälte Kartoffeln darin schwenken.

PFANNENSCHLAG
(BRATKARTOFFELN MIT BLUT- UND LEBERWURST VERMISCHT)

schmeckt fade
! Die Würste wurden vom Metzger nicht genug gewürzt.
☺ Speck und Zwiebeln in heißem Fett angehen lassen, mit Majoran würzen und den Wurstinhalt untermischen.

zu flüssig
! Die Würste enthielten zuviel Flüssigkeit/Fett.
! Die Würste enthäuten und in ein Sieb legen. Die Masse mit einem Löffel leicht andrücken, die Flüssigkeit tritt dann aus.

zu matschig
! Die Kartoffeln waren zu frisch.
! Die Kartoffeln wurden zu lange mit den Würsten in einer Pfanne gebraten.
☺ Kartoffeln vom Vortag verwenden und in einer separaten Pfanne zubereiten. Erst zum Schluß in die Wurstpfanne geben und vermischen.

RÖSTI

verfeinern
Wenn die Rösti angebraten sind, etwas geriebenen Käse zugeben.

KLÖSSE, KNÖDEL

ALLGEMEINES

auftauen

❍ Vom Gefrierschrank einige Stunden, evtl. über Nacht, in den Kühlschrank umlegen. Dabei verschließbaren Behälter mit Gittereinsatz benutzen.

❍ Leicht gesalzenes Kochwasser zum Sieden bringen. Je nach Sorte mit Stärkemehl leicht binden. Gefrorene Knödel einlegen und der Größe entsprechend lange ziehen lassen. Mindestens jedoch 20 bis 30 Minuten.

aufwärmen

Am Besten, wenn die Knödel im Kochwasser ausgekühlt sind. Etwas Wasser zugießen und nachsalzen. Knödel entnehmen, Kochwasser erneut zum Sieden bringen, Knödel einlegen und aufkochen lassen. Sind alle Knödel aufgetaucht, Wasser bei ca. 90 Grad C heiß halten und Knödel ziehen lassen. Auftauchen durch Rütteln am Topf oder vorsichtiges Durchfahren mit dem Kochlöffelrücken beschleunigen. Erst dann den Topf abdecken, aber einen Spalt zwischen Deckel und Topf lassen.

einfrieren

Noch lauwarm aus dem Sud nehmen, mit Küchenkrepp abtupfen und nebeneinander auf einem Blech im Gefrierschrank anfrosten (ca. 3-4 Stunden). Dann in Gefrierbeutel füllen.

☺ Vorgefrostete Knödel lösen sich leichter, wenn das Blech kurz auf die angewärmte Herdplatte gestellt wird. Die Unterseite der Knödel dann nochmals abtupfen.

erwärmen

In gewürzte, leicht siedende Fleischbrühe geben und ziehen lassen.

garnieren

Je nach Sorte Knödel:
Kartoffel: Überzug mit Paniermehl in Butter gebräunt und leicht gesalzen.
Semmel: Bestreuen mit feingeschnittenem Schnittlauch oder gehackter Petersilie.
Leber: Überzug aus feingewürfeltem Speck und Zwiebeln, die in Öl glasig gedünstet wurden.
Frucht: Überzug aus gemahlenem Mohn mit Zucker vermischt und in Butter angeschwitzt.
Servietten: Mit Sträußchen von Krausepetersilie und Tomatenachteln dekorieren.
Topfen (Quark): Sauren Rahm erwärmen, mit gehackter Petersilie vermischen und überziehen.

glasig

! Meist bei Kartoffelknödeln, die eingefroren waren und beim erneuten Erwärmen nicht richtig durchgezogen sind.

! Beim Erwärmen in der Mikrowelle durch zu kurze Laufzeit.

glitschig

Klöße werden nicht glitschig, wenn eine umgedrehte Tasse in die Servierschüssel gegeben wird, unter der sich die Flüssigkeit sammeln kann.

Knödel steigen beim Abkochen nicht nach oben

❍ Wiederholtes, leichtes Rütteln am Topf löst am Boden festhängende Knödel.

❍ Oder mit der Kochlöffelrückseite vorsichtig durch den Topf fahren.

kochen ab

! Die Masse konnte nach der Fertigstellung nicht ruhen.
! Die Masse war zu feucht.
! Die Hände waren beim Abdrehen zu naß.
! Die Oberfläche der Knödel war nicht glatt genug.
! Die Zutaten waren zu grob geschnitten bzw. gehackt.
! Das Kochwasser hat nur gesiedet.
! Nach Einlegen der Knödel hat das Wasser nicht schnell genug aufgekocht.
! Zu viele Knödel kamen in einen zu kleinen Topf.
☺ Eine zweite Herdplatte vorheizen und den Topf mit den eingelegten Knödeln sofort umsetzen, damit wird ein schnelles Aufkochen erreicht. Ein flacher, breiter Topf ist günstiger als ein hoher, enger Topf.

lagern

○ Nach Beendigung der Garzeit im Sud auskühlen lassen und verschlossen im Kühlschrank aufbewahren. Dann die Garzeit etwas verkürzen.
○ Aus dem Sud nehmen und nebeneinander auf einem Gitter oder Küchenkrepp abkühlen lassen. Dann in einem verschlossenen Behälter mit Gittereinsatz nebeneinander im Kühlschrank lagern.

schmecken fade

! Dem Kochwasser wurde kein Salz zugefügt.
! Die Masse war zu wenig gewürzt.

schmecken leicht bitter

! Rohe, maschinell gehackte Zwiebeln wurden verwendet.
! Der Anteil an Petersilienstengel war zu hoch.
! Zwiebeln und Petersilie wurden im Rohzustand der Masse beigefügt.
! Durch zu viel geriebene Muskatnuß.

vorbereiten

1. Die Masse fertigstellen und etwa eine Stunde stehen lassen. Die Knödel abdrehen, ein Brett mit einem Wäschesprenger zweimal besprengen (dann stimmt die Wassermenge), oder ein Blech trocken mit Paniermehl ausstreuen. Die Knödel nebeneinaner legen, mit Klarsichtfolie gut abdecken und kühl stellen. Die so vorbereiteten Knödel halten sich mehrere Stunden.
2. Knödel fertig zubereiten und kochen. Die Knödel halten sich in heißem Wasser einige Stunden.

weiterverwenden

Geröstete Knödel (nur Semmel-, Kartoffel-, Speck- und Serviettenknödel):
Knödel trocken im Kühlschrank über Nacht lagern, das erhöht die Schnittfestigkeit. In halbe Scheiben schneiden und mit Öl und gewürfelten Zwiebeln in der Pfanne rösten. Abschließend geschnittenen Schnittlauch mit Ei verquirlt unterheben.
Für Salat (nur Semmelknödel, Bayrische Spezialität):
Mindestens zwölf Stunden trocken im Kühlschrank lagern, dann in halbe Scheiben schneiden. Einen Sud aus Wasser, Essig, Pfeffer, Zwiebeln, Schnittlauch und Öl bereiten, Scheiben einlegen und mindestens 2 Stunden ziehen lassen.
Als Suppeneinlage (nur Semmel- oder Speckknödel):
Kalte, feste Knödel in Würfel schneiden, mit geschnittenem Schnittlauch in vorgewärmte Teller geben und mit kochender Fleischbrühe begießen.

zergehen beim Kochen

! Die Masse war zu locker.
! Die Masse war zu naß und/ oder zu wenig durchgeknetet.
! Bei Knödel auf Brotbasis war das verwendete Rohmaterial zu grob geschnitten oder gehackt.
! Falsches Garen siehe auch → kochen ab

Böhmische Knödel

schmecken leicht bitter

! Die verwendete Hefe war zu alt.

zerfallen

! Die gewürfelte Semmeleinlage war zu grob geschnitten.
! Die Semmeleinlage wurde vor der Verwendung nicht in Butter geröstet.
! Die verwendete Hefe ist nicht gegangen, und der Teig wurde deshalb zu fest.
! Der Teig ist nicht lange genug gegangen.
! Das Wasser hat beim Einlegen der Knödel nicht sprudelnd gekocht.
! Beim Weitersieden war der Topf nicht abgedeckt.

einseitig gegart

! Die Knödel wurden während der Garzeit nicht gedreht.
☺ Mit zwei Kochlöffeln häufiger wenden.

HEFEKLÖSSE

fallen beim Kochen zusammen

! Der Teig ist nicht lange genug gegangen.
! Der Teig ist zu schnell aufgegangen.
! Der Teig wurde an einen zu warmen Ort zum Gehen gestellt.
! Der Teig wurde nach dem Gehen nicht "zusammengeschlagen", d.h. die Luftkammern im Teig durch Aufschlagen entfernt.
! Die Klösse wurden beim Kochen nicht abgedeckt.
☺ Den Teig an einem warmen Ort zugfrei gehen lassen.
☺ Die Knödel nach dem Einlegen mit einem Deckel abdecken.
☺ Sobald Schaumblasen unter dem Deckel hervorquellen, diesen schrägstellen und den Topf etwas von der Herdplatte wegziehen. Das Wasser muß dabei aber weiterkochen.

glitschig

! Der Anteil an Butter war zu hoch, deshalb wurde der Teig zu schwer.

KARTOFFELKNÖDEL

glänzend

Kartoffelklöße werden schön glänzend, wenn zwei Teelöffel angerührtes Kartoffelmehl ins Kochwasser kommen. Nach erneutem Aufwallen Knödel einlegen.

SEMMELKNÖDEL

einfacher

Zwiebeln und Petersilie in flachem Topf anschwitzen und gleich mit Milch aufgießen. Geschnittene Brötchen vom Vortag oder Knödelbrot trocken vorwürzen und mit der Flüssigkeit übergießen.

lösen sich nicht von der Ablagefläche

○ Die Ablagefläche leicht anfeuchten.
○ Bei ohnehin schon zu feuchter Masse die Ablagefläche mit Paniermehl ausstreuen, siehe auch → Knödel vorbereiten

schmecken bitter

! Die verwendete Petersilie und Zwiebeln wurden im Rohzustand der Masse beigemischt.
! Die Zwiebeln wurden maschinell gehackt.
☺ Zwiebeln zusammen mit Petersilie in Butter anschwitzen und dann der Masse zugeben.

zerfallen

! Nach dem Aufgießen und Vermischen mit warmer Milch wurden sofort Eier zugesetzt, ohne daß die Masse vorher ausgekühlt war.
! Die Eier wurden vergessen.

zu fest

! Die verwendeten Brötchen waren schon zu trocken und sind beim Schneiden in Paniermehl zerfallen.
! Einer ursprünglich zu weichen Masse wurde zum Nachbinden zuviel Paniermehl oder Mehl zugesetzt.
! Zuviel Eier in der Masse.

SERVIETTENKNÖDEL

formen

1. Tuch auf den Tisch legen und Pergamentpapier auflegen.
2. Die Oberseite mit Butter oder Margarine gründlich einfetten.
3. Die Masse brotlaibartig vorformen.
4. Überhängendes Tuch mit dem Papier darüberschlagen und durch Rollen in die gewünschte Form bringen.
5. Die Enden durch Verdrehen wurstartig schließen und zubinden.
6. Wie bei Rollbraten die Schnur mehrmals um die Teigrolle wickeln und verknoten. Das Gesamtgewicht je Serviettenknödel sollte nicht über max. 1,5 kg liegen.

innen noch nicht durch

! Die Nachziehzeit war zu kurz.
! Die Knödelrolle war für die kurze Garzeit zu schwer.

schmecken bitter

siehe → Semmelknödel
! Die Masse wurde zum Kochen in Aluminiumfolie eingewickelt.
(**Achtung:** Vergiftungsgefahr!)

schneiden

Nach Beendigung des Garvorganges Knödelrolle aus dem Wasser nehmen und ca. zehn Minuten setzen lassen. Dann die Umhüllung entfernen und mit einem feinen Sägemesser oder Glattschliffklinge aufschneiden.

Serviette und/oder Pergamentpapier löst sich nicht von der Knödelrolle.

! Vor Eindrehen der Masse wurde nicht genügend mit Butter oder Margarine eingefettet.

zu fest

siehe → Semmelknödel

SPECKKNÖDEL

schmecken zu wenig nach Speck

! Der Anteil Speck in der Masse war zu gering.
! Der Speck war zu frisch.
! Der Speck wurde nicht richtig in der Pfanne geröstet.
☺ Speckstück aus der Packung entfernen und offen zwei bis drei Tage im Kühlschrank abtrocknen lassen.
☺ Die Knödel in Fleischbrühe garen und die Schwarte mitkochen, dann trocknet der Speck in den Knödeln auch nicht aus.
☺ Das beim Rösten ausgebratene Fett in der Masse verarbeiten.

weiterverwenden

Für geröstete Knödel: Trocken im Kühlschrank über Nacht lagern, in Scheiben schneiden und mit Zwiebeln und Gewürzen in der Pfanne rösten. Mit Schnittlauch und/oder Ei vermischen.
Kalt/Sauer: In Scheiben geschnitten mit Salz, Pfeffer, Essig, Schnittlauch, Zwiebeln und Öl angemacht.

TEIGWAREN

NUDELN

ALLGEMEINES

aufwärmen
- ○ In gewürzter, knapp bemessener Fleischbrühe.
- ○ Durch Anschwenken in der Pfanne unter Verwendung von Butter oder Margarine. Öl läßt die Nudeln zu hart werden.

- ○ Durch Eintauchen mit Hilfe eines Siebes im sogenannten Würzwasser. Anschließend Sieb abklopfen und die Teigwaren anrichten. Nudeln dann nur "al dente", d.h. mit Biß - also knapp - garen.
- ○ Durch Erhitzen in der Mikrowelle. Nudeln im kalten Zustand würzen und mit wenig Flüssigkeit beträufeln, zugedeckt erhitzen.

einfrieren

Gekochte, trockene Nudeln in verschließbaren Behältern können ca. 14 Tage problemlos eingefroren werden.

erwärmen

siehe → aufwärmen

kleben
- ! Die Nudeln wurden zu lange gekocht.

- ! Die Nudeln wurden nicht lange genug nach dem Kochen abgespült.
- ! Zu nasse Nudeln sind gleich nach dem Abspülen in der Pfanne angeschwenkt worden.
- ! Gelagerte Nudeln sind mit Margarine oder Butter beträufelt worden.
- ☺ Gekochte Nudeln gründlich abtropfen lassen und mit etwas Öl vermischen.

kochen

Auf 100 g Nudeln rechnet man 1 Liter Wasser.
Die Nudeln ins sprudelnde Salzwasser geben und je nach Sorte bißfest kochen.
- ☺ Um die Nudeln geschmacklich noch kräftiger zu machen, dem Kochwasser einen Brühwürfel, eine kleine Zwiebel und ein Lorbeerblatt zufügen.

kochen über

Einige Tropfen Öl ins Kochwasser geben.

lagern, gekocht
- ○ In verschlossenen Behältern im Kühlschrank. Max. drei Tage, aber täglich kontrollieren. Nie zusammen bzw. offen mit Rohprodukten wie Salat, Gemüse etc. lagern. Salmonellengefahr!
- ○ Gründlich abtropfen, mit wenig Öl vermischen und zugedeckt im Kühlschrank lagern. Öl verhindert das Verkleben der Nudeln. Keine Margarine oder Butter nehmen, dann kleben die Nudeln.
- ○ In kaltes, leicht gesalzenes Wasser einlegen und im Kühlschrank aufbewahren. In diesem Fall die Garzeit um 1/3 verkürzen, da die Nudeln nachquellen.

schmecken fade

! Die Nudeln sind in ungewürztem Wasser zubereitet worden.

☺ Die Nudeln in Würfelbrühe mit Salz, einem Lorbeerblatt und etwas Muskat kochen.

verfeinern

Kalte Gerichte:
Nach dem Würzen unbedingt eine Stunde oder länger ziehen lassen, nachwürzen.

☺ Frisch gekochte und abgekühlte Nudeln nehmen besser Gewürze auf als bereits am Vortag gegarte.
Warme Gerichte:
❍ Außer Salz wenig geriebene Muskatnuß zufügen.
❍ Feingeschnittene Zwiebeln in Butter anschwenken und unter die Nudeln heben.
❍ An die Kochbrühe eine Tasse angewärmten Weißwein geben.

Würzwasser

Siedendes Wasser mit Salz, Muskat und Öl anreichern. Nudeln darin erwärmen.
siehe → aufwärmen

zu weich

! Zu lange Kochzeit.
! Zu lange und/oder zu heiß warmgestellt.
! Zu lange in kaltem Wasser im Kühlschrank gelagert.
! Die Nudeln sind nach dem Ende der Kochzeit zu lange im lauwarmen Kochwasser geblieben.

☺ Besser lagenweise aus dem Topf heben, abtropfen lassen und in angewärmter Butter wenden.

POLENTA

lagern

Die ausgekühlte Polenta mit wenig Öl bepinseln und abgedeckt im Kühlschrank aufbewahren.

REIS, REISGERICHTE

ALLGEMEINES

anbraten (z.B. für Risotto)

Reis in einem Sieb unter fließend kaltem Wasser gut durchspülen, abtropfen lassen und anbraten. Wenn die ersten Körner zu "knallen" beginnen bzw. springen, ist der richtige Moment für die Weiterverarbeitung erreicht.

aufwärmen

- ○ Durch Anschwenken mit Butter oder Margarine in der Pfanne.
- ○ Durch Aufdämpfen. Reis in einem abgedeckten Sieb über kochendem Wasser erwärmen.
- ○ Mit wenig Flüssigkeit (Wasser, Wein oder Brühe) zugedeckt in der Mikrowelle.
- ○ In einer feuerfesten Form mit Alufolie abgedeckt im Backofen.

dämpfen

Reis in den Siebeinsatz oder den Bambuseinsatz geben und über siedender Flüssigkeit gardämpfen.

einfrieren

In trockenem, ausgekühlten Zustand einfrieren (Lagerzeit ca. 2 Wochen).

kochen, Langkornreis

Auf eine Tasse Reis rechnet man 1,5 Tassen Flüssigkeit. Den gewaschenen Reis in die kochende, gewürzte Flüssigkeit geben und ca. 20 Min. bei kleiner Hitze ausquellen lassen.

In Apfelwein: Entweder in Apfelwein pur oder Apfelwein/Wasser im Verhältnis 1:1.
In Brühe: Entfettete Brühe aufkochen, nachwürzen und Reis zugeben.

In Sekt: Trockenen Sekt aufkochen, leicht salzen und Reis zugeben. Paßt besonders gut zu Schalentieren..
In Wein: Nur trockene Weine verwenden. Wird der Reis mit Weinresten oder Wein zubereitet, der nicht mit dem im Hauptgericht verwendeten Wein identisch ist, so sollte er mit einer Mischung aus 50% Mineralwasser und 50% Wein aufgegossen werden.

Haltbarkeit

Reis unverarbeitet: Weißer Reis kann ca. ein Jahr trocken gelagert werden.
Naturreis: ca. 6 Monate.
Gekocht: Bei sachgemäßer Lagerung in einem verschlossenen Behälter im Kühlschrank ca. 3-4 Tage.

verfeinern

Kleingewürfeltes Rindermark anbraten, eine feingewiegte Zwiebel und den Reis dazugeben. Unter Rühren anschwitzen und mit Flüssigkeit aufgießen.
siehe → *kochen*

warmstellen

Den Reis in die kochende Flüssigkeit geben, aufkochen lassen und die Herdplatte ausschalten. Der Reis geht vom Kochen ins Warmstellen über. Mindestens 25 Minuten, max. 50 Minuten.

waschen

Auf ein Sieb geben und unter fließend kaltem Wasser so lange abspülen, bis das Wasser klar ist. Dann den Reis gut abtropfen lassen.

weiterverwenden

Als Suppeneinlage für Tomatensuppe, Hühnersuppe, Rindfleischsuppe.
Für Risi Bisi mit Erbsen gemischt.
Für Reisgerichte: Serbisches Reisfleisch, für Risotto, Reiskroketten u.s.w.
Für Hackfleischteige: Der Reis ersetzt dann das eingeweichte Brötchen.

zu hart

! Zu kurze Kochzeit.

zu klebrig

! Der Reis wurde zu lange warmgestellt.
! Das Verhältnis Reis zu Flüssigkeit war falsch.
! Es wurde die falsche Reissorte (Milch- oder Bruchreis) verwendet.

zu weich

siehe → klebt

CURRYREIS

kochen

Das Currypulver in nicht zu heißes Pflanzenöl geben, feingewiegte Zwiebeln und den Reis zugeben. Die Masse so lange in dem Curry-Öl-Gemisch bewegen, bis alles damit überzogen ist. Dann mit der Flüssigkeit aufgießen.
Vorsicht: Das Fett darf nicht zu heiß sein, der Curry verbrennt sonst und wird bitter.

verfeinern

Curryreis schmeckt sehr gut, wenn er in Apfelwein gekocht wird.

REISGERICHTE

einfrieren

Sollte möglichst vermieden werden. Die Reisgerichte werden beim Aufwärmen entweder zu matschig oder zu trocken.

REIS IM KOCHBEUTEL

verfeinern

Das vorgesehene Kochwasser möglichst knapp bemessen (einen Finger breit über dem Beutel) und mit Salz, Suppenextrakt, Weißwein, Butter vorwürzen bzw. verfeinern.
siehe auch → Reis, kochen

WILDER REIS

kochen

Wilder Reis ist der Samen eines Wildgetreides. Er hat einen feinen nußartigen Geschmack und benötigt eine längere Kochzeit als normaler Reis. Soll er gemischt mit weißem Reis gekocht werden, den wilden Reis einige Minuten vorher in die kochende Flüssigkeit geben, dann den anderen Reis zufügen und zusammen garen. Die Garzeit von wildem Reis ist Geschmackssache. Soll das Korn noch Biß haben, genügt es, wenn der Reis ca. 3-5 Minuten vorher zugefügt wird. Soll das Korn platzen und weich sein, muß der Reis ca. 10 Minuten vorher zugefügt werden. Fertige Wildreismischungen nach Anweisung garen.

EIER, EIERSPEISEN

ALLGEMEINES

abwaschen

Eier dürfen nicht abgewaschen werden, da damit die Schutzschicht zerstört wird.

alt/frisch

Alte Eier stellen sich im Wasser auf, da Dotter und Eiweiß eingetrocknet sind und dadurch im Ei eine große Luftblase entsteht. Ältere Eier nur zum Kochen und Backen verwenden.
Frische Eier bleiben flach am Boden liegen, wenn man sie in kaltes Wasser legt.

aufbewahren

Eier immer mit dem dicken, stumpfen Ende nach oben kühl aufbewahren.

dekorieren

Hartgekochte Eier, die zur Dekoration verwendet werden, während des Kochens häufig umdrehen, dann sitzt der Dotter garantiert in der Mitte.
☺ Zum Umdrehen die Spaghettizange verwenden.

gekocht verwenden bis

Ob im Wasser oder trocken aufbewahrt, gekochte Eier halten sich höchstens drei Tage.

geplatzt

Wenn die Eier geplatzt sind, sofort etwas Essig oder Salz ins Kochwasser geben, dann quillt das Ei nicht weiter aus dem Riß.
☺ Die Eier mit dem Eierpikser an beiden Enden anstechen.

kleben in der Verpackung

Die Schachtel in kaltes Wasser stellen, das löst die Verklebung.
Vorsicht: Die Schachtel darf wegen Salmonellengefahr nicht weiterverwendet werden!

kochen

Eier nie direkt aus dem Kühlschrank ins heiße Wasser geben, sie platzen sonst.

lagern, geschält

Hartgekochte, geschälte Eier in leicht gesalzenem Wasser abgedeckt im Kühlschrank aufbewahren.

unterscheiden gekocht/roh

Eier auf dem Tisch kreiseln lassen. *Gekochte* Eier drehen sich schnell, *rohe* Eier schaukeln nur.
☺ Bei gekochten Eiern einige Zwiebelschalen oder Teeblätter in das Kochwasser geben, die braune Einfärbung markiert die gekochten Eier.

verdorben

Das Ei ist verdorben, wenn Dotter und Eiweiß ineinander verschwimmen, außerdem riecht es.
! Deshalb nie das Ei direkt in die Speise, sondern erst in eine Tasse schlagen.

EIGELB

legieren

Beim Legieren das Eigelb immer mit etwas kalter Milch oder Sahne verquirlen und erst dann in die heiße Flüssigkeit geben. Keinesfalls mehr aufkochen, da sonst alles gerinnt. Ein Eigelb entspricht beim Legieren einem Teelöffel Milch, ist aber feiner im Geschmack.

Reste

siehe → Eiweiß, Reste

Eischnee

ergiebiger

Die Eischneemenge wird ergiebiger, wenn einige Tropfen Zitronensaft mitgeschlagen werden.

gerinnt

! Das Eiweiß oder die verwendeten Geräte waren zu warm.

! Die verwendeten Geräte waren unsauber oder mit Fett- oder Spülmittelrückständen behaftet.

! Das elektrische Rührgerät ist zu hochtourig gelaufen.

! Der Eischnee wurde in ein zu heißes Gericht gerührt.

☺ Die Speisen etwas abkühlen lassen und den steifen Eischnee erst dann unterheben, wenn in der Masse eine Straße (beim Durchziehen mit dem Löffel muß eine Rinne entstehen, die nicht gleich wieder zusammenfließt) entsteht.

zusammengefallen

! Der Schnee stand zu lange.

☺ Einige Tropfen Zitronensaft zufügen und erneut aufschlagen. Der Schnee wird wieder fest.

Eiweiss

abgesetzt

! Die Eier sind zu frisch.

☺ Das passiert nicht, wenn eine Prise Salz oder Zucker zugegeben wird.

! Steif geschlagenes Eiweiß hat zu lange und/oder zu warm gestanden.

☺ Tropfenweise Zugabe von Zitronensaft und erneutes Aufschlagen läßt Eischnee kurzzeitig wieder steif werden.

gefroren

Aufgetautes Eiweiß eignet sich perfekt zum Klären von Brühen.

lagern

Am Besten abgedeckt in Vorratsgläsern, die mit dem Lagerdatum versehen sind. Altes oder unbrauchbares Eiweiß wird trübe.

Reste

Reste von Eiweiß oder Eigelb in einen mit neutralem Öl ausgepinselten Eiswürfelbehälter füllen. Bei Bedarf auftauen und wie frische Produkte verwenden.

☺ Aus restlichem Eiweiß Baisers backen.

trennen

Das Ei vorsichtig in die Handfläche geben, und das Eiweiß durch die Finger ablaufen lassen

EIWEISS/EIGELB

einfrieren

siehe → Eiweiß, Reste

Eierpfannkuchen

besseres Backergebnis

Pfannkuchenteig sollte mindestens eine Stunde ruhen (quellen), das Backergebnis verbessert sich. Vor der Weiterverarbeitung nochmal durchrühren.

mit Käse

Den geriebenen Käse nicht dem flüssigen Teig zusetzen, sondern den Teig beidseitig ausbacken, mit Käse bestreuen und zum Schmelzen in den heißen Backofen geben.

☺ Die letzten Minuten ein Blatt Küchenkrepp auf die Pfanne legen, mit der Spritzpalette abdecken und auf die Palette noch einen Bogen Küchenkrepp legen. Das absorbiert den Dampf und die Pfannkuchen werden perfekt.

mit Speck

Speck durch Schwenken auf beiden Seiten anbraten, dann den Teig von außen nach innen in die Pfanne gießen, dies eventuell mit einem Kochlöffel oder dem Teigschaber beschleunigen.

☺ Der Pfannkuchen wird schöner, wenn nach dem ersten Wenden die Pfanne zum Weiterbacken bei 200 Grad C in den vorgeheizten Backofen kommt.

locker

Die Pfannkuchen werden locker, wenn dem Teig auf einen Liter Flüssigkeit eine Messerspitze Backpulver zugesetzt wird.

Ränder rollen sich auf

! Der Anteil an Eiern im Teig war zu hoch.

Reste

siehe → Suppeneinlagen

warmstellen

Den Elektroherd auf 80 Grad C, den Gasherd auf Stufe eins vorheizen, und die Pfannkuchen auf eine Platte schichten, bis alle gebacken sind. Bei größeren Mengen Alufolie dazwischenlegen, das verhindert ein Zusammenkleben.

zerbrechen

! Die verwendeten Zutaten waren zu grob geschnitten.
! Der Pfannkuchen wurde zu früh gewendet.

EIERSTICH

Einfärbung ungleichmäßig

! Die Masse wurde nicht richtig durchgeschlagen.
! *Gelb:* Zusätzliche Eigelb wurden nicht gründlich genug mit der übrigen Masse verrührt.
! *Grün:* Die Petersilie war zu grob gehackt.
! *Rot:* Es wurde Tomatenmark statt dunklem Ketchup verwendet.

garen

Timbale-Formen nur zu dreiviertel füllen. Die Formen im etwa 4 cm hohen Wasserbad garen (bei ca. 80 Grad C).

grobporig

! Während des Garvorganges war die Temperatur zu hoch.
! Die Formen wurden sofort (ohne eine kurze Ruhezeit) im vorgeheizten Backrohr ins kochende Wasserbad gestellt.

lagern

❍ Im Kühlschrank in einem abgedeckten Behälter zwei Tage.
❍ In leicht gesalzenem Wasser vier bis fünf Tage.

löst sich schlecht aus der Form

❍ Formen mit Pflanzenfett statt mit Butter ausstreichen,da dieses einen höheren Schmelzpunkt hat.
❍ Formen ins kalte Wasserbad stellen.

schmeckt bitter

! Bei grünem Eierstich zu viel Petersilie.

! Der Anteil an gehackten Stielen war zu hoch.
! Petersiliensaft wurde verwendet.
! Die Petersilie wurde maschinell gehackt.

schneiden

○ Im erkalteten Zustand mit einem angefeuchteten Messer.
○ Bei säulenförmiger Zubereitung (Timbale) mit nicht zu großem Durchmesser im Eierschneider.

verfärbt

Blaugrünlich:
! Zu lange warmgestellt.
! Zu lange im Wasserbad.
! Die Lagerzeit im Kühlschrank wurde stark überschritten.
Braun:
! Der Eierstich wurde in der Brühe warmgestellt ohne gewendet zu werden.
! Beim Garen im Backofen bei zu hoher Ober- oder Allgemeinhitze.
! Offene Lagerung im Kühlschrank.

warmstellen

Den Eierstich nicht direkt nach Beendigung der Garzeit im Herd belassen,da er sonst hart wird.

☺ Am Vortag zubereiten, in gewünschte Form bringen (Scheiben, Würfel) und in leicht gewürzter Fleischbrühe bei 80 Grad Celsius warmstellen.

OMELETTE

füllen

1. Das Omelette verrühren und in der Pfanne halbfest werden lassen.
2. Die Füllung aufstreichen (z.B.Ragout Fin, Cremechampignons etc.) und einige Augenblicke ruhen lassen.
3. Die Pfanne leicht schräg anheben, das Omelette rutscht an den gewölbten Rand und läßt sich leicht einrollen.

Füllung läuft zur Seite heraus

! Das Omelette wurde zu früh eingerollt.

zu fest

! Die Eier wurden zu lange in zu heißem Fett verrührt.

BAUERNOMELETTE

fällt beim Backen auseinander

! Die Zutaten waren zu grob geschnitten.
! Die Zutaten wurden vorher nicht gründlich genug angebraten.

schmeckt bitter

! Die Zwiebeln wurden vorher nicht angedünstet.
! Die Zwiebeln wurden maschinell gehackt.
! Die verwendeten Bratenreste hatten eine zu scharfe Kruste oder waren angebrannt.

OMELETTE MIT KÄSE

bleibt in der Pfanne hängen

! Der Käse wurde bereits vorher unter die Eier gemischt.
! Der Käseanteil in der Masse war zu noch.
! Die Pfanne war unsauber oder verkratzt.
☺ Eine beschichtete Pfanne verwenden.
☺ Den Käse vor dem Einrollen in die halbfeste Masse einstreuen.

OMELETTE MIT SCHINKEN

Schinkenwürfel fallen bei der Zubereitung heraus

! Der Schinken wurde zu spät eingestreut, die Eimasse war bereits vollkommen fest.
☺ Gewürfelten Schinken bereits unter die geschlagenen Eier mischen.

RÜHREIER

locker

Einen Schuß Mineralwasser in die Rühreimasse geben, das macht sie locker.

schneller herstellen

Die gewünschte Anzahl Eier in ein enges, hohes Gefäß geben und mehrmals mit dem Stabmixer auf- und abfahren. So werden die Eier besonders locker.

RÜHREIER MIT SCHINKEN

salzig

Roher Schinken oder geräucherter Speck wurden zu scharf angebraten.

trocken

! Für die Zubereitung wurde zu heißes Öl verwendet.

☺ In Butter braten und den Schinken vorher knapp anschwitzen.

RÜHREIER MIT SCHNITTLAUCH

bitter

! Der Schnittlauch kam vor den Eiern in die Pfanne.

☺ Schnittlauch bereits in die geschlagenen Eier geben.

SPIEGELEIER

brauner Rand

! Die Eier sind in zu heißem Fett oder in Öl gebraten worden.

☺ Pfanne leicht vorwärmen, dann Fett zugeben und nicht zu stark erhitzen, Eier zufügen.

salzen

Gesalzen wird nur das Eiweiß kurz vor dem Servieren. Das weiche Eigelb wird durch das Salz fleckig und unansehlich.

SPIEGELEIER MIT SPECK ODER SCHINKEN

Eier werden nicht fest

! Die Eier sind zu schnell nach dem Schinken oder Speck in die Pfanne gekommen,

☺ Schinken oder Speck erst beidseitig anbraten und dann die Eier zugeben.

fester Dotter/festes Eigelb

1. Die Eier vorsichtig in der Pfanne wenden.
2. Die Pfanne mit einem Deckel abdecken.
3. Die Pfanne offen ins vorgeheizte Bratrohr stellen.

Speck oder Schinken ist angebrannt

! Zum Braten wurde zu heißes Öl verwendet.

! Die Garzeit war zu lang.

! Der Schinken oder Speck war zu dünn geschnitten.

AUFLÄUFE

ALLGEMEINES

einfrieren

Den fertigen Auflauf auskühlen, aber nicht erkalten lassen und in lauwarmem Zustand portionieren. In Alu- oder Gefrierfolie verpacken (Dosen brauchen zu viel Platz) und lauwarm einfrieren. Durch das lauwarme Einfrieren bleibt der Auflauf auch nach dem Auftauen frisch.

Garzeit/Gartemperatur

Bei vier bis sechs Portionen pro Backform ist die optimale Temperatur 160 Grad C bei einer Garzeit von 40 bis 60 Minuten. Höhere Temperaturen führen zu Verkrustungen oder der Auflauf trocknet aus.

innen noch nicht durch

Die Form auf ein Gitter setzen, Wasserwanne unterschieben, den Auflauf mit gelochter Alufolie abdecken und bei ca. 150 Grad Celsius nachgaren. Mit einem Holzstäbchen einstechen; bleibt etwas Masse kleben, ist der Auflauf noch nicht durch. Metallnadeln sind nicht geeignet, da die Masse an ihnen nur schlecht haftet.

löst sich nicht aus der Form

Die heiße Metallform in kaltes Wasser tauchen, ohne daß Wasser oben hineinläuft, dann den Auflauf vorsichtig lockern. Das geht nicht bei Porzellan- oder Glasformen, diese würden zerspringen.

☺ Der Auflauf löst sich leicht, wenn die Form vorher ausgefettet und mit Paniermehl ausgestreut wurde.

portionieren

Sollen aus einer Reine z.B. sechs Portionen geschnitten werden:

1. Käse in sechs gleichgroße Scheiben schneiden.
2. Mit den Käsescheiben den Auflauf abdecken und die Käseränder dünn mit Paprikapulver austreuen.
3. Den fertigen Auflauf an den Rändern entlang aufschneiden.

schmeckt fade

! Die Zutaten sind nicht genügend vorgewürzt worden.

☺ Zugabe von feingewürfelten, in Butter angeschwitzten Zwiebeln sowie wenig geriebene Muskatnuß und/oder Käse verbessert den Eigengeschmack.

warmstellen

Auflauf aus dem Rohr nehmen und zehn Minuten abkühlen lassen (abdampfen). In dieser Zeit das Bratrohr geöffnet lassen, um die Temperatur abzusenken. Eine Bratreine mit Wasser füllen und in den Backofen stellen. Den Auflauf auf ein Gitter stellen, über die Wasserreine schieben und bei 80 Grad C warmhalten. Dabei mit Alufolie abdecken.

weiterverarbeiten

Als kalte Vorspeise: In Scheiben schneiden und mit verschiedenen Zutaten wie Tomaten, Salat, Gurken etc. garnieren. Dazu eine entsprechende Soße reichen. *Als warmes Hauptgericht:* In Scheiben schneiden, panieren und in Fett ausbacken. Mit entsprechenden Soßen wie Tomaten-, Senf-, Meerrettich-, Kräuter-, Weißweinsoßen etc., sowie Gemüse und/oder Salat servieren.

zu dunkel

Die obere Schicht vorsichtig mit einem scharfen Messer abtragen. Aus geschlagenen Eiern, Sahne, geriebenem Käse, Salz und wenig Muskatnuß einen neuen Aufguß bereiten und über den Auflauf geben. Bei 160 Grad C mit untergesetzter Wasserwanne im Backrohr nachgaren.

zu fest

! Der Anteil an Eiern und/oder Paniermehl war zu hoch.

! Trockenes Garen bei zu hoher Temperatur ohne Wasserwanne.

zu locker

! Der Anteil an Milch oder Sahne in der Masse war zu hoch.

! Die Verwendung von steif geschlagenem Eiweiß hat den gleichem Effekt.

! Gemüse oder andere Zutaten mit hohem Flüssigkeitsanteil sind verarbeitet worden, ohne diese vorher gründlich abtropfen zu lassen.

zu scharf

! Gewürzte und kalte Gemüse sowie andere Zutaten vom Vortag wurden verwendet.

! Nachwürzen oder Zugabe von Käsesorten mit hohem Eigengeschmack.

zu starke Kruste

! Die Gartemperatur oder die Oberhitze waren zu hoch.

! Trockener Käse mit einem sehr hohen Schmelzpunkt (z.B. Parmesan) wurde verwendet.

Käsekrusten werden perfekt

Mit Butterkäse: Den Käse vor dem Garen reichlich mit flüssiger Butter bestreichen und mit wenig edelsüßem Paprikapulver sparsam bestreuen.

Mit Emmentaler: Den Käse fein reiben, mit Crème fraîche vermischen und dann als Masse auftragen (Verhältnis 1:1).

Mit Gouda: Die Auflaufoberseite mit halbsteif geschlagener süßer Sahne ausgießen, dann mit dünn geschnittenen Goudascheiben auslegen und mit Butter abpinseln.

Mit Gorgonzola oder Roquefort: Feingewürfelte Zwiebeln in Butter glasig werden lassen, gewürfelten Käse zusammen mit süßer Sahne schmelzen und in heißem Zustand über dem Auflauf verteilen.

Mit Parmesan: Sahne mit Eiern und geriebenem Parmesan im Verhältnis 5:1:4 verrühren und gleichmäßig auftragen.

GEMÜSE-MOUSSELINES

lösen sich schlecht aus der Form

Die Förmchen gut ausbuttern, auf den Boden ein gebuttertes Stück Pergamentpapier legen.

zu weich

Gemüse wie Spinat oder Blaukraut gut ausdrücken und abtropfen lassen.

RAGOUTS, ÜBERBACKEN

laufen nicht auseinander

Alle Zutaten gut gekühlt verarbeiten, dann halten sie länger zusammen und laufen nicht so schnell auseinander.

MEHLSPEISEN

ALLGEMEINES

Ausbackteig, leichter

Einen Löffel Essig in den Teig geben, dann saugt er nicht soviel Fett auf.

Bierteig aufbewahren

Bierteig hält sich abgedeckt max. 4 Tage im Kühlschrank. Er kann auch eingefroren werden.

APFELPFANNKUCHEN

fällt auseinander

! Die Apfelstücke sind zu groß.
! Die Äpfel kamen zuerst in die Pfanne.
! Der Teigaufguß war zu dünn.
! Der Pfannkuchen wurde zu früh gewendet.
☺ Den Apfel auf einer Reibe hobeln und gleich mit dem Teig vermischen. Vor jeder Teigentnahme kurz durchrühren.

warmstellen

Den Backofen vorheizen und die Pfannkuchen auf einem Blech oder Teller bei 70 Grad C warmstellen. Zwischen die einzelnen Pfannkuchen Pergament- oder Backpapier legen, dies verhindert das Zusammenkleben und erleichtert das Abheben und saubere Anrichten.

APFELSCHMARRN

verfeinern

Nach dem Zerreißen in der Pfanne kurz mit Zucker bestreuen, wenig Butter beigeben und durch häufiges Wenden kurz karamelisieren. Dem Teig geriebene Zitronenschale sowie Vanille beigeben.

CRÊPES

herstellen, große Mengen

Um größere Mengen in kürzester Zeit herzustellen, werden drei gleichgroße Pfannen benötigt.
1. Alle drei Pfannen auf gleiche Temperatur vorheizen.
2. Nacheinander Teig eingießen und in Reihenfolge wenden.
3. Warmstellen, den Vorgang wiederholen. Mit einigem Geschick kann man so 30 bis 35 Crêpes pro Stunde herstellen.

Ränder rollen sich auf

! Der Anteil an Eiern war zu hoch.
! Der Teig kam in eine zu heiße Pfanne.

unterschiedliche Bräunung

! Die nachfolgenden Crêpes wurden bei unterschiedlichen Temperaturen von Herd, Pfanne oder Öl ausgebacken.
☺ Einen kleinen Topf mit vorgeheiztem Öl auf der zweiten Herdplatte konstant warmhalten. Herdplatte während des Ausbackens immer auf gleicher Temperatur stehen lassen (bei Elektro ca. Stufe 9-10). Löffelweise heißes Öl in die Pfanne geben und den Teig immer zur Pfanne führen, nie umgekehrt.

warmstellen

Backblech leicht einfetten und fertige Crêpes bei 60 Grad C in den vorgeheizten Backofen geben. Mit eingefettetem Pergamentpapier abdecken, dann trocknen sie nicht aus.

zu dick

! Der Teig hat zu lange geruht und das Mehl hat nachgedickt.
☺ Den Teig vorsichtig mit Milch strecken.

zu dünn

Durch Ruhen kann es zum Absetzen einzelner Zutaten kommen. Den Teig mit einem Schneebesen durchschlagen und die Konsistenz prüfen, bevor mehr Mehl zugefügt wird.

CRÊPES, FLAMBIERT

Allgemeine Sicherheitsvorkehrungen
- ❗ Nie unter laufender Ablufthaube.
- ❗ Nie unter Lampen oder herabhängenden Dekorationsgegenständen.
- ❗ Nie bei Durchzug.
- ❗ Nie zu nah an Vorhängen.
- ❗ Nie zu nah an anderen Personen. Einen zweiten Tisch (Beistelltisch) benutzen.
- ❗ Nie mit reinem Alkohol flambieren oder solchen anderen Alkoholika beifügen.
- ❗ Nie mit der Flasche Flüssigkeit in die brennende Pfanne gießen.
- ❗ Nie auf brennbarem Untergrund flambieren (Tischdecke etc.).
- ☺ Untergrund mit Alufolie abdecken.
- ☺ Die Alkoholmischung in ein gesondertes Töpfchen geben, dort entzünden und dann über die Crêpes in der Pfanne gießen.
- ☺ Deckel zum Abdecken der Flambierpfanne griffbereit halten.

Alkohol brennt nicht
- ❗ Der Alkoholgehalt war zu niedrig.
- ☺ Der Alkohol sollte mindestens 42 Prozent haben. Den Alkohol auf dem Herd leicht anwärmen.

zu bitter
- ❗ Der Zucker wurde in der Pfanne zu dunkel.
- ☺ Wenn der Zucker leicht braun ist, Butter zufügen und aufschäumen lassen.

Zucker setzt sich am Rührbesteck fest

Orange oder Zitrone halbieren. Eine Hälfte auf die Gabel spießen und damit die kochende Zuckerlösung in der Pfanne rühren. Die freigesetzten Fruchtöle verfeinern den Geschmack.

zu wenig Soße

Nach Karamelisieren und Aufschäumen des Zuckers je nach Geschmack mit Weißwein oder Fruchtsaft aufgießen und reduzieren. Dann die Crêpes einlegen.

DAMPFNUDELN

kleben an der Form fest
- ❗ Die Form wurde mit Butter ausgefettet.
- ☺ Mit Pflanzenfett statt mit Butter ausfetten, da dieses einen höheren Schmelzpunkt hat. Die Form vor dem Einsetzen der Dampfnudeln reichlich mit Zucker ausstreuen.

nicht aufgegangen
- ❗ Der Hefeteig wurde falsch zubereitet.
- ❗ Der Teig ist an einem zu warmen Ort zu schnell aufgegangen.
- ❗ Die Hefe war zu alt.

verfeinern

Vor dem Anrichten mit einer Mischung aus heißer Butter und Zucker überziehen und/oder etwas abgeriebene Zitronenschale zugeben.

warmstellen

Ist kaum möglich, da diese in kürzester Zeit nach der Entnahme aus dem Gargeschirr zusammenfallen.

zu dunkel
- ❗ Die Oberhitze war zu hoch.
- ❗ Der Teig war zu trocken.
- ☺ Vor der Zubereitung mit zerlassener Butter bepinseln.

HOLLERKÜCHLE (AUSGEBACKENE HOLUNDERBLÜTEN)

schmecken spröde

! Als Ausbackteig wurde normaler Pfannkuchenteig verwendet.

☺ Einen Teig aus Mehl, Zucker, Bier und Öl rühren und mit Salz abschmecken.

KAISERSCHMARRN

klebt noch

! Der Teig wurde zu fest angerührt.
! Zu viel Fett, speziell Butter oder Butterschmalz wurde verwendet.
! Der Schmarrn wurde nach dem Zerreißen zu kurze Zeit nachgeschwenkt.
! Er wurde nicht oder zu wenig mit Zucker glaciert.

schmeckt bitter

! Zu lange bei zu hoher Temperatur mit Zucker glaciert.
! Die zugefügten Rosinen sind angebrannt.

verfeinern

◯ Geriebene Zitronenschale, Rum, Orangenlikör und Vanillezucker zugeben.
◯ Die Rosinen ca. eine Stunde in Rum oder Arrak einlegen.

warmstellen

Bei ca. 60 bis 80 Grad im Backofen.

☺ Den Kaiserschmarrn noch in der Pfanne mit Zucker glacieren, dann läßt er sich leichter warmstellen.

zu fett

! Der Schmarrn wurde nur in Butter geschwenkt und nicht glaciert.

zu trocken

! Zu lange bei zu hoher Temperatur warmgestellt.

MARILLENKNÖDEL/ ZWETSCHGENKNÖDEL

abgekocht

! Zu lange Kochzeit.
! Warmstellen bei geschlossenem Topf.
! Falsche Zusammensetzung des Teiges.
! Verwendung von Frühkartoffeln, diese haben einen zu geringen Stärkegehalt.

☺ Angerührte Kartoffelstärke ins Kochwasser geben.

haltbarer

Die Hände vor dem Abdrehen mit Kartoffelstärke einpudern macht die Knödel haltbarer.

verfeinern

◯ Dem Kochwasser Zucker und eine aufgeschlitzte Vanilleschote beigeben.
◯ Zucker in Butter anbräunen, mit Marillenlikör aufkochen und die Knödel nach der Fertigstellung damit überziehen.

warmstellen

Im Kochwasser bei ca. 60 Grad C liegen lassen.

zu dunkel

! Zu langes Warmstellen in zu wenig Wasser. Die Knödel ragen aus dem Wasser und verfärben sich durch die Luft.

☺ Abdecken mit einem umgedrehten Porzellanteller, der direkt auf den Knödeln aufliegt.

MOHNNUDELN

braun geworden

! Die Nudeln wurden offen gegart.
! Die Nudeln wurden bei zu hoher Temperatur gegart.
! Das Gericht wurde zu lange warmgestellt.

kleben

! Das Verhältnis von Nudelmenge, Milchmenge, Garzeit und Gartemperatur war falsch.

! Die Zutatenmenge stimmte nicht.

verfeinern

❍ Die Milch mit einer aufgeschlitzten Vanilleschote und Zucker aromatisieren.

❍ Dem Mohn mehr Zucker und evtl. Rum beigeben.

warmstellen

Sollte nach Möglichkeit vermieden werden, da diese schnell nachziehen und dadurch austrocknen.
Einzige Möglichkeit: Die Garzeit bei verringerter Temperatur verkürzen. So wird der Garvorgang verlangsamt und geht stufenlos in ein "warmstellen" über.

zu fest

siehe → kleben

PFANNKUCHEN

fettarm backen

☺ In einer beschichteten Pfanne mit wenig Fett zubereiten.

Ränder rollen sich beim Backen auf

siehe → Crêpes

warmstellen

siehe → Crêpes

weiterverwenden

Feingeschnitten als Einlage für Brühen.

zubereiten

❍ Zugabe von wenig Backpulver läßt Pfannkuchen besser aufgehen.

❍ Nach dem Wenden sofort bei 180 Grad zum Fertiggaren in den vorgeheizten Backofen stellen.

zu dunkel

! Bei zu hoher Temperatur und/oder zu heißem Fett gegart.

! Warmstellen bei zu hoher Temperatur.

zu hart

! Zu schnell und zu fest ausgebacken.

! Ohne Fettzugabe in einer beschichteten Pfanne gebacken.

! Nicht abgedeckt gelagert.

! Zu lange bei Küchentemperatur gelagert.

O<small>BST</small>

Ä<small>PFEL</small>

blanchieren

Weißwein in einen flachen Topf geben, mit Zitronensaft und wenig Zucker würzen, aufkochen und die Apfelscheiben einlegen. Ca. 5 Minuten sieden, vom Feuer nehmen und im Sud erkalten lassen.

entkernen und schälen

○ Mit einem Apfelausstecher vom Stielansatz nach unten durchstechen.
○ Mit einem Kartoffelschäler ringförmig vom Stielansatz nach unten schälen.
☺ Die Äpfel nach dem Schälen sofort mit Zitronensaft beträufeln, dann werden sie nicht braun.

nachreifen

Äpfel mit ein bis zwei Tomaten in eine Schüssel geben und abdecken. Das von den Tomaten austretende Äthylengas beschleunigt den Reifevorgang.

Rotweinapfel, ungleichmäßige Färbung

! Die Früchte wurden im Sud nicht häufig genug gewendet.
☺ Zum Garen einen möglichst passgenauen Topf verwenden und einen Teller mit geringerem Durchmesser als der Topf

auflegen. Die Früchte werden unter die Flüssigkeitsgrenze gedrückt und die Färbung wird gleichmäßiger.

A<small>NANAS</small>

aromatisieren

Die Ananas mit wenig Salz bestreuen, das verstärkt den Eigengeschmack und mildert die Fruchtsäure.

Reife

Die Ananas ist reif, wenn sich eines der jungen Rosettenblätter leicht herauszupfen läßt.

schälen

○ Die Ananas erst in Scheiben schneiden und dann schälen.
○ Die Frucht am unteren Ende begradigen,

an den Blättern festhalten und von oben nach unten abschälen

○ Die Frucht der Länge nach halbieren, je nach Weiterverwendung vierteln und den holzigen Kern ausschneiden. Mit einem scharfen Messer die Schale vom Fruchtfleisch mit einem Schnitt lösen. Die Ananas auf der Schale servieren.

Bananen

dämpfen, dünsten

Die ungeschälte Frucht der Länge nach halbieren und mit der Schalenseite in die trockene Pfanne legen. Die Banane ist gar, wenn die Schale schwarz wird und sich vom Fruchtfleisch trennt. Die Bananen schmecken mit dieser Garmethode sehr aromatisch.

frisch

Frische Bananen haben eine gelbe Schale und grünliche Außenseiten. Das beste Aroma entfalten sie, wenn die Schale vollständig gelb ist und kleine schwarze Pünktchen hat.

gebacken, paniert

○ In Mehl, geschlagenem Ei und Paniermehl wenden und gut andrücken.
○ In Mehl, geschlagenem Ei und gehackten, süßen Mandeln wenden und gut andrücken.
○ In Mehl, geschlagenem Ei und Kokosraspel wenden und gut andrücken.
○ In Mehl, geschlagenem Ei und zerkleinerten Cornflakes wenden und die Panade gut andrücken.
○ In Mehl, geschlagenem Ei und gehackten Haselnüssen wenden und gut andrücken.

lagern

Bananen nicht im Kühlschrank lagern. Die Früchte sind empfindlich gegen Temperaturen unter 10 Grad und Zugluft.

Püree ist grau geworden

! Die Früchte wurden ohne Zitronensaft im Mixer püriert.
☺ Die Früchte grob zerteilen, mit Zitronensaft kurz pürieren und das Fruchtmus mit süßer Sahne oder Crème fraîche aufhellen.

Birnen

aushöhlen

Mit dem Messer von oben nach unten halbieren. Das Kerngehäuse mit einem Pariser Ausstecher entfernen.

aushöhlen

blanchieren

Weißwein mit Zucker und Zitronensaft aufkochen, die Früchte in den heißen Sud legen und abgedeckt garziehen lassen. Der Sud darf nicht kochen. Kurz vor Ende des Blanchierens einen Schuß Birnenbrand zufügen, das verstärkt den Eigengeschmack. Den Topf vom Herd nehmen und die Früchte abgedeckt im Sud auskühlen lassen.

füllen

Mit Käsecreme: Nach dem Blanchieren die Früchte mit der Höhlung nach unten auf ein Gitter legen und im Kühlschrank ca. 2-3 Stunden abtrockenen lassen. Dann erst mit Käse füllen.
Mit Preiselbeeren (kalte Garnitur): Die Birnen blanchieren und erkalten lassen. Dann die Höhlung mit klarem Tortenguß gut auspinseln. Dies verhindert eine Verfärbung durch die Preiselbeeren.
Mit Preiselbeeren (warme Garnitur): Die Preiselbeeren vorsichtig erwärmen, mit Blattgelatine nachbinden und erkalten lassen. Die Masse dann in die erwärmten Birnen füllen.

nachreifen

Harte Birnen werden weich, wenn sie mit einem Apfel einige Tage in einer Plastiktüte gelagert werden.

Birnen in Rotwein, Streifenmuster

Die Früchte mit einem Ziseliermesser von oben nach unten jeweils mit einem Zenti-

meter Abstand einritzen. Blanchieren und 12 Stunden im Sud auskühlen und ziehen lassen. Die Früchte herausnehmen und die Restschale entfernen. So entsteht ein Muster aus rosa und dunkelroten Streifen.

BLAUBEEREN, BROMBEEREN, HIMBEEREN

frisch

Diese Früchte werden meist in Schalen zu 500 g angeboten. Frische Früchte füllen die Schalen randvoll aus. Zeigt sich ein Rand von zwei bis drei Zentimetern, handelt es sich um alte Ware. Die Früchte sind weich geworden und das Eigengewicht hat sie zusammengedrückt.

CLEMENTINEN

alt/frisch

Alt: Die Früchte haben mattes, dunkelgrünes Laub.
Frisch: Das Laub ist hellgrün und glänzend.

ERDBEEREN

dekorieren

Die Früchte mit dem Laubansatz von oben nach unten halbieren. Die Hälften ähnlich dem Gurkenfächer mit einem kleinen, spitzen Messer auffächern. Mit dem Messerrücken vorsichtig in die Breite drücken.

schmecken fade

! Die Früchte sind erst geschnitten und dann gewaschen worden.
☺ Erdbeeren kurz waschen und auf Küchenkrepp trocknen. Erst kurz vor dem Verarbeiten schneiden, dann geht das Aroma nicht verloren. Ein paar Tropfen Zitronensaft erhöhen das Eigenaroma.

FEIGEN

alt/frisch

Alt: Die Schale löst sich vom Fruchtfleisch, die Feigen sind bitter und unge-
nießbar.
Frisch: Die Schale ist fest und glatt.

JOHANNISBEEREN

abrebeln

Mit einem großen, groben Kamm oder einer Gabel die Früchte von den Stielen
trennen.

alt/frisch

Alt: Die Stiele sind dunkelgrün bis schwarz,
die Früchte leicht eingetrocknet und sondern Saft ab.
Frisch: Die Stiele müssen hellgrün und die
Früchte glatt und saftig sein.

KAKI

einkaufen

Die Früchte sollten dunkelfarbig und but-
terweich sein, sie haben sonst einen pel-
zig-herben Geschmack.

lagern

Bei Zimmertemperatur lagern. Die Früchte sind sehr dünnschalig und deshalb
leicht verletzbar.

KOKOSNUSS

alt/frisch

Alt: Bei alten Nüssen ist die Milch (eigent-
lich das Kokoswasser) bereits eingetrocknet (Schüttelprobe) und das Fruchtfleisch
ist spröde und trocken.
Frisch: Die Nuß ans Ohr halten und schütteln. Ist ein "schwappendes" Geräusch zu
hören, ist noch Milch vorhanden und die
Nuß ist frisch.
Frische Kokosmilch ist absolut keimfrei.

öffnen

1. Die drei vorhandenen Augen an der Ober-
   seite mit einer Ahle oder einem sauberen
   Schraubenzieher einstechen und die
   Milch auslaufen lassen.

2. Die Nuß in einen Schraubstock einspan-
   nen oder zwischen die Oberschenkel
   klemmen oder die Nuß mit einem Tuch
   festhalten und mit einer sauberen, feinzackigen Säge aufschneiden.
3. Mit einem spitzen Messer am Grund der
   Schalenhälfte einstechen und vorsichtig
   nach oben zum Rand schneiden. Dies tor-
   tenähnlich wiederholen.
4. Mit einer stumpfen Messerklinge oder ei-

nem Löffelstiel die Achtel von oben her ausheben.

Mango

reif

Mangos sind reif, wenn das Fleisch dem Fingerdruck nachgibt.

verwenden

Mangos immer gut gekühlt verwenden, sie haben sonst einen Terpentingeschmack.

Vorsicht: Mangos nie mit Alkohol zusammen verwenden, das ergibt Magenbeschwerden.
Vorsicht: Mangoflecken lassen sich kaum entfernen.

Melonen

aromatisieren

Schiffchen schneiden, mit Madeira, Portwein oder Cognac beträufeln, in eine Schüssel oder auf ein Blech geben und abgedeckt zwei bis drei Stunden im Kühlschrank ziehen lassen.

Kerngehäuse entfernen

Die Frucht halbieren und mit einem Eßlöffel das flüssige Kerngehäuse durch leichtes Einstechen und Drehen entfernen.

reif

Mit dem Daumen oben und unten auf den Melonenmittelpunkt drücken. Gibt die Me-

lone an diesen Stellen nach, ist sie reif und saftig. Fühlt sie sich hart an, muß sie noch ca. 10 Tage gelagert werden.

schneiden

1. Der Länge nach halbieren und das Kerngehäuse entfernen.

2. Die Hälften je nach Größe nochmals der Länge nach vierteln oder achteln.

3. Mit einem scharfen Messer zwischen Schale und Fruchtfleisch hindurchfahren.

4. In Abständen von ca. zwei Zentimetern das Fruchtfleisch von oben nach unten einschneiden, nicht durchschneiden.

OGEN-MELONE

aromatisieren

Fruchtkugeln ausstechen, in Cointreau marinieren und eisgekühlt servieren.

reif

Ogen-Melonen sollten erst gegessen werden, wenn die sehr dünne und etwas rauhe Schale schon bei leichtem Fingerdruck nachgibt.

ORANGEN

alt/frisch

Alt: Wenn der Fruchtansatz bereits schwarz ist, sind die Früchte älter als zwei Wochen.
Frisch: Der Fruchtansatz ist grün.

filetieren

1. Die Orangen oben und unten begradigen, auf die Arbeitsfläche stellen und dick abschälen.

2. Geschälte Orange in die hohle Hand legen. Über einer Schüssel arbeiten. Mit ei-

nem scharfen Messer beidseitig an den weißen Zwischenhäuten keilförmig zur Mitte schneiden und die Filets herausnehmen.

lagern

Bei normaler Zimmertemperatur, aber nicht über 20 Grad lagern.

nachreifen → siehe Bananen, nachreifen

Orangenräder schneiden

Die Frucht oben und unten begradigen. Mit einem Ziseliermesser die Schale von oben nach unten im Abstand von ca. 1 cm einkerben und in Scheiben schneiden.

saftiger

Die Orange mit der flachen Hand mehrmals auf dem Tisch hin und her rollen.

P APAYA

reif

Am Stielende prüfen, ob die Frucht dort
weich ist. Das Fruchtfleisch selbst sollte
etwas fest sein.

P FIRSICHE

abziehen

1. Die Haut mit einem scharfen Messer
   mehrmals von oben nach unten einritzen.
2. Die Frucht mit einem Schaumlöffel in kochendes Wasser tauchen, bis sich die
   Haut löst.
3. Anschließend in Eiswasser tauchen und
   die Haut abziehen.

T RAUBEN

alt/frisch

Alt: Die Stiele sind dunkelgrün bis
schwarz, die Früchte leicht schrumplig.
Frisch: Die Stiele sind grasgrün, die
Früchte prall und fest.

entkernen

Die Traube mit dem Messer der Länge
nach halbieren und die Kerne mit einer
Häkelnadel oder dem Ösenende einer
Dressiernadel entfernen.

W ALNÜSSE

lagern

Walnüsse (neue Ernte) ohne Schale in
kleinen Behältern oder Gefrierbeuteln
eingefroren halten ca. 1 Jahr.

Z ITRONEN

gespritzt/ungespritzt

Gespritzte Zitronen sehr gut mit warmem
Wasser abbürsten, dann wie ungespritzte
Ware verwenden.

lagern

Frisch: Zitronen nie im Kühlschrank, sondern immer bei Zimmertemperatur lagern.
Saft: Im verschlossenen Glas im Kühlschrank aufbewahren. Tritt eine Trübung
auf, Saft sofort verbrauchen.

saftiger

Die Zitrone mehrmals unter leichtem
Druck auf dem Tisch hin und her rollen.

Spritzer

Die Schale mit einem Zahnstocher anstechen und den Saft herauspressen. Die
Stelle verschließt sich relativ schnell von
selbst, dadurch können keine Bakterien
in die Frucht eindringen.

ZWETSCHGEN/ZWETSCHEN PFLAUMEN

Zwetschgen in Rotwein, verfeinern

In die aufgeschlitzten Früchte jeweils ein Stück Würfelzucker geben und die Früchte dicht in die Gläser einschichten. Rotwein mit einer Zimtstange, Gewürznelken und einem Schuß Pflaumenschnaps je Liter anreichern.

Zwetschgenmus, hält länger

Die entsteinten Früchte zusammen mit Rum und Zucker in einen Bräter geben. 12 Stunden bei 80 Grad Celsius im Backofen dämpfen. Dabei gelegentlich umrühren.
Zwetschgenmus kann auch über Nacht ohne Rühren hergestellt werden, dann muß die Temperatur auf 60 Grad Celsius abgesenkt werden.
Zwetschgenmus: regional unterschiedliche Namen. Powidl (österr.) und Latwerge (nordd.).

MARMELADE/KONFITÜRE

brennt nicht an

Während des Kochvorgangs nicht kreisförmig rühren, sondern "Achten schreiben".

einfüllen

Die zu füllenden gereinigten Gläser auf ein feuchtes Küchentuch stellen, damit sie beim Einfüllen der heißen Marmelade nicht zerspringen.

☺ Einen Einfüllring über die Öffnung legen, das verhindert unnötiges Danebentropfen.

Gelierprobe

Einen Teelöffel Marmelade auf einen kalten Teller geben. Geliert diese nach kurzer Zeit, so hat die Marmelade genügend lange gekocht. Bleibt sie flüssig, noch ca. 2 Minuten kochen.

verschließen

Wird Einmachhaut verwendet, diese immer ca. 5 cm größer als den Glasdurchmesser schneiden. Eine Seite mit kaltem Wasser benetzen, dann wird die Einmachhaut geschmeidig und läßt sich leichter über das Glas ziehen.

☺ Einfacher geht das Verschließen mit den sog. Twist-Off Deckeln. Marmelade einfüllen. Deckel zuschrauben, das Glas umgedreht auf ein feuchtes Küchentuch stellen und die Marmelade abkühlen lassen.

DESSERTS, EIS, SÜSSE SOSSEN

CREME

Formen vorbereiten

Formen für ca. 3-4 Stunden kaltstellen und unmittelbar vor dem Einfüllen mit kaltem Wasser ausspülen.

lösen

Cremes lassen sich leicht aus der Form lösen, wenn diese kurz in warmes Wasser gestellt wird.

geronnen

! Die verwendeten Zutaten hatten unterschiedliche Temperaturen.
! Das elektrische Rührgerät lief zu schnell.
! Die Zutaten wurden zu warm gelagert.
! Die verwendeten Geräte waren nicht sauber.
☺ Damit die Creme nicht gerinnt, müssen alle Zutaten die gleiche Temperatur haben und dürfen nicht zu schnell vermischt werden.

klumpt

! Die Gelatine war nicht richtig eingeweicht.
! Die Gelatine wurde vor der Zugabe nicht ausgedrückt.
siehe auch → geronnen
☺ Die Creme in eine Schüssel mit warmem Wasser stellen und glattrühren.

steifen

Soll die Creme mit Gelatine gesteift werden, sind sechs Blatt Gelatine oder ein Päckchen Gelatinepulver auf einen halben Liter Flüssigkeit richtig.

zu fest

Die Creme in eine Schüssel mit warmem Wasser stellen, sie wird dann wieder geschmeidig.

CRÊPES

flambieren, einfache Form

Crêpes wie gewohnt ausbacken und sofort in ein vorgewärmtes, feuerfestes Tischgeschirr legen. Alkoholmischung in einen Schöpflöffel geben, entzünden und über die Crêpes ausgießen.
☺ Die Crêpes zuerst mit etwas heißer Mischung aus Orangensaft, verkocht mit Zucker, abgeriebener Zitronenschale und Orangenlikör begießen.

EIS

überbacken

Eine feuerfeste Form mindestens eine Stunde kaltstellen, dann das Eis aus dem Gefrierfach hineingeben und mit Eischnee schnell überbacken (Baked Alaska).

löst sich nicht aus der Verkaufsverpackung

Kurzfristig von allen Seiten unter warmes Wasser halten.

FRUCHTSALAT

vorbereiten

○ Früchte, die sich leicht verfärben (Banane, Apfel, Birne usw.) direkt nach dem Schneiden mit Zitronensaft beträufeln oder marinieren.
○ Feste Früchte (Birne, Apfel etc.) vor der Weiterverarbeitung in einer Mischung aus

Wasser, Wein, Zitrone und Zucker blanchieren und im Sud auskühlen lassen.

weiterverwenden

Für Fruchtquark: Auf einem Sieb abtropfen lassen und unter die Quarkmasse rühren.
Für Fruchtmilch: Salat in den Mixer geben und mit Zucker, Vanille und Milch pürieren. Der Salat für die Fruchtmilch sollte nicht älter als 24 Stunden sein.
Für Früchtesahne: Hellen, mit Saft oder Wein verkochten Karamell beimischen, verkochen, mit Stärke binden, passieren und auskühlen lassen und unter die Sahne ziehen.

GRIESSBREI

einrühren

Den Grieß in einen Folienbeutel geben und eine kleine Ecke abschneiden. Dann den Grieß unter ständigem Rühren in die kochende Milch einrieseln lassen.

zu dick

Mit heißer Milch strecken und kurz nachkochen lassen.

GRÜTZE

bleibt beim Stürzen in der Form hängen

! DieForm wurde vorher nicht mit kaltem Wasser ausgespült.
! Der Fruchtanteil war zu grob.

lagern

In einem abgedeckten Behälter im Kühlschrank max. drei bis vier Tage.

zu dünn

Grütze erhitzen und mit eingeweichter und ausgedrückter Blattgelatine nachbinden.

zu dick

Die kalte Grütze mit Fruchtsaft, Wein oder Mineralwasser strecken.

zu sauer

Die kalte Grütze mit verkochtem Zucker nachschmecken.

MOUSSE AU CHOCOLAT

ist geronnen

! Die Zutaten hatten zu unterschiedliche Temperaturen.
! Die Zutaten wurden in der falschen Reihenfolge zugefügt.
! Die Kuvertüre wurde mit zu hoher Temperatur geschmolzen.
! Die Kuvertüre hatte einen zu hohen Anteil an Kakaobutter.
! Das elektrische Rührgerät lief zu schnell.
☺ Die Eier mindestens zwei Stunden vorher aus dem Kühlschrank nehmen.
☺ Der Mokka muß die gleiche Temperatur wie die Kuvertüre haben (Fingerprobe: Rücken des kleinen Fingers in Mokka und Kuvertüre halten. Ist kein Schmerz wahrnehmbar, haben beide Bestandteile Körpertemperatur).
☺ Den Mokka auf einmal in die Schokolade gießen und dann von Hand mit einem Holzlöffel vorsichtig vermischen.

lagern

In einem abgedeckten Behälter im Kühlschrank.

zu bitter

! Die Kuvertüre hatte einen zu hohen Anteil an Kakao.
! Es wurde zu viel Mokka beigemischt.
! Der Mokka war zu stark.
! Zugabe von zu viel Cognac.

zu dick

Läßt sich nur bedingt durch die Zugabe von süßer Sahne, die die gleiche Temperatur wie die Mousse haben muß, verdünnen.

zu dünn, zu hell

! Der Anteil an geschlagener Sahne war zu hoch.
! Der Anteil an Eiweiß war zu hoch.

weiterverwenden

Als Schokosahne: Die Reste mit entsprechender Menge steifgeschlagener Sahne vermischen.
Als Tortencreme: Mit gelöster Blattgelatine nachsteifen und geteilte Tortenböden damit füllen.

PUDDING

gelingt immer

1. Die Milch aufkochen lassen.
2. Den Topf von der Kochstelle nehmen und das Pulver auf einmal unterrühren.
3. Dann nach der Packungsanweisung weiterkochen.

hat beim Erkalten eine Haut bekommen

Pudding mit der Schüssel oder dem Topf in ein kaltes Wasserbad stellen und mit dem Schneebesen ständig rühren. So wird die Hautbildung vermieden.

klumpt

! Durch unsachgemäßes Anrühren des Puddingpulvers.
! Das Pulver wurde nicht auf einmal in die siedende Milch gegeben.
☺ Noch heißen Pudding durch ein feines Sieb streichen, wenig heiße Milch zugeben.
Unter ständigem Rühren mit einem Stabmixer oder Schneebesen erneut aufkochen und abschmecken.

läßt sich nicht stürzen

! Die Form wurde vor dem Einfüllen des Puddings nicht gründlich mit kaltem Wasser ausgespült.

zu dünn

! Kartoffelstärke mit Wasser verrühren

(Verhältnis 1:2) und dem siedenden Pudding zugeben. Dabei ständig mit einem Schneebesen rühren.

zu dick

Den heißen Pudding mit angewärmter Milch strecken.

Vanille- oder Schokoladepudding weiterverwenden

Für Obstböden: Warm auf den Kuchenboden aufgießen und erkalten lassen. Dann mit dem Obst belegen. Dies verhindert das Durchweichen des Bodens.

SCHNEEGESTÖBER

dekorativer

Sahne und Apfelmus nicht vermischen, sondern in getrennte Spritzbeutel einfüllen. Abwechselnd in Gläser oder auf flache Glasteller spritzen.

verfeinern

○ Apfelmus aus frischen Äpfeln herstellen.
○ Mit etwas verkochtem Zucker und einer Prise Zimt würzen.

zu flüssig

Dem frischen und heißen Apfelmus pro Liter je zwei Blatt Gelatine beimischen.

SORBET

einfache Zubereitung

1. Eis ca. 30 bis 45 Minuten in der Küche lagern.
2. Sekt ca. 2 Stunden gefrieren.
3. Früchte schneiden und ca. 30 Minuten gefrieren.
4. Eis mit dem Schneebesen glattrühren und mit den Früchten und Sekt mischen.
5. Die Masse in eine Form füllen und nachfrieren.

einfache Grundmassen

○ Früchte mit Zucker verkochen und mit we-

nig Speisestärke binden. Durch ein feines Sieb drücken und abkühlen lassen.
- ❍ Früchte mit Zucker, evtl. Aromastoffen und/oder Likör im Mixer pürieren.
- ❍ Speiseeis mit einem Rührgerät zerkleinern, mit angefrorenem Sekt und Likör vermischen.
- ❍ Zucker, Wein und Zitronensaft verkochen, aromatisieren und gefrieren. Mit eiskaltem Sekt aufgießen.

Sorbet (ausgefallene Beispiele)

Avocadosorbet: Das Fruchtfleisch mit etwas Zitronensaft, Wein und Likör im Mixer pürieren. Zitronen- oder Orangeneis in den laufenden Mixer geben und das Avocadopüree so vermischt zu Sorbet gefrieren.

Thymiansorbet: Feinen Zucker mit Weißwein, Wasser und Zitronensaft verkochen. 10 Minuten vor Ende der Kochzeit grob gehackte, frische Thymianblätter zugeben. Die Flüssigkeit zwei Stunden gefrieren, mit eiskaltem Sekt und/oder Likör vermischen und erneut gefrieren.

Süssspeisen mit Brot

lockerer

Arme Ritter und andere Süßspeisen mit Brot werden viel lockerer, wenn der Einweichflüssigkeit für das Brot etwas Backpulver zugegeben wird.

Dessert aus Resten von Kuchen und Trockengebäck

SCHEITERHAUFEN

zubereiten

1. Gebäck und Kuchen vom Vortag (oder älter) in grobe Würfel schneiden.
2. Äpfel und Birnen würfeln.
3. Rosinen, Mandeln, Eier, Sahne, abgeriebene Zitronenschale, Zucker und Zimt mischen.
4. Alle Zutaten vermischen.

5. Ein hohes Kuchenblech ausbuttern und auszuckern.
6. Masse einfüllen und flachklopfen.
7. Bei 160 Grad Celsius ca. 45 Minuten ausbacken.

hängt am Blech fest

! Das Blech wurde nicht genügend mit Butter und Zucker ausgekleidet.

verfeinern

Die eingefüllte Masse mit gehobelten, süßen Mandeln bedecken, die vorher mit Zucker und Butter in der Pfanne geröstet wurden.

wirft beim Backen dicke Blasen

! Der Anteil an Eiern in der Masse war zu hoch.

Sossen

FRUCHTSOSSEN/FRUCHTMARK

aufbewahren

Fruchtsoßen lassen sich gut in Milchflaschen aufbewahren.

klumpen

! Der Zucker war noch nicht verkocht.
! Die Früchte wurden zu früh zugegeben.
! Die Gelatine wurde nicht richtig ausgedrückt.
! Die Früchte wurden nicht passiert.

schmeckt leicht bitter

! Der Karamel ist zu dunkel geworden.
! Faulstellen an den Früchten wurden nicht ausgeschnitten (besser tadellose Früchte verwenden).

zu dick

Mit wenig Fruchtsaft oder mit Weißwein strecken. Bei Weißwein wegen des Säuregehaltes etwas Zucker zugeben.

zu dünn

Aufkochen und mit wenig in Rot- oder

Weißwein angerührtem Stärkemehl nachdicken. Erneut abschmecken.

zu süß

! Zuviel Zucker.
! Die Früchte waren überreif.
☺ Etwas Zitronensaft oder Weißwein zufügen.

erwärmen

Im heißen Wasserbad unter ständigem Rühren.

ROSINENSOSSE

andicken

Rosinensoße läßt sich auch mit zerbröseltem Schwarzbrot andicken.

VANILLESOSSE

geronnen

! Die Milch war nicht mehr frisch.
! Es wurde zuviel abgeriebene Zitronenschale zugegeben.

klumpt, flockt aus

! Die Soße wurde bei zu kalter Milch mit Stärkemehl angedickt.
! Der Eidotter war nicht richtig verrührt.
! Der Eidotter kam in die zu heiße Milch.

zu dick

Erhitzen und mit vorgewärmter, leicht gezuckerter Milch strecken.

zu dünn

Vanillepuddingpulver mit kalter Milch anrühren und in die heiße Soße geben.

WEINSCHAUM
CHAUDEAUSAUCE, WARM

schmeckt sandig

! Zucker, Wein und Eigelb sind nach dem Vermischen sofort im heißen Wasserbad aufgeschlagen worden.
☺ Erst Zutaten gründlich mit dem Schneebesen vorschlagen. Danach in das Wasserbad stellen. So kann sich der Zucker vorher schon lösen.

stockt wie Rührei

! Das Wasserbad hat gekocht.
! Das Wasserbad hat während des Aufschlagens stark zu kochen begonnen.
☺ Rührvorgang sofort einstellen und dabei vermeiden, Schüsselränder oder Boden aufzurühren. Restlichen Weinschaum in eine neue Schüssel umgießen, mit wenig kaltem Wasser vermischt vorsichtig glattrühren.

weiterverwenden

Weinschaum im kalten Wasser/Eisbad mit Eierlikör und steif geschlagener, süßer Sahne vermischen.

WEINSCHAUM, KALT

wird nicht richtig kalt und fest

! Die Aufschlagschüssel war nicht vorgekühlt und hat das Wasserbad erwärmt.
! Zu wenig kaltes Wasser.
! Ins Wasserbad wurden keine Eiswürfel gegeben.
☺ Spülbecken halb voll mit kaltem Wasser laufen lassen und reichlich Eiswürfel dazugeben. Anschließend Rührschüssel mit Weinschaum einsetzen und unter ständigem, gleichmäßigem Rühren "kaltschlagen".

BACKWAREN

LLGEMEINES

Ausbacktemperatur

Bei Fettgebackenem in der Friteuse ist die richtige Ausbacktemperatur entscheidend. Wenn ein Löffel mit Teig beim Eintauchen zischt, ist die richtige Temperatur - in der Regel 190 Grad C - erreicht.

Backwaren sind durch

Mit einem Holzstäbchen - nicht mit einer Nadel - einstechen. Ist der Kuchen innen nicht durch, bleiben an der rauhen Außenseite des Holzstäbchens Teigreste hängen. Dies passiert bei einer Nadel nicht.

Rühr- und Knetteige lockerer

Statt Butter Butterschmalz verwenden, das auf je hundert Gramm mit einem Löffel kaltem Wasser verrührt wird.

Teig aufbewahren

In gut verschlossenen Behältern im Kühlschrank. Eine Ausnahme bildet Hefeteig und Sauerteig, bei denen eine Lagerung im Kühlschrank die zur Verarbeitung notwendigen Pilze bzw. Bakterien abtöten würde. Mürbeteig wird im Kühlschrank fester und läßt sich besser ausrollen.

Teig hat durch Lagerung angetrocknete Ränder

Die angetrocknete Seite nach unten legen und den Teig auf der anderen Seite ausrollen.

APFELSTRUDEL/GEMÜSESTRUDEL

Dicke

Ein Strudelteig sollte so dünn ausgezo-

gen sein, daß man das Muster des Geschirrtuches erkennen kann.

Ränder

Die dicken Ränder vom Strudelteig abschneiden und als Suppeneinlage verwenden.

reißt beim Aufwickeln

Ein Tuch in der Breite des Strudels unterlegen und zusammen mit diesem den Strudel einschlagen.

BISKUITTEIG

Böden weiterverwenden

○ Trockene Biskuitböden reiben und zum Ausstreuen von Kuchenformen und Blechen verwenden.

○ Den Boden in Würfel schneiden und für "Scheiterhaufen" verwenden.
siehe → Scheiterhaufen

Roulade geht nicht richtig auf

! Der Teig wurde zu dünn aufgezogen.
! Das Abschwaden im Backrohr wurde vergessen.

Roulade reißt beim Aufrollen

! Der Teig wurde zu dick aufgezogen.
☺ Einen dünnen Aufstrich machen und die Backtemperatur auf 230 C Grad erhöhen. Zwischendurch durch kurzes Öffnen des Backofens abschwaden.

Rouladen mit Marmeladenfüllung verfeinern

Marmelade je nach Sorte mit wenig Rot- oder Weißwein durch Aufkochen verdünnen und auf die noch heiße Roulade auftragen. Dann erst aufrollen.

Teig ist zu dünnflüssig

! Das verwendete Eiweiß oder die Eier waren zu alt.
! Der Teig wurde zu kurz aufgeschlagen.
☺ Das Eigelb für den Teig immer stark schaumig schlagen und dann das steife Eiweiß vorsichtig unterheben.

Teig klebt am Blech fest

Das Blech mit Pflanzenfett ausstreichen oder mit Mehl bestäuben. Dann Backpapier oder Pergament auflegen.

Teigränder rollen sich auf

! Passiert, da die meisten Bleche in der Mitte durchhängen.
☺ Den Teig beim Aufgießen mit Hilfe einer Palette von der Mitte zu den Rändern hin ausziehen.

BLÄTTERTEIG

Allgemeines

Immer auf kühlem Untergrund arbeiten.

Mehl der Typen 550 oder 405 verwenden, da diese einen hohen Kleberanteil haben. Fette mit geringem Wasseranteil verarbeiten. Den Teig nicht kneten.

ausrollen (touren)

1. Wasserteig zu kleinem Rechteck ausrollen. Butterteig in der Länge nur halb so groß auswellen. Diesen auf den Wasserteig in die Mitte legen.

2. Nun die überstehenden Enden so über den Butterteig einschlagen, daß sich diese in der Mitte treffen. Dann ausrollen.

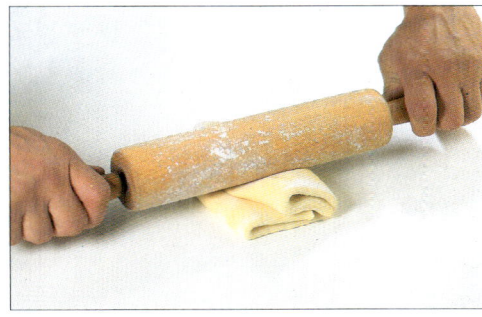

3. Entgegen der Einschlagrichtung (Legerichtung) mit der Teigrolle ausrollen.
Auf die Schnittstellen der einzelnen Lagen darf niemals Ei gelangen. Sie verkleben und der beim Backen entstehende Dampf kann nicht entweichen. Es bilden sich Hohlräume und das Gebäck platzt.
4. Zwischen den einzelnen Touren den Teig immer wieder in den Kühlschrank stellen (ca. 30 Minuten).

bleibt am Nudelholz hängen

! Der Vorteig war zu weich.
! Die Zutaten waren zu warm.
! Das Nudelholz wurde nicht bemehlt.

☺ Am besten auf einer Marmorplatte ausrollen und überflüssiges Mehl unbedingt abfegen.

Gebäckstücke bleiben am Blech hängen
! Das verwendete Fett hatte einen zu hohen Wasseranteil.
! Das Blech war verschmutzt.
! Es wurde kein Backpapier benutzt.

lagern
Bei einer Temperatur von vier bis sechs Grad Celsius. Gut eingepackt hält sich der Teig max. 4 Tage im Kühlschrank.

läßt sich nach der Fertigstellung schlecht schneiden
! Ungleichmäßiges tournieren, dadurch entstehen im Inneren durch übermäßige Dampfbildung zu große Hohlräume.
! Es wurde zuviel Mehl beim Zusammenlegen des Teiges verwendet.
! Die Arbeitsfläche wurde nicht von überflüssigem Mehl abgekehrt.

Verzierungen werden beim Backen zu groß oder fallen ab
! Der Teig dafür wurde zu dick ausgerollt.
! Der Untergrund wurde zu wenig mit Ei oder Wasser bestrichen.

BLÄTTERTEIGPASTETCHEN

formlos
Der Rohteig wurde ungleichmäßig tourniert. Die optimale Stärke beträgt ca. 4-5 mm.
! Die Backtemperatur war zu hoch.

sind oben zugebacken oder zu dunkel geworden
Nach dem Aufsetzen auf das Blech die Rohlinge mit Backpapier abdecken.

BRANDTEIG

abrösten
Wasser, Milch, Butter und Salz zum Kochen bringen, unter ständigem Rühren das Mehl zugeben und die Teigmasse ca. 1 Minute abrösten.

vorbereiten
Größere Blasen im Teig vor dem Backen unbedingt aufstechen.

BROTTEIG (VOM BÄCKER)

ausrollen
Brett und Nudelholz kräftig mit Mehl bestäuben. Überflüssiges Mehl entfernen.

backen
Die Backtemperatur beträgt ca. 180 - 200 Grad C. Bei kleineren Teilen eine geringere Backdauer und eine höhere Temperatur wählen. Bei großen Teilen die Backzeit verlängern und eine niedrigere Temperatur wählen.

bleibt in der Form hängen
! Die Form wurde nicht ausgefettet.
! Die Form wurde mit Butter, Margarine oder Leichtfetten ausgefettet.
! Die Form wurde mit Zucker ausgestreut. Dieser schmilzt, karamelisiert und der Teig klebt fest.
☺ Die Form mit reinem Pflanzenfett (Kokosfett) ausfetten.

fertig
Klopfprobe: Mit dem abgewinkelten Zeigefinger abklopfen. Gibt das einen "vollen Klang", ist das Brot fertig.
Stechprobe: siehe → Allgemeines, Backwaren sind durch

lagern
Brotteig - außer reinem Sauerteig - immer im Kühlschrank aufbewahren. Den Teig möglichst frisch verarbeiten, Brotteig hat die Eigenschaft, auch im Kühlschrank

fortwährend zu "gehen". Um dies zu verhindern, kann der Teig ohne Probleme ca. zwei bis drei Stunden eingefroren werden.

reißt beim Backen

! Die Backtemperatur war von Anfang bis Ende gleich.
☺ Den Backofen vorheizen und mit einer hohen Anbackzeit (230 Grad C) beginnen. Je nach Größe des Gebäckteils nach 5 bis 15 Minuten die Temperatur zurückschalten bzw. durch kurzes Öffnen des Backrohrs (Abdampfen) diese auf 200 Grad C reduzieren. Dies ergibt zusätzlich eine schöne Krustenbildung.

Teig zieht sich zusammen

Den Teig herstellen und vor der Weiterverarbeitung 20 Minuten ruhen lassen. Eventuell kurz nachkneten.

HEFETEIG

auskühlen

An einem gut belüfteten Platz ohne Durchzug. Das Gebäck auf ein feinmaschiges Kuchengitter legen. Bei Marmorplatten besteht die Gefahr, daß sie durch die große Hitze platzen.

ausrollen

Brett und Nudelholz kräftig mit Mehl bestäuben. Überflüssiges Mehl entfernen.

backen

Generell gilt, Hefeteig bei nicht zu hoher Temperatur backen, damit die Hefepilze sich langsam entfalten können.
☺ Brioche u. ä. können im 5 Minuten-Zuschalt-Rhythmus gebacken werden. Die Temperatur wird jeweils nach 5 Minuten hochgeschaltet (beginnend bei 80 Grad C und endend bei 200 Grad C).

bleibt in der Form hängen

siehe → Brotteig, bleibt in der Form hängen

dunkle Stellen entfernen

In ausgekühltem Zustand mit einem Reibeisen vorsichtig abrubbeln. Kleinere Stellen können mit einer Gewürz- oder Muskatreibe entfernt werden.

einfrieren

Hefeteig kann für ca. 3 Monate eingefroren werden.

formen

Durch kräftiges Kneten mit der Hand oder einer leistungsstarken Küchenmaschine. Den Teig mehrmals aufschlagen, um die Luftblasen im Innern zu entfernen. Mit einem stabilen Nudelholz (möglichst mit Kugellager) ausrollen.

geht nicht auf und/oder hat einen Wasserstreifen

! Die Backtemperatur war zu niedrig.
! Der Vorteig hatte einen zu kalten Ansatz.
! Der Teig ist übergangen.
! Der Teig wurde an einen zu kühlen Ort gestellt.

stürzen

Das Gebäck möglichst warm stürzen. Es entsteht sonst Kondenswasser, das den Kuchen außen aufweicht und dieser bleibt in der Form hängen.

Teig ist gerissen

! Der Teig wurde zu schwer hergestellt.

Teig ist zu fest geworden

! Der Mehlanteil war zu hoch.
☺ Den Teig mit Milch oder Wasser vorsichtig strecken.

HEFE

alt/frisch

Alt: Bröselige Hefe ist älter und ergibt kein gutes Backergebnis.
Frisch: Frische Hefe bricht muschelartig und riecht säuerlich.

Art

Am besten eignet sich Trockenhefe. Diese läßt sich leicht verarbeiten und auch länger aufbewahren.

auflösen

Die Hefe mit einer Gabel zerdrücken und je nach Rezept mit lauwarmer Milch oder Wasser mit einem kleinen Schneebesen verrühren.

lagern

Frische Hefe gut verpackt im Kühlschrank aufbewahren. Hefereste unbedingt mit dem Verfallsdatum beschriften.

MÜRBETEIG

Allgemeines

Alle verwendeten Zutaten und Geräte müssen kühl sein. Als Arbeitsfläche ist eine Marmorplatte am besten geeignet. Die Arbeitsfläche gleichmäßig mit Kühlelementen belegen und diese mit Alufolie abdecken. Wird Eis verwendet, ein Leintuch unterlegen, um das Schmelzwasser aufzufangen, ebenfalls mit Alufolie abdecken. Möglichst mit einem Nudelholz aus Marmor arbeiten, dieses im Kühlschrank vorkühlen.

ausrollen, auswellen

Mürbeteig läßt sich leichter auf einer kalten Unterlage (Marmorplatte) ausrollen. Oder den Teig zwischen zwei Klarsichtfolien legen und dann ausrollen (vermeidet unnötige Mehlzugabe beim Ausrollen).

backen

Bei einer Temperatur von ca. 200 Grad C, bis eine goldgelbe Farbe erreicht ist.

lagern

Den Teig fertigstellen und 24 Stunden abgedeckt im Kühlschrank lagern. Dann können sich die Zuckerkristalle besser auflösen.

Gebäck bleibt in der Form hängen

! Der Teig wurde nicht lange genug gelagert.

! Der Teig wurde zu warm gelagert.
Die Zuckerkristalle haben sich dadurch nicht aufgelöst, sind karamelisiert, und das Gebäckstück klebt in der Form fest.

Teig reißt beim Ausrollen

! Das Fett war zu warm.
! Die Arbeitsfläche war zu warm.
! Die Raumtemperatur war zu hoch.
! Die Hände waren zu warm.
☺ In möglichst kühler Umgebung arbeiten. Die Hände häufig in kaltem Wasser kühlen, aber immer abtrocknen.

Teig zersetzt sich, wird brandig

! Der Mehlanteil wurde zu lange untergearbeitet. Der Teig beginnt zu grieseln (Fett und Mehl haben sich voneinander getrennt) und ist brandig.
☺ Gut gekühltes Eiweiß in kleinen Schritten unter den Teig arbeiten. Dies stellt die Verbindung zwischen Mehl und Fett wieder her. Grundsätzlich ist Mürbeteig dann fertig, wenn diese Bindung entstanden ist.

OBSTBÖDEN/OBSTTÖRTCHEN

durchgeweicht

! Der Obstbelag war zu feucht.
☺ Marmelade mit etwas Wein auf dem Herd aufkochen, wenig eingeweichte Blattgelatine unterziehen und auf den Obstboden streichen. Wenn die Marmelade erkaltet ist, den Boden belegen.
Auch das Aufstreichen von Vanillepudding oder Mousse au Chocolat verhindert das Durchweichen.

schneiden (Wiener Böden)

In der gewünschten Höhe einen Sternzwirn um den Boden legen, vor der Brust kreuzen und die Schlinge vorsichtig zusammenziehen.
☺ Die gebackenen Schichten mit einem Brett beschweren, das hält sie gerade.

schneiden

weiterverwenden

Ältere Obstböden in grobe Würfel schneiden und zu "Scheiterhaufen" oder "Kardinalpudding" verarbeiten.

Plätzchen

aromatisieren

Die warmen Plätzchen vorsichtig mit weißen Fruchtlikören oder mit Rum beträufeln. Farbige Fruchtliköre wie z. B. Kirschlikör sind nicht geeignet, sie verfärben die Plätzchen.

aufgetaute Plätzchen kleben

! Die Plätzchen wurden im Gefrierbeutel aufgetaut und die entstehende Feuchtigkeit läßt sie aufweichen.

auftauen

Die gefrorenen Plätzchen nebeneinander auf Küchenkrepp legen, mit einer zweiten Lage Küchenkrepp abdecken und bei Raumtemperatur auftauen lassen.

ausstechen, lösen sich nicht aus der Form

! Der Teig war zu feucht.
! Die Förmchen hatten zu feine Ecken.
! Die Förmchen waren unsauber (Teigreste oder angerostet).
☺ Die Formen gut reinigen (besonders die Ecken) und vor dem Ausstechen in Mehl drücken.

backen, ungleichmäßig aufgegangen

! Die Plätzchen wurden mit zuviel verquirltem Ei bestrichen.
! Zu viele Plätzchen wurden vorproduziert und ungekühlt erst nach und nach gebacken.
☺ Mit etwas Glück passen in Normküchen (Einbauküchen) Backbleche in die Schienen bzw. Halterungen im Kühlschrank. Vorproduzierte Backwaren dort abgedeckt zwischenlagern (oder in den kühlen Keller stellen).

backen

werden ungleichmäßig braun

Cirka zur Hälfte der Backzeit den Backofen öffnen und die Bleche um 180 Grad drehen. Bei Umluftherden dabei Ventilator kurzzeitig abstellen (sonst zu hoher Wärmeverlust).
☺ Topflappen zum Drehen verwenden!

einfrieren

Nebeneinander liegend auf einem Blech, Frühstücksbrettchen oder Schneidbrett ca. 3 Stunden vorfrosten. Dann in Gefrierbeutel umfüllen und mit Sorte, Stückzahl und Herstellungsdatum etikettiert weitergefrieren.
☺ Werden die Plätzchen in lauwarmem Zustand gefrostet, schmecken sie nach dem Auftauen besonders frisch.

gerissen/bröselig

! Statt Butter wurde Halbfettmargarine verwendet.
! Beim Ausrollen des Teiges ist zu viel Mehl in den Teig gelangt.

gezuckert (mit Puderzucker)
Zucker löst ich auf

! Der Puderzucker wurde über die noch warmen Plätzchen gestreut.

kleben am Nudelholz

! Das Nudelholz wurde nicht genügend bemehlt.

lagern

Ausgekühlt in gut verschließbaren Blech-dosen (immer nur eine Sorte). Bei Plätz-chen, die weich bleiben sollen, einen Ap-felschnitz (der jede Woche gewechselt werden muß) zugeben.

lösen sich nicht vom Blech

! Der Teig wurde nicht lange genug vorge-kühlt. Der Zucker ist durch die Wärme ka-ramelisiert, und der Teig klebt am Blech.

! Das Backblech war unsauber.

☺ Den Teigballen zum Kühlen in ein be-mehltes Leinentuch einschlagen. Dieses nimmt in Verbindung mit dem Mehl die überflüssige Feuchtigkeit auf.

PLÄTZCHENTEIG

☺ Kleingebäck mit geriebenen Mandeln an-statt Mehl ausrollen, der Geschmack wird besser.

PLÄTZCHENTEIG
(MÜRBE- ODER BUTTERTEIG)

bei der Verarbeitung zu weich geworden

! Die Arbeitsfläche war zu warm.

! Die Arbeitsfläche lag zu nahe am einge-schalteten Herd.

! Die Raumtemperatur war zu hoch (über 20 Grad C).

! Der Teig war nicht lange genug vorge-kühlt.

☺ Als Arbeitsfläche eine Marmorplatte ver-wenden. Ferner Nudelholz aus gleichem Material. Das Nudelholz (Wellholz) zu-sammen mit dem Teig gleichlang vorküh-len.

verarbeiten

Nach Fertigstellung und vor dem Ausrol-len mindestens 1 Stunde im Kühlschrank lagern (Zucker löst sich dadurch besser). Untergrund leicht einmehlen, überflüssi-ges Mehl mit dem Handbesen abkehren. Dann ausrollen.

schmeckt zu mehlig

! Die Zutaten wurden nicht gründlich genug vermengt.

! Der Mehlanteil war zu hoch und der Teig wurde zu trocken.

! Es wurde die falsche Mehlsorte verwendet.

SCHWARZ/WEISS GEBÄCK

ungleichmäßige Musterung

! Der weiße und der braune Teig hatten eine ungleichmäßige Konsistenz und sind nicht gleichmäßig beim Backen aufge-gangen. Dies geschieht meistens bei der Zugabe von Kakao unter die dunkle Hälfte des Teiges.

überziehen mit Kuvertüre

Nebeneinander mit ca. 1 cm Abstand auf ein trockenes Blech legen. Mit gerade fließfähiger Kuvertüre (25 bis 30 Grad Celsius) mit Hilfe eines Kaffeelöffels über-ziehen und im Kühlschrank erstarren las-sen. Das Gebäck abheben. Restkuvertü-re wieder einschmelzen und Plätzchen mit der Schokoladenseite nach unten auf ein gekühltes Blech legen. Nun in gleicher Weise weiter verfahren.

BUTTERCREME

geronnen

! Die Zutaten hatten eine unterschiedliche Temperatur.

! Die Zutaten waren zu warm.
Die geronnene Creme mit geschmolze-ner Kuvertüre (max. 35 Grad C warm) ver-mischen und in eine Schokoladenbutter-creme umwandeln.

zu fest

Die Creme im Wasserbad (50 bis 60 Grad C) so lange rühren, bis diese wieder flüssiger ist.

Marzipan

ist spröde und reißt

! Der Zuckeranteil in der Masse war zu hoch.

! Die Masse wurde zu lange bearbeitet und das Mandelöl sondert sich ab.

☺ Damit der Marzipanüberzug nicht reißt, muß die Masse geschmeidig sein. Rohmarzipan deshalb mit etwas Rum, Puderzucker und wenig rohem Eiweiß verkneten.

Orangenschalen

Reste

Restliche Orangenschalen fein reiben, mit Zucker bedeckt in ein Glas geben und als Backaroma verwenden.

Pudding für Backwaren

hängt beim Kochen an

Den Pudding sofort in einen neuen Topf umgießen, den angehängten Pudding nicht mit einem Kochlöffel auskratzen und weiterverwenden.

hat eine Haut bekommen

○ Nach dem Ausgießen in eine Schüssel den Pudding sofort mit Zucker oder Staubzucker bestreuen.

○ Die Schüssel in ein kaltes Wasser- oder Eisbad stellen und bis zum Erkalten ständig rühren.

zu dünn

Etwas Speisestärke oder das entsprechende Puddingpulver mit kalter Milch anrühren, den Pudding erneut zum Kochen bringen und die Mischung mit einem Schneebesen einrühren. Ca. 3-4 Minuten unter ständigem Rühren köcheln lassen.

zu fest

Mit Milch strecken und unter ständigem Rühren erneut aufkochen.

Schokolade/Kuvertüre

formen und gießen

1. Im Wasserbad schmelzen.

2. 2/3 der Masse auf eine Marmorplatte gießen und mit einer Palette verstreichen.

3. Mit einer Palette oder einem Spachtel auf der Marmorplatte bewegen.

4. Wenn die Masse leicht festgeworden ist, zurückgeben und mit dem verbleibenden Drittel mit einem Holzlöffel vorsichtig verrühren.

5. Die Masse auf ca. 30 Grad C erwärmen (mit dem Rücken des Zeigefingers berühren. Wird die Masse weder warm noch kalt empfunden, ist die Temperatur genau richtig).

grau

! Die Schokolade wurde zu lange im Kühlschrank gelagert, durch die Feuchtigkeit wurde sie grau.

! Die Schokolade lag in der Sonne.

! Die Schokolade wurde zu weich und ist wieder erstarrt.

lagern

Kühl und trocken im Kühlschrank. Schokolade gut verpacken, durch ihren Fettanteil nimmt sie leicht Fremdgerüche an.

raspeln

○ Mit Raspeln oder Reiben mit großen Löchern.

☺ Schokolade und Reibe ca. eine Stunde vor der Verarbeitung einfrieren. Dann können die Löcher nicht durch die Reibungswärme mit Schokolade verkleben.

schmelzen

In einem Wasserbad (nicht über 35 Grad C) schmelzen. Die Kuvertüre wird um so schöner, je geringer die Temperatur des Wasserbades und je länger die Schmelzzeit ist. Dabei nur gelegentlich mit einem Holzlöffel umrühren.

Späne

Mit einem scharfen Messer abschaben.

☺ Wenn die Kuvertüre Zimmertemperatur hat, werden die Späne am schönsten.

überziehen

Zum Überziehen von Torten darf die Kuvertüre nicht zu warm sein.

Zusatz von Cremes, Sahne, Schokoladen-Mousse

Wird als Zusatz weiße Schokolade oder Kuvertüre verwendet, sollte, um die gewünschte Festigkeit zu erreichen, ca. 10 % mehr Masse als bei dunkler Kuvertüre zugegeben werden.

☺ Niemals die gesamte aufgelöste Kuvertüre in eine Masse (Creme, Mousse etc.) gießen, sondern erst einen Teil zugeben und die Masse glattrühren. Dann nach und nach die restliche Kuvertüre unterziehen.

INDEX

MEIN BESTER KÜCHENTIP

LIEBE(R) LESER(IN),

jeder hat seine Tricks und Tips in der Küche. Alle zu veröffentlichen, würde den
Rahmen dieses Buches sprengen.
Sicherlich gibt es aber noch manches
"Geheimrezept", manchen Profi-Tip, der
künftige Auflagen unseres Buches ver-
vollständigen könnte.
Wir honorieren jeden veröffentlichten Küchentrick und -tip mit einem

Eine kleine Auswahl davon sehen Sie auf
der nächsten Seite.

Bitte schreiben Sie uns. Die Auswahl der
Veröffentlichungen treffen die Autoren in
Zusammenarbeit mit dem Verlag.
Wir freuen uns auf Ihre Einsendung!

Ihr Walter Hädecke Verlag

Jo Graff, Verleger

- -

Hier abtrennen oder mit separatem Brief an die umseitige Verlagsadresse einsenden.

Mein Küchentrick:

_____

_____

_____

_____

_____

_____

_____

Name _____   Straße _____

Vorname _____   PLZ/Ort _____

Datum _____   Unterschrift _____

BÜCHER FÜR FEINSCHMECKER

Das schmeckt nach Urlaub und südlicher Sonne: Die schönsten Rezepte mit raffinierter Knoblauchwürze, vielseitig, gesund und meisterhaft fotografiert – ein Genuß schon beim Ansehen!
Ein Bild- und Geschenkkochbuch.
134 Seiten, rund 70 Fotos.

Rund 70 erprobte Rezepte aus echtem Schrot und Korn: süße und pikante Kuchen, Brote und Brötchen, Pizza, Kleingebäck und Stollen, kernig und ausdrucksvoll im Geschmack. Genaue Zeit- und Temperaturangaben, Tips für das gesunde Backen.
Ca. 100 Seiten mit vielen Fotos.

Sahnig, cremig oder fruchtig: problemlos Torten backen nach klaren Schritt für Schritt-Fotos und detaillierten Beschreibungen des versierten Konditormeisters Karl Neef. Sogar die große Hochzeitstorte kann man selber backen!
94 Seiten, rund 200 Fotos.

Klein aber fein: Die große Überraschung mit kleinen Happen, phantasievoll angerichtet und meisterhaft fotografiert. 16 Köche der jungen Generation liefern neue Ideen für die raffinierte Partyküche - ein Fest für Augen und Gaumen!
175 Seiten, 80 Fototts.

Profi-Rezepte für zuhause - ein Kochseminar für Topfgucker, die den Sterneköchen über die Schulter schauen wollen. Tips und Tricks, Warenkunde und edle Rezepte rund um's Jahr - das Buch zur Kochserie in SWF 1.
134 Seiten, 52 Fotos.

Mehr als nur eine Mode: die asiatisch inspirierte Küche, leicht, subtil und raffiniert, von vier Top-Köchen aus Deutschland und der Schweiz zur höchsten Vollendung gebracht und mit etwas Übung gut zuhause nachzukochen.
151 Seiten, über 50 Fotos.

Hädecke Bücher sind überall im Fachhandel erhältlich. Info bei:

HÄDECKE VERLAG • 71256 WEIL DER STADT